物流配送实务
（第3版）

主　审　毕思勇
主　编　李海民　薛　刚
副主编　张创勋　岳　红　牟华杰
参　编　黄法庆　刘华荣

北京理工大学出版社
BEIJING INSTITUTE OF TECHNOLOGY PRESS

内容简介

本书是一本项目化教材,全书共分为 4 个情境,共 13 个项目。以零售企业配送情境为主,该情境以一个完整的项目详细地介绍了从商品入库到客户订单的履行及配送作业的成本和绩效管理,同时还介绍了快递配送、冷链配送和生产物流企业配送三个情境。项目中的每个任务都设置了相应的实训内容,保证了课程的"教、学、做"结合。

本书可以作为高等院校物流、配送管理、理货等相关专业的教学用书,也可以作为物流从业人员的参考用书。

版权专有　侵权必究

图书在版编目(CIP)数据

物流配送实务/李海民,薛刚主编. —3 版. —北京:北京理工大学出版社,2019.8
ISBN 978-7-5682-7319-0

Ⅰ. ①物… Ⅱ. ①李… ②薛… Ⅲ. ①物资配送-高等学校-教材 Ⅳ. ①F252.14

中国版本图书馆 CIP 数据核字(2019)第 152713 号

出版发行 /	北京理工大学出版社有限责任公司
社　　址 /	北京市海淀区中关村南大街 5 号
邮　　编 /	100081
电　　话 /	(010)68914775(总编室)
	(010)82562903(教材售后服务热线)
	(010)68948351(其他图书服务热线)
网　　址 /	http://www.bitpress.com.cn
经　　销 /	全国各地新华书店
印　　刷 /	涿州市新华印刷有限公司
开　　本 /	787 毫米 × 1092 毫米　1/16
印　　张 /	15
字　　数 /	350 千字
版　　次 /	2019 年 8 月第 3 版　2019 年 8 月第 1 次印刷
定　　价 /	68.00 元

责任编辑 / 李玉昌
文案编辑 / 李玉昌
责任校对 / 周瑞红
责任印制 / 施胜娟

图书出现印装质量问题,请拨打售后服务热线,本社负责调换

前　言

随着电子商务的发展和新零售等新的商业业态涌现，作为物流七大功能之一的配送，在现代物流中正发挥着越来越重要的作用，其对电子商务和新零售等的推动作用越来越明显。本书2012年出版第一版；2015年出版第二版，2018年被评为山东省优秀教材。其间以本书作为配套教材，2012年立项山东省精品课程，2018年立项山东省精品资源共享课。以精品资源共享课项目作为依托，我们开发了大量的配套资源。此次修订，为教材中的大多数知识点都配套了大量的二维码视频、动画等资源，并更新了项目任务单数据。

本书针对不同类型的行业分为零售、快递、冷链和生产4个情境，其中又以零售业的配送作业为主，快递和冷链、生产只介绍了与零售业不同的作业环节。本书共分为13个项目、26个任务，为每一个任务设置了一个技能训练。零售业情境是一个完整的大项目，该情境中的每一个项目都具体介绍了其相应的工作流程，完成了所有的项目就完成了零售业大项目的设计和实施。情境任务的设计注重大赛资源转化，项目任务设计吻合技能大赛方案优化设计的要求，在项目方案的设计过程中需要系统考虑项目前后联系，以提高实操的工作效率；没有实训条件的院校，可以将该项目作为一个零售业配送的项目实施方案的课程设计作业，有实训条件的院校可以在方案设计后，再组织方案的实施，并可以根据条件组织配送作业技能竞赛。

本书由李海民、薛刚任主编，毕思勇任主审。本书的项目2、项目10、项目11、项目12由李海民编写，项目7、项目8、项目9由薛刚编写，项目1、项目5由张创勋编写，项目3由岳红编写，项目13由牟华杰编写，项目4由山东商务信供应链有限公司黄法庆编写，项目6由上海百蝶计算机信息有限公司刘华荣编写。全书由李海民主编、统稿。

本书作为山东省精品资源共享课和山东省精品课程配套教材，配套有丰富的课程资源，由于教材所限并未全部加入本书二维码资源，学习者可以登录超星慕课在线浏览或者参加在线学习：https：//mooc1－2.chaoxing.com/course/200851564.html，浏览更多资源。也欢迎与编者交流，编者电子邮箱：LHM116@163.com。

由于编者水平有限，书中缺点错误难免，恳请广大读者批评指正并提出宝贵建议。

目　　录

情境一　连锁零售企业的配送作业

项目1　知识准备 ……………………………………………………………（003）

　任务1　配送与配送中心 …………………………………………………（003）
　　1.1　任务导入 ………………………………………………………（003）
　　1.2　任务分析 ………………………………………………………（003）
　　1.3　相关知识 ………………………………………………………（004）
　　1.4　技能训练 ………………………………………………………（011）
　任务2　配送模式的选择 …………………………………………………（011）
　　2.1　任务导入 ………………………………………………………（011）
　　2.2　任务分析 ………………………………………………………（012）
　　2.3　相关知识 ………………………………………………………（012）
　　2.4　技能训练 ………………………………………………………（021）
　同步测试 ……………………………………………………………………（022）
　案例分析 ……………………………………………………………………（023）

项目2　进货与储存 ……………………………………………………………（024）

　任务1　进货 ………………………………………………………………（024）
　　1.1　任务导入 ………………………………………………………（024）
　　1.2　任务分析 ………………………………………………………（028）
　　1.3　相关知识 ………………………………………………………（028）
　　1.4　技能训练 ………………………………………………………（032）
　任务2　托盘及货位编码 …………………………………………………（035）
　　2.1　任务导入 ………………………………………………………（035）
　　2.2　任务分析 ………………………………………………………（035）
　　2.3　相关知识 ………………………………………………………（035）
　　2.4　技能训练 ………………………………………………………（041）
　任务3　入库储存 …………………………………………………………（042）
　　3.1　任务导入 ………………………………………………………（042）
　　3.2　任务分析 ………………………………………………………（043）

3.3　相关知识 …………………………………………………………………… (043)
　　　3.4　技能训练 …………………………………………………………………… (047)
　同步测试 ……………………………………………………………………………… (048)
　案例分析 ……………………………………………………………………………… (048)

项目3　订单处理 …………………………………………………………………… (049)

　任务1　订单接收 ……………………………………………………………………… (049)
　　　1.1　任务导入 …………………………………………………………………… (049)
　　　1.2　任务分析 …………………………………………………………………… (049)
　　　1.3　相关知识 …………………………………………………………………… (050)
　　　1.4　技能训练 …………………………………………………………………… (056)
　任务2　订单有效性分析 …………………………………………………………… (057)
　　　2.1　任务导入 …………………………………………………………………… (057)
　　　2.2　任务分析 …………………………………………………………………… (058)
　　　2.3　相关知识 …………………………………………………………………… (059)
　　　2.4　技能训练 …………………………………………………………………… (060)
　任务3　订单优先权分析 …………………………………………………………… (060)
　　　3.1　任务导入 …………………………………………………………………… (060)
　　　3.2　任务分析 …………………………………………………………………… (061)
　　　3.3　相关知识 …………………………………………………………………… (061)
　　　3.4　技能训练 …………………………………………………………………… (065)
　同步测试 ……………………………………………………………………………… (067)
　案例分析 ……………………………………………………………………………… (068)

项目4　拣选与补货 ………………………………………………………………… (069)

　任务1　形成拣货资料 ……………………………………………………………… (069)
　　　1.1　任务导入 …………………………………………………………………… (069)
　　　1.2　任务分析 …………………………………………………………………… (070)
　　　1.3　相关知识 …………………………………………………………………… (070)
　　　1.4　技能训练 …………………………………………………………………… (072)
　任务2　完成拣货、月台码货 ……………………………………………………… (074)
　　　2.1　任务导入 …………………………………………………………………… (074)
　　　2.2　任务分析 …………………………………………………………………… (074)
　　　2.3　相关知识 …………………………………………………………………… (074)
　　　2.4　技能训练 …………………………………………………………………… (076)
　任务3　补货 …………………………………………………………………………… (077)
　　　3.1　任务导入 …………………………………………………………………… (077)
　　　3.2　任务分析 …………………………………………………………………… (077)
　　　3.3　相关知识 …………………………………………………………………… (077)
　　　3.4　技能训练 …………………………………………………………………… (079)

  同步测试 ·· (080)
  案例分析 ·· (080)
项目5 包装与加工 ·· (082)
  任务1 装箱与防震包装 ·· (082)
    1.1 任务导入 ·· (082)
    1.2 任务分析 ·· (082)
    1.3 相关知识 ·· (083)
    1.4 技能训练 ·· (088)
  任务2 包装固定技术 ·· (088)
    2.1 任务导入 ·· (088)
    2.2 任务分析 ·· (088)
    2.3 相关知识 ·· (088)
    2.4 技能训练 ·· (094)
  同步测试 ·· (095)
  案例分析 ·· (096)
项目6 线路优化 ·· (097)
  任务1 单车单点配送的线路优化 ·· (097)
    1.1 任务导入 ·· (097)
    1.2 任务分析 ·· (098)
    1.3 相关知识 ·· (098)
    1.4 技能训练 ·· (099)
  任务2 单车多点配送的线路优化 ·· (101)
    2.1 任务导入 ·· (101)
    2.2 任务分析 ·· (102)
    2.3 相关知识 ·· (102)
    2.4 技能训练 ·· (103)
  任务3 多车多点配送的线路优化 ·· (105)
    3.1 任务导入 ·· (105)
    3.2 任务分析 ·· (106)
    3.3 相关知识 ·· (106)
    3.4 技能训练 ·· (110)
  同步测试 ·· (111)
  案例分析 ·· (112)
项目7 货物配装 ·· (113)
  任务1 配装决策 ·· (113)
    1.1 任务导入 ·· (113)
    1.2 任务分析 ·· (113)
    1.3 相关知识 ·· (114)

1.4　技能训练 ………………………………………………………………………（117）
　　任务2　配装作业 ……………………………………………………………………（120）
　　　2.1　任务导入 ………………………………………………………………………（120）
　　　2.2　任务分析 ………………………………………………………………………（121）
　　　2.3　相关知识 ………………………………………………………………………（121）
　　　2.4　技能训练 ………………………………………………………………………（122）
　　同步测试 …………………………………………………………………………………（123）
　　案例分析 …………………………………………………………………………………（123）

项目8　送达作业 …………………………………………………………………………（124）
　　任务1　送达作业 ……………………………………………………………………（124）
　　　1.1　任务导入 ………………………………………………………………………（124）
　　　1.2　任务分析 ………………………………………………………………………（124）
　　　1.3　相关知识 ………………………………………………………………………（125）
　　　1.4　技能训练 ………………………………………………………………………（129）
　　同步测试 …………………………………………………………………………………（130）
　　案例分析 …………………………………………………………………………………（130）

项目9　退货作业 …………………………………………………………………………（131）
　　任务1　退货作业 ……………………………………………………………………（131）
　　　1.1　任务导入 ………………………………………………………………………（131）
　　　1.2　任务分析 ………………………………………………………………………（131）
　　　1.3　相关知识 ………………………………………………………………………（132）
　　　1.4　技能训练 ………………………………………………………………………（137）
　　同步测试 …………………………………………………………………………………（138）
　　案例分析 …………………………………………………………………………………（139）

项目10　配送成本与绩效分析 …………………………………………………………（140）
　　任务1　配送成本分析 ………………………………………………………………（140）
　　　1.1　任务导入 ………………………………………………………………………（140）
　　　1.2　任务分析 ………………………………………………………………………（140）
　　　1.3　相关知识 ………………………………………………………………………（140）
　　　1.4　技能训练 ………………………………………………………………………（144）
　　任务2　配送绩效分析 ………………………………………………………………（145）
　　　2.1　任务导入 ………………………………………………………………………（145）
　　　2.2　任务分析 ………………………………………………………………………（146）
　　　2.3　相关知识 ………………………………………………………………………（147）
　　　2.4　技能训练 ………………………………………………………………………（152）
　　同步测试 …………………………………………………………………………………（153）
　　案例分析 …………………………………………………………………………………（153）

情境二　快递物流企业的配送作业

项目 11　快递物流企业的配送作业 ……………………………………………… (157)
    任务 1　快件收派 ……………………………………………………………… (157)
        1.1　任务导入 …………………………………………………………… (157)
        1.2　任务分析 …………………………………………………………… (157)
        1.3　相关知识 …………………………………………………………… (158)
        1.4　技能训练 …………………………………………………………… (165)
    任务 2　快件处理 ……………………………………………………………… (165)
        2.1　任务导入 …………………………………………………………… (165)
        2.2　任务分析 …………………………………………………………… (166)
        2.3　相关知识 …………………………………………………………… (166)
        2.4　技能训练 …………………………………………………………… (170)
    同步测试 ………………………………………………………………………… (171)
    案例分析 ………………………………………………………………………… (172)

情境三　冷链物流企业的配送作业

项目 12　冷链物流企业的配送作业 ……………………………………………… (175)
    任务 1　冷链物流企业的配送作业 …………………………………………… (175)
        1.1　任务导入 …………………………………………………………… (175)
        1.2　任务分析 …………………………………………………………… (175)
        1.3　相关知识 …………………………………………………………… (176)
        1.4　技能训练 …………………………………………………………… (184)
    同步测试 ………………………………………………………………………… (184)
    案例分析 ………………………………………………………………………… (185)

情境四　生产物流企业的配送作业

项目 13　生产物流企业的配送作业 ……………………………………………… (191)
    任务 1　生产物流企业的配送作业 …………………………………………… (191)
        1.1　任务导入 …………………………………………………………… (191)
        1.2　任务分析 …………………………………………………………… (191)
        1.3　相关知识 …………………………………………………………… (192)
        1.4　技能训练 …………………………………………………………… (199)

物流配送实务项目任务单 ………………………………………………………… (201)
同步测试和案例分析答案 ………………………………………………………… (218)
参考文献 …………………………………………………………………………… (227)

情境一

连锁零售企业的配送作业

项目 1
知识准备

- 项目介绍

本项目主要介绍了配送的一些基础知识，作为学生入门的准备，包括配送中心的基础知识、配送的作业流程及配送模式的选择。通过本项目的学习使学生初步了解配送的基础知识，为以后各项目的学习奠定基础。

- 知识目标

1. 掌握配送中心的概念，配送中心的地位与作用，配送中心的功能，配送流程与配送模式；
2. 熟悉一般配送中心的主要工作内容，了解配送中心的岗位设置、配送中心的种类。

- 技能目标

1. 能对典型物流配送中心、配送流程与配送模式进行分析；
2. 初步认知配送中心的工作岗位与工作环境，能够选择配送模式；
3. 初步培养责任意识。

- 素质目标

通过本项目的学习来培养学生的认知能力和解决问题的能力。

任务 1　配送与配送中心

1.1　任务导入

在日常生活中，我们经常会遇到"××配送"或"××配送中心"。作为物流专业的学生，你是怎样理解配送与配送中心的？当有人向你询问时，你该如何作答呢？运用各种手段和方法，请向不了解这一行业的人们介绍一下配送及配送中心，并且保证他们能够理解。

1.2　任务分析

该任务是向不了解物流行业的人介绍配送与配送中心，因此需要从最基本的知识入手，必须要弄清楚配送与配送中心是什么，为什么会有配送中心的存在，这两个问题引导我们了解配送与配送中心的概念、配送中心的功能和作用。其次，人们通常会对配送中心怎样实现其功能和作用产生疑惑。因此我们需要明白配送中心具体要做哪些工作才能发挥它的重要作用（这是对配送中心工作内容和岗位设置的疑问）以及这些工作如何相互配合才能完成一次完整的配送任务（这个问题的提出引导我们去关注配送中心的工作流程）。此外，人们会关注，平时看到那么多的配送，比如，食品配送中心、邮政配送中心、烟草配送中心等，这些配送中心任务都是相同的吗？因此我们需要对配送中心进行分类，考察不同配送中心的工作流程。通过以上任务分析，我们可以清楚地知道完成任务所需要解决的问题。

1.3 相关知识

一、配送与配送中心概念

1. 配送的概念

配送的概念

配送是物流中一种特殊的、综合的活动形式，是商流与物流紧密结合，既包含商流活动和物流活动，也包含物流中若干功能要素的一种形式。

根据《中华人民共和国国家标准物流术语》（GB/T 18354—2006），配送被定义为："在经济合理区域范围内，根据用户的要求，对物品进行拣选、加工、包装、分割、组配等作业，并按时送达指定地点的物流活动。"

从物流来讲，配送几乎包括了所有的物流功能要素，是物流的一个缩影或在某小范围中物流全部活动的体现。一般的配送集装卸、包装、保管、运输于一身，通过这一系列活动，完成将货物送达的目的。特殊的配送则还要以加工活动为支撑，所以包括的方面更广。但是，配送的主体活动与一般物流却有不同，一般物流是运输及保管，而配送则是运输及分拣配货，分拣配货是配送的独特要求，也是配送中有特点的活动，以送货为目的的运输则是最后实现配送的主要手段，从这一主要手段出发，常常将配送简化地看成运输中的一种。

从商流来讲，配送和物流不同之处在于物流是商物分离的产物，而配送则是商物合一的产物，配送本身就是一种商业形式。虽然配送具体实施时，也有以商物分离形式实现的，但从配送的发展趋势看，商流与物流越来越紧密的结合，是配送成功的重要保障。

2. 配送中心的概念

配送中心的概念

根据《中华人民共和国国家标准物流术语》（GB/T 18354—2006），配送中心被定义为："从事配送业务且具有完善信息网络的场所或组织。应基本符合下列要求：①主要为特定客户或末端客户提供服务；②配送功能健全；③辐射范围小；④提供高频率、小批量、多批次配送服务。"

二、配送中心的功能与作用

1. 配送中心的功能

配送中心的功能

配送中心是专门从事货物配送活动的经济组织。换个角度说，它又是集加工、理货、送货等多种职能于一体的物流据点。正如有人所言："配送中心实际上是集货中心、分货中心、加工中心功能的综合。"具体地说，配送中心有如下五种功能。

1）储存功能

配送中心的服务对象是为数众多的企业和商业网点（如超级市场和连锁店等），配送中心的职能和作用是：按照用户的要求及时将各种配装好的货物送交到用户手中，满足生产需要和消费需要。为了顺利而有序地完成向用户配送商品（货物）及更好地发挥保障生产和消费需要的作用，通常配送中心都要兴建现代化的仓库并配备一定数量的仓储设备，储存一定数量的商品。某些区域性大型配送中心和开展"代理交货"配送业务的配送中心，不但要在配送货物的过程中储存货物，而且它所储存的货物数量更大、品种更多。

上述配送中心所拥有的储存能力及其储存货物的事实表明：储存功能是这种物流组织的重要功能之一。

2）分拣功能

作为物流节点的配送中心，其服务对象（即客户）是为数众多的企业（在国外，配送中心的服务对象少则有几十家，多则有数百家）。在这些为数众多的客户中，彼此之间存在着很多差别：不仅各自的性质不尽相同，而且其经营规模也不一样。据此，在订货或进货的时候，为了有效地进行配送（即为了能同时向不同的用户配送很多种货物），配送中心必须采取适当的方式对组织进来（或接收到）的货物进行拣选，并且在此基础上，按照配送计划分装和配装货物。这样在商品流通实践中，配送中心除了具有储存功能外，还有分拣货物的功能，能发挥分拣中心的作用。

3）集散功能

在物流实践中，配送中心凭借其特殊的地位和其拥有的各种先进的设施和设备，能够将分散在各个生产企业的产品（即货物）集中到一起，而后经过分拣、配装，向多家用户发运。与此同时，配送中心也可以做到把各个用户所需要的多种货物有效地组合（或配装）在一起，形成经济、合理的货载批量。配送中心在流通实践中所表现出的这种功能即（货物）集散功能，也有人把它称为"配货、分放"功能。

集散功能是配送中心所具备的一项基本功能。实践证明，利用配送中心来集散货物可以提高卡车的满载率，由此可以降低物流成本。

4）衔接功能

通过开展货物配送活动，配送中心能把各种工业品和农产品直接运送到用户手中，客观上可以起到衔接生产和消费的作用。这是配送中心衔接功能的一种重要表现。此外，通过集货和储存货物，配送中心又有平衡供求的作用，由此能有效地解决季节性货物的产需衔接问题。这是配送中心衔接功能的另一种作用。

在人类社会中，生产和消费并非总是等幅度增长和不运动的。有很多工业品，如煤炭、水泥，都是按照计划批量、均衡生产的，而其消费则带有很强的季节性（即消费有淡季、旺季之分）；另有一些产品，如农产品，恰恰相反，其消费是连续进行的，而其生产却是季节性的。这种现象说明就某些产品而言，生产和消费存在着一定的时间差。由于配送中心有吞吐货物的能力和储存物资的功能，因此，它能调节产品供求关系进而能解决生产和消费之间的时间差和矛盾。从这个意义上说，配送中心是衔接生产和消费的中介组织。

5）加工功能

为了扩大经营范围和提高配送水平，目前国内外许多配送中心都配备了各种加工设备，由此形成了一定的加工能力。这些配送中心能够按照用户提出的要求和根据合理配送商品的原则，将组织进来的货物加工成一定规格、尺寸和形状的产成品，由此而形成了加工功能。加工货物是某些配送中心的重要活动。配送中心积极开展加工业务，不但大大方便了用户，省却了后者不少烦琐劳动，而且也有利于提高物质资源的利用效率和配送效率。此外，对于配送活动本身来说客观上则起着强化其整体功能的作用。

2. 配送的作用

配送的作用

配送对物流的作用可以概括为以下七点：

1）推行配送有利于物流运动实现合理化

配送不仅能促进物流的专业化、社会化发展，还能以其特有的运动形态和优势调整流通结构，促使物流活动向"规模经济"发展。从组织形态上看，它是以集中完善的送货取代分散的、单一的取货。在资源配置上看，则是以专业组织的集中库存代替社会上的零散库存，衔接了产需关系，打破了流通分割和封锁的格局，很好地满足社会化大生产的发展需要，有利于实现物流社会化和合理化。

2）完善了运输和整个物流系统

配送环节处于支线运输，灵活性、适应性、服务性都比较强，能将支线运输与小规模搬运统一起来，使运输过程得以优化和完善。

3）提高了末端物流的效益

采取配送方式是通过增大经济批量来达到经济的进货。它采取将各种商品配齐集中起来向用户发货和将多个用户小批量商品集中在一起进行发货等方式，以提高末端物流的经济效益。

4）通过集中库存使企业实现低库存或零库存

实现了高水平配送之后，尤其是采取准时制配送方式之后，生产企业可以完全依靠配送中心的准时制配送而不需要保持自己的库存。或者生产企业只需保持少量保险储备而不必留有经常储备，这就可以实现生产企业多年追求的"零库存"，将企业从库存的压力中解脱出来，同时解放出大量储备资金，从而改善企业的财务状况。实行集中库存，集中库存总量远低于不实行集中库存时各企业分散库存之总量；同时，增加了调节能力，也提高了社会经济效益。此外，采用集中库存可利用规模经济的优势，使单位存货成本下降。

5）简化事务，方便用户

采用配送方式，用户只需要从配送中心一处订购就能达到向多处采购的目的，只需组织对一个配送单位的接货便可替代现有的高频率接货，从而大大减轻了用户工作量和负担，也节省了订货、接货等的一系列费用开支。

6）提高供应保证程度

生产企业自己保持库存、维持生产，供应保证程度很难提高（受库存费用的制约）。采取配送方式，配送中心可以比任何企业的储备量更大，因而对每个企业而言，中断供应、影响生产的风险便相对缩小，使企业免去短缺之忧。

7）配送为电子商务的发展提供了基础和支持

电子商务的发展近几年非常迅猛，但是电子商务的交易完成必须要有高质量、快捷的配送作业相配合，才能够完成实物交易。如果没有配送作业，尤其是现代快递业务，电子商务不可能发挥其方便快捷的优势。

三、配送中心作业流程及类型

1. 配送中心的作业流程

1）收货作业

收货作业是配送中心运作周期的开始。它包括订货和接货两个过程。配送中心收到和汇总门店的订货单后，首先要确定配送货物的种类和数量，然后要查询配送中心现有库存中是否有所需的现存货物。如果有存货，则转入拣选流程；如果没有或虽然有存货但数量不足，则要及时向总部采购部门发出订单，进行订货。通常在商品资源宽裕的条件下，采购部门向供应商发出订单以后，供应商会根据订单的要求很快组织供货，配送中心接到通知后就会组织有关人员接货，在送货单上签收并对货物进行检验。

配送中心的作业流程

2）验收入库

入库之前需要采用一定的手段对接收的货物进行检验，包括数量和质量的检验。若与订货合同要求相符，则可以转入下一道工序；若不符合合同要求，配送中心要详细记录差错情况，并拒绝接收货物。按照规定，质量不合格的商品将由供应商自行处理。经过验收之后，配送中心的工作人员随即要按照类别、品种将其分开，分门别类地存放到指定的仓位和场地或直接进行下一步操作。

3）储存

储存主要是指常备储存，它是为了保证销售需要，但要求是合理库存，同时还要注意在储存业务中做到确保商品不发生数量和质量变化。还有一种储存形态是暂存，是具体执行日配送时按分拣配货要求，在理货场地所做的少量储存准备或是在分拣配货之后形成的发送货物的暂存，其作用主要是调节配货与送货的节奏，暂存时间不长。

4）拣选配货

拣选配货指配送中心的工作人员根据信息中心打印出的要货单上所要的商品、要货的时间、储存区域以及装车配货要求、用户位置的不同，将货物挑选出的一种活动。拣选的方法一般是摘果方式和播种方式两种。

（1）摘果方式是工作人员拖着集货箱在排列整齐的仓库货架间巡回走动，按照配货单上指出的品种、数量、规格挑选出用户需要的商品并放入集货箱内，最后存放暂存区以备装车。

（2）播种方式是工作人员将需配送的同一种货物从配送中心集中搬运到发货场地，然后再根据各用户对该种货物的需求量进行二次分配。

5）配装

为了充分利用载货车厢的容积和提高运输效率，配送中心常常把同一条送货路线上不同用户的货物组合、配装在同一辆载货车上。在配送中心的作业流程中安排组配作业，把多家用户的货物混载于同一辆车上进行配载，这不但能降低送货成本，而且也可以减少交通流量、改变交通拥挤状况。一般对一家用户配送的商品集中装载在一辆车上，可以减少配送中心对门店的配送事项，同时也有利于环境保护。

6）加工

配送中心的加工主要是对生鲜品进行切、垛、去除老叶等活动，或给服装等加贴标签，对促销品进行捆绑等简单的劳动。

7）送货

这是配送中心的最终环节，也是配送中心的一个重要环节。送货包括装车和送货两项活动。在一般情况下，配送中心都使用自备的车辆进行送货作业。同时，它也借助于社会上专业运输组织的力量联合进行送货作业。此外，为适应不同用户的需要，配送中心在进行送货作业时常常作出多种安排，有时是按照固定时间、固定路线为固定用户送货；有时也不受时间、路线的限制，机动灵活地进行送货作业。

8）信息处理

信息处理主要是配送中心与客户进行信息沟通，在配送的各个环节传递信息，如接收门店订货、对订货进行处理、打印拣选单等。另外，为保障配送中心整体的正常运作，在业务上还需要进行信息处理、业务结算和退货、废弃货物处理等作业。

2. 配送中心的类型

配送中心是基于物流合理化和拓展市场的需要而发展起来的，也是物流领域中社会分工、专业分工进一步细化而产生的。在配送实践中形成了各种各样的配送中心，按照以下五种不同的分类方式进行分类。

1）按照发展方向和服务对象是否固定分类

（1）专业配送中心。专业配送中心又有两个含义：一是配送对象、配送技术属于某一专业范畴，综合该专业的多种物资进行配送，如多数制造业的销售配送中心；二是以配送为专业化职能，基本不从事经营的服务型配送中心。

（2）柔性配送中心。柔性配送中心不是向固定化、专业化方向发展，而是强调市场适应性。它能根据市场和客户的需求变化而随时变化，对客户要求有很强的适应性，不一定固定供需关系，而是不断向发展配送客户甚至改变配送客户的（有利）方向发展。

2）按照配送中心在流通中的职能分类

（1）供应配送中心。专门为某个或某些客户，如生产制造厂、联营商店、联合公司，组织供应的配送中心。比如，为大型连锁超市组织供应的配送中心、为零件加工厂送货及制造装配厂的零件配送中心等，都属于供应型配送中心。

（2）销售配送中心。销售配送中心是以销售经营为目的、以配送为手段的配送中心，其类型又有以下三种：

①生产企业为销售本厂产品而建立的配送中心。其优点是可以直接面向市场，了解需求，及时反馈信息、指导生产。

②流通企业建立的配送中心。流通企业将建立配送中心作为经营的一种方式以扩大销售。我国目前拟建的配送中心大多属于这种类型，国外的例子也不少。

③流通企业和生产企业联合的协作型配送中心。

3）按照配送中心的服务区域分类

（1）城市配送中心。城市配送中心指以城市作为配送区域范围的配送中心。由于在城市范围内生产与消费较为集中，物流量大，且汽车运输发达，这种配送中心可直接配送到最终客户。所以这种配送中心往往和零售经营相结合。

（2）区域配送中心。区域配送中心指有较强的辐射能力和库存准备，向省（区）内、全国乃至国际范围的客户配送货物的配送中心。这种配送中心通常规模较大，客户较多，配送批量也较大。既可以配送给下一级的配送中心，也可以配送给商店、批发商和企业客户，或许还从事零星的配送，但不是主体形式。

4）按照配送中心的服务功能分类

（1）储存型配送中心。这种配送中心是指有很强储存功能的配送中心。一般来说，为了确保用户和下游配送中心的货源，这类储存型配送中心起到蓄水池的作用。

（2）流通型配送中心。这种配送中心是指基本上没有长期储存功能，仅以暂存或随进随出方式进行配货、送货的配送中心。这种配送中心的典型方式是：大量货物整体购进并按一定批量送出，采用大型分货机，进货时直接进入分货机传送带，分送到各用户货位或直接分送到配送汽车上，货物在配送中心里仅做少许停滞。

（3）加工配送中心。这种配送中心是指具有加工职能的配送中心。

5）其他配送中心

（1）按配送中心的拥有者分类，可分制造商型配送中心、零售商型配送中心、批发商型配送中心和转运型（第三方物流）配送中心等。

（2）按配送货物种类分类，可分食品配送中心、日用品配送中心、医药品配送中心、化妆品配送中心、家电产品配送中心、电子产品配送中心、书籍产品配送中心、服饰产品配送中心和汽车零件配送中心等。

四、配送中心的岗位设置

配送中心的岗位设置应根据配送中心的作业流程来决定。一般来讲，配送中心可以设置以下岗位：

（1）采购或进货管理组：主要负责订货、采购、进货等作业环节的安排及相关事务的处理，同时负责对货物的验收工作。

配送中心的岗位设置

（2）储存管理组：负责货物的保管、拣取、养护等作业的运作与管理。

（3）流通加工组：负责按照要求对货物进行包装和加工。

（4）配货组：根据顾客订货的要求和组织运输的要求，负责对于出库的商品进行分拣，拣选和配货（组配）。

（5）运输组：负责制订合理的运输方案，调度车辆和人力，将货物送交客户，同时对完成的配送作业进行确认。

（6）营业管理组或客户服务组：负责接收和传递客户的订货信息和送达货物的信息，处理客户投诉，受理客户退换货的请求。

（7）账务管理组：负责核对进、出货表单、库存管理表单、配送完成表单等；协调、控制、监督整个配送中心的货物流动，同时负责管理各种费用发票和物流收费统计、配送费用结算等工作。

（8）**退货与坏货处理组**：当营业管理组或客户服务组接到客户的退货信息后，应安排车辆回收退货商品，再集中到配送中心退货处理区进行清点整理，然后根据退货的状况和退货的原因，按有关退货制度处理。

以上岗位是一般配送中心应设置的主要岗位，但由于配送中心的规模、作业内容、服务对象等不同，其岗位的设置上也会有所不同。

五、配送的作业流程

配送作业的基本环节

1. 配送作业的基本环节

配送作业是按照用户的要求，把货物分拣出来，按时按量发送到指定地点的过程。从总体上讲，配送是由备货、理货和送货三个基本环节组成的。其中每个环节又包含若干项具体的、枝节性的活动。

1）备货

备货指准备货物的系列活动，它是配送的基础环节。严格来说，备货包括两项具体活动：筹集货物和存储货物。

2）理货

理货是配送的一项重要内容，也是配送区别于一般送货的重要标志。理货包括货物分拣、配货和包装等经济活动，其中分拣是指采用适当的方式和手段，从储存的货物中选出用户所需货物的活动。分拣货物一般采取两种方式来操作：一是摘果式；二是播种式。

3）送货

送货是配送活动的核心，也是备货和理货工序的延伸。在物流活动中送货实际上就是货物的运输。在送货过程中常常进行三种选择：运输方式、运输路线和运输工具。

配送作业的一般流程

2. 配送作业的一般流程

配送作业是配送企业或部门运作的核心内容，因而配送作业流程的合理性以及配送作业效率的高低都会直接影响整个物流系统的正常运行。配送作业的一般流程如图1-1所示。

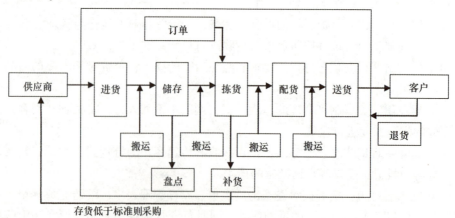

图1-1　配送作业的一般流程

当收到用户订单后，首先将订单按其性质进行"订单处理"，之后根据处理后的订单信息进行从仓库中取出用户所需货品的"拣货"作业。拣货完成后，一旦发现拣货区所剩余的存货量过低时，则必须由储存区进行"补货"作业。如果储存区的存货量低于规定标准，便应向供应商采购订货。从仓库拣选出的货品经过整理之后即可准备"配货"，等到一切配货准备就绪，司机便可将货品装在配送车上并向用户进行"送货"作业。另外，在所有作业进行中若发现只要是涉及物的流动作业，其间的过程就一定有"搬运"作业。

1.4 技能训练

配送中心的工作内容及岗位设置分析能力。

物流配送模拟

一、实训目的

从配送和配送中心的定义，配送中心的功能和作用、种类、工作内容、岗位设置、模式、流程等角度入手解释配送与配送中心，力求能够较清晰地理解配送与配送中心。

二、实训步骤

（1）以组为单位由学校组织，在课堂外到附近相关企业进行实地考察和参观，了解各配送中心的性质、工作内容、工作流程、配送模式等。

（2）以组为单位通过图书馆查阅、上网搜集、询问教师等方式获得自己想要了解的信息。

（3）进行组内讨论，将本组所搜集的资料和心得进行交流，并进行分类。

（4）在课堂上进行成果交流或采取录音、录像的方式展示成果（如企业的岗位设置图、工作流程图等）。

任务 2 配送模式的选择

2.1 任务导入

某企业计划通过提高配送效率、满足客户对配送的要求来扩大经营规模，可供选择的配送模式有三种。由于在未来几年内，企业对用户要求配送的程度无法做出准确的预测，只能大体估计为三种情况且估计出在三种自然状态下三种模式在未来几年内的成本费用，如表 1-1 所示，但不知道这三种情况发生概率的情况下，该如何决策。

表1-1 某企业在三种自然状态下三种模式的成本费用

自然状态	配送模式（成本费用）/万元		
	自营模式	互用模式	第三方模式
配送要求程度高	90	70	65
配送要求程度一般	50	35	45
配送要求程度低	10	13	30

2.2 任务分析

要完成配送模式的选择首先要明确常用的配送模式有哪些，这些配送模式的特点和适用范围有哪些，配送模式选择的主要方法和使用方法如何。

2.3 相关知识

一、配送模式的种类

配送模式可以大致分为六类：商流、物流一体化的配送模式；商流、物流相分离的配送模式；自营配送模式；共同配送模式；第三方物流配送模式；互用配送模式。

1. 商流、物流一体化的配送模式

这种配送模式又称为配销模式，其结构如图1-2所示。

商流、物流一体化的配送模式

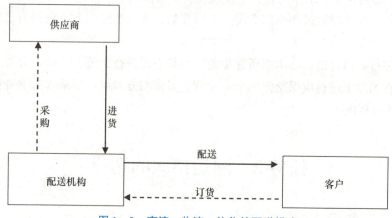

图1-2 商流、物流一体化的配送模式

在这种配送模式下，配送的主体通常是销售企业或生产企业，也可以是生产企业的专门物流机构。这些配送主体不仅参与物流过程，同时还参与商流过程，而且将配送作为其商流活动的一种营销手段和策略，即参与商品所有权的让渡和转移，在此基础上向客户提供高水平的配送服务。其主要经营行为是商品的销售，配送是实现其营销策略的具体实施手段，主要目的是通过提供高水平的配送服务来促进商品销售和提高市场占有率。在我国物流实践中，以批发为主体经营业务的商品流通机构以及连锁经营企业所进行的内部配送多采用这种配送模式，国外的许多汽车配件中心所开展的配送业务同样也属于这种配送模式。

　　这种配送模式是一种能全面发挥专业流通企业功能的物流形式，但这种模式对于组织者的要求较高，需要大量资金和管理技术的支持，给企业资源配置带来过重的压力，不利于实现物流配送活动的经营规模。此外，由于这种配送模式是围绕着销售而展开的，因而不可避免地要受到后者的制约。在现代大批量、单品种生产条件下，生产企业采取这种配送模式来配送自己的产品，往往难以获得物流方面的优势。

2. 商流、物流相分离的配送模式

　　商流、物流相分离的配送模式结构如图1-3所示。

商流、物流相分离的配送模式

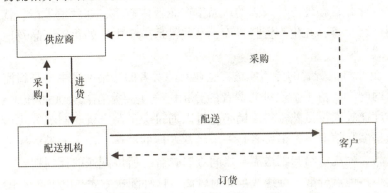

图1-3　商流、物流相分离的配送模式

　　在这种配送模式下，配送的组织者不直接参与商品交易活动，即不参与商流过程，只是专门为客户提供货物的入库、保管、加工、分拣、运送等物流服务，其业务实质上属于"物流代理"。从组织形式上看，其商流与物流活动是分离的，属于不同的行为主体。在我国物流实践中，这类模式多存在于由传统的储运企业发展起来的物流企业，其业务是在传统的仓储与运输业务的基础上增加了配送服务功能，其宗旨是为市场提供全面的物流保证。在国外，发达国家的运输业配送中心、仓储业配送中心和物流服务中心所开展的配送活动均属于这类配送。

3. 自营配送模式

自营配送模式

　　企业自营配送是企业为了保证生产和销售的需要，独自出资建立自己的物流配送系统，对本企业所生产或销售的产品进行配送的活动。

　　配送活动在企业经营管理中的作用可以分为两个方面：一是企业的分销配送；二是企业的内部供应配送。

1）企业的分销配送组织与运行

　　企业的分销配送根据服务的对象又可分为企业对企业的分销配送和企业对消费者的分销配送两种形式。

　　（1）企业对企业的分销配送。作为配送服务的组织者或供给方是工商企业，作为配送服务的需求方及服务对象，基本上有两种可能：生产企业，为配送服务的最终需求方；商业企业，即中间商，在接受配送服务之后要对产品进行销售。

　　企业对企业的配送，从实际的主体来看，组织配送活动的目的是为了实施营销战略，特别是在电子商务B2B模式中。企业对企业的配送是国家大力推广的配送模式。

其配送量大、渠道稳定、物品标准化,是电子商务发展的切入点。

企业对企业的分销配送运行管理一般由销售部门来运作,随着社会分工的专门化,为发挥物流系统化管理的优势,最好是企业专门成立专职的部门或分公司来运作。

对于生产企业,尤其是进行多品种生产的企业,因为直接由本企业开始进行配送,故避免了经商业部门的多次物流中转,所以有一定优势。但是生产企业,尤其是现代生产企业,往往是进行大批量、低成本生产,品种较单一,因此不能像社会专业配送中心那样依靠产品凑整运输取得优势,所以生产企业配送存在一定的局限性。

生产企业配送在地方性较强的产品生产企业中较多,如就地生产、就地消费的食品、饮料、百货等,在生产资料方面,某些不适应于中转的化工商品及地方建材也采取这种方式。

(2) 企业对消费者的分销配送。企业对消费者的分销配送主要是指商业零售企业对消费者的配送。由于企业对消费者的分销配送主要是在社会大的开放系统中运行,其运行难度比较大,虽然零售配销企业可以通过会员制、贵宾制等方式锁定一部分消费者,但是多数情况下,消费者是一个经常变换的群体,需求的随机性大,对服务水平的需求高,配送供给与配送需求之间难以弥合,所以配送的计划性差,另外消费者需求数量小,地点分散,配送成本相对较高。这种配送方式是电子商务 B2C 模式发展的支持与保证。一般超市配送有两种形式:兼营配送、专营配送。

①兼营配送形式。兼营配送形式是超市在一般的零售的同时兼行配送的职能。兼营超市配送,其组织者是承担商品零售的商业或物资的门市网点,这些网点规模一般不大,但具备一定铺面条件,而且经营品种齐全。除日常零售业务外,还可根据用户的一些要求将超市经营品种配齐或代用户外订、外购一部分本商店平时不经常经营的商品,与超市经营的品种一起配齐送给用户。

尽管这种配送组织者实力有限,往往只是小量、零星商品的配送,所配送的商品种类繁多,用户需求量小,有些商品只是偶尔需要,很难与大配送中心建立计划配送关系。但商业及物资零售网点数量较多、配送半径较短,所以比较灵活机动,可承担生产企业非主要物资的配送及消费者个人的配送。通常日常销售与配送相结合,可取得更多的销售额。

②专营配送形式。超市不经常零售而专门进行配送。一般情况是超市位置条件不好,不适于门市销售;而其又有某方面经营优势及渠道优势,因而可采取这种方式,如现在流行的"宅急送"配送。

2) 企业的内部供应配送组织与运行

集团系统内部供应配送是为了保证企业的生产或销售、供给所建立的企业内部配送机制,其实质是企业集团、大资本集团、零售商集团内部的共同配送。

由于企业内部配送大多发生在巨型企业之中,有统一的计划、指挥系统,因此,集团系统内部可以建立比较完善的供应配送管理系统,使企业内部需求和供应达到同步,有较强的科学性。

企业内部配送一般有两种情况:大型连锁商业企业内部供应配送;巨型生产企业内部供应配送。

4. 共同配送模式

共同配送是两个或两个以上的有配送业务能力的企业相互合作，对多个用户共同开展配送活动的一种物流形式。共同配送模式是追求配送合理化，经长期的发展和探索优化出的一种配送形式，也是现代社会中采用较广泛、影响面较大的一种配送模式。

共同配送模式

1) 共同配送的具体方式

共同配送的目的主要是合理利用物流资源，因此根据物流资源利用程度，共同配送大体可以分为以下四种具体形式，如表1-2所示。

表1-2 共同配送的具体方式及特点

序号	共同配送形式	特点
1	系统优化型的共同配送	由一个专业物流配送企业综合各家用户的要求，对各个用户统筹安排，在配送时间、数量、次数、路线等诸方面做出系统最优的安排，在用户可以接受的前提下，全面规划、合理计划地进行配送。这种方式不但可以确定不同用户的基本要求，还能有效地进行分货、配送、配载、选择运输方式、选择运输路线、合理安排送达数量和送达时间。这种对多家用户的配送可充分发挥科学计划、周密计划的优势，实行起来比较复杂，但却是共同配送中水平较高的形式
2	车辆利用型的共同配送	①车辆混载运送型共同配送：在送货时尽可能安排同一配送车辆，实行多种货物的混载。 ②返程车辆利用型的共同配送：为了不跑空车，让物流配送部门与其他行业合作，装载回程货或与其他公司合作进行往返运输。 ③利用客户车辆型共同配送：利用客户采购零部件或采办原材料的车进行产品的配送
3	接货场地共享型共同配送	接货场地共享型共同配送是多个用户联合起来设立配送的接货点或货物处置场所，以接货场地共享为目的的共同配送形式。这样不仅解决了场地的问题，也大大提高了接货水平，加快了配送车辆运转速度，而且接货地点集中，可以集中处理废弃包装材料、减少接货人员数量
4	设施设备共用型共同配送	在一个城市或一个地区中有数个不同的配送企业时，为节省配送中心的投资费用，提高配送运输效率，多家企业共同出资合股建立配送中心进行共同配送或多家企业共同利用已有的配送中心、配送机械等设施，对不同配送企业用户共同实行配送

2) 共同配送易出现的问题

(1) 参与人员多而复杂，企业机密有可能泄露。

(2) 货物种类繁多，产权多主体，服务要求不一致，难以进行商品管理。当货物破损或出现污染等现象时，责任不清，易出现纠纷，最终导致服务水准下降。

(3) 运作主体多元化，主管人员在经营协调管理方面存在困难，可能会出现管理效率低下。

(4) 由于是合作关系，管理难控制，易造成物流设施费用及其管理成本增加，并且成本收益的分配易出现问题。

5. 第三方物流配送模式

第三方物流是一个新兴的行业，已得到社会各方越来越多的关注，在物流配送领域正发挥着积极的作用。目前，工商企业越来越重视与各种类型的物流服务供应商的紧密合作，并与之建立长期的战略联盟关系，以解决企业物流问题。

第三方物流配送的运作模式主要有以下三种。

（1）企业营销配送第三方物流配送模式。该模式是工商企业将其销售物流业务外包给独立核算的第三方物流公司或配送中心运作。企业采购供应物流配送业务仍由企业供应物流管理部门承担。

（2）企业供应配送第三方物流配送模式。这种配送组织管理方式是由第三方物流公司或配送中心对某一企业或若干企业的供应需求实行统一订货、集中库存、准时配送或采用代存代供等其他配送服务的方式。

（3）供应—销售物流一体化第三方物流配送模式。随着物流的社会化，企业供应管理战略的实施，除企业的销售配送业务社会化以外，企业供应配送也将社会化，即由第三方物流公司来完成。特别是工商企业和专职的第三方物流配送企业形成战略同盟关系后，供应—销售物流一体化所体现的物流集约化优势更为明显，即第三方物流在完成服务企业销售配送的同时，又承担企业物资商品内部供应的职能，也就是说，第三方物流既是用户企业产品销售的物流提供者，又是用户企业的物资产品供应代理人。供应—销售物流一体化第三方物流配送模式是配送经营中的一种重要形式，它不仅有利于形成稳定的物流供需关系，而且更有利于工商企业专注于生产、销售等核心业务的发展。同时，长期稳定的物流供需关系，还有利于实现物流配送业务的配送中心化、配送业务计划化和配送手段的现代化，从而保持物流渠道的畅通稳定和物流配送运作的高效率、高效益、低成本。因此，供应—销售物流一体化第三方物流服务模式备受人们关注。当然，超大型企业集团也可自己运作供应和销售物流配送，但中小企业物流配送走社会化之路，是绝对有利于降低供应成本、提升企业竞争力的。

6. 互用配送模式

互用配送模式是指几个企业之间为了各自的利益，以契约的方式达成某种协议，互用对方配送系统资源进行配送的模式。互用配送模式的优点表现在企业不需要投入较大的资金和人力，就可以扩大自身的配送规模和范围，但是需要企业有较高的管理水平以及相关企业的组织协调能力。

互用配送模式

共同配送模式与互用配送模式相比较，两者差异表现如下：

（1）共同配送模式旨在建立配送联合体，以强化配送功能为核心；互用配送模式旨在提高自己的配送功能，以企业自身服务为核心。

（2）共同配送模式旨在强调联合体的共同作用；互用配送模式旨在强调企业自身的作用。

（3）共同配送模式的稳定性较强；互用配送模式的稳定性较差。

（4）共同配送模式的合作对象是需要经营配送业务的企业；互用配送模式的合作对象可以是也可以不是经营配送业务的企业。

二、配送模式的选择

企业选择何种配送模式取决于以下因素：配送对于企业的重要性、企业的配送能力、市场的配送能力、市场规模与配送范围、保证的服务及配送成本等。一般来说，企业配送模式的选择方法主要有矩阵图决策法和比较选择法。

1. 矩阵图决策法

矩阵图决策法主要是通过两个不同因素的结合，利用矩阵图来选择配送模式的决策方法。其基本思路是选择决策因素，然后通过其组合形成不同区域或象限再进行决策。这里主要围绕配送对企业的重要性和企业配送能力来进行分析，如图1－4所示。

配送模式选择——矩阵图决策法

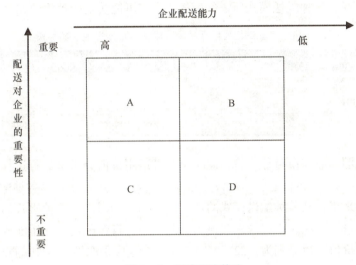

图1－4 矩阵图决策法

在实际经验过程中，企业根据自身的配送能力和配送对企业的重要性划分了区域。一般来说，企业可按表1－3的思路来进行选择和策划。

表1－3 企业配送模式的选择与策划

状态	状态情况	配送模式选择
A	配送对企业的重要程度较大，企业也有较强的配送能力，配送成本较低和配送区域较小但市场相对集中	企业可采取自营配送的模式，以提高顾客的满意度和配送效率，与营销保持一致
B	配送对企业的重要程度较大，但企业的配送能力较低	可供选择的模式有三种：第一种是自营配送模式；第二种是共同配送模式；第三种是第三方配送模式。一般来说，在市场规模较大且相对集中及投资量较小的情况下，企业可采取自营配送模式；相反情况下，可采取第三方配送模式
C	配送在企业战略中不占主导地位，但企业却有较强的配送能力	企业可向外拓展配送业务，以提高资金和设备的利用率。即可采取共同配送模式，也可采取互用模式。若企业在该方面有较强的竞争优势，也可适当调整业务方向，向社会化的方向发展
D	企业的配送能力较低，且不存在较大的配送需求	宜采取第三方配送模式，将企业的配送业务完全或部分委托给专业配送企业或配送中心去完成，而将主要精力放在企业最擅长的企业经营方面，精益求精，获得更大的利益

2. 比较选择法

比较选择法是企业通过对配送活动的成本和收益等进行比较而选择配送模式的一种方法，一般有确定型决策、非确定型决策和风险型决策等。

1）确定型决策

确定型决策是指一个配送模式只有一种确定结果，只要比较各个方案的结果，即可做出选择某种配送模式的决策。例如，某一企业为扩大生产实现销售，现有三种配送模式可做选择，各种配送模式所需的配送成本与可能实现的销售额如表1-4所示。

配送模式选择——确定型决策

表1-4 各配送模式所需的配送成本与可能实现的销售额

配送模式	成本费用/万元	销售额预计数/万元
自营配送	10	220
互用配送	8	180
第三方物流配送	5	140

这一类问题一般为单目标决策，此时企业可运用价值分析来进行选择，即直接利用公式 $V = F/C$（V 为价值系数；F 为功能；C 为成本费用）来计算各种配送模式的价值系数。一般来讲，某一种配送模式的价值系数越大，则说明该种模式的配送价值就越大，是企业最佳的配送模式或满意模式。此例中，自营配送、互用配送、第三方物流配送模式的价值系数分别为：22、22.5、28，企业应采取第三方物流配送模式。

2）非确定型决策

下面来解决任务导入中的问题。某企业计划通过提高配送效率，满足客户对配送的要求来扩大经营规模，可供选择的配送模式有三种，由于在未来几年内，企业对用户要求配送的程度无法做出准确的预测，只能大体估计为三种情况且估计出在三种自然状态下三种模式在未来几年内的成本费用（见表1-5），但不知道这三种情况的发生概率，该如何决策。

配送模式选择——非确定型决策

表1-5 某企业在三种自然状态下三种模式的成本费用

自然状态	配送模式（成本费用）/万元		
	自营模式	互用模式	第三方模式
配送要求程度高	90	70	65
配送要求程度一般	50	35	45
配送要求程度低	10	13	30

第一种方法：按乐观准则来决策。首先，从每种模式中选择一个最小成本将其看作必然发生的成本状态。然后，在这些最小成本的模式中，再选择一个最小的模式作为满意方案。此例中，三种模式的最小成本分别为：10万元、13万元、30万元。其中，自营配送的成本最低，应作为企业满意的模式。这种决策方法一般适用于把握较大和风险较小的情况。

第二种方法：按悲观准则来决策。首先，从每种模式中选择一个最大成本作为评价模式的标准，实际上是对每个局部模式持悲观态度，从不利的角度出发，把最大成本作为必然发生的自然状态，将非确定型问题转变为确定型决策问题来处理。然后，再从这些最大成本中选择最小的模式。此例中，三种模式最大成本分别为：90万元、70万元、65万元。其中，第三方物流配送模式的成本最小，可作为企业的满意模式。在现实经济社会中，这种决策适用于把握较小和风险较大的问题。

第三种方法：按折中准则或赫维斯准则来决策。赫维斯认为：决策者不应极端行事，而应在两种极端情况中求得平衡。具体的方法是根据决策者的估计，确定一个乐观的系数 α，α 的取值范围为 $0<\alpha<1$。给最好的结果和最坏的结果分别赋予相应的权数 α 和 $(1-\alpha)$，中间结果不予考虑。本例是计算折中成本值，公式为

$$折中成本值 = \alpha \times 最小成本值 + (1-\alpha) \times 最大成本值$$

决策中，决策者根据分析，估计客户对配送要求程度高的大概占60%，客户对配送要求程度低的占40%，即乐观系数为0.4，此时三种模式的折中成本值分别为：58万元、47.2万元、51万元。从计算结果中看出，互用配送模式的成本最低，可作为企业选择的模式。

第四种方法：按等概率准则或拉普拉斯准则来决策。拉普拉斯认为：在非确定型决策中，各种自然状态发生的概率是未知的，若按最好或最坏的结果进行决策，都缺乏依据。解决的方法是给每种可能的结果都赋予权数，若有几种自然状态，则每种自然状态发生的概率都相等，且其和为1，然后计算出各个方案（配送模式）在各种自然状态的加权平均值，并根据决策者指示的性质来进行决策。本例中，各种自然状态下发生的概率为1/3，各种模式的成本加权值分别为50万元、39.3万元、46.7万元，从而可以看出，互用模式的加权成本值最小（39.3万元），可以作为企业选择的模式。

第五种方法：按最小后悔值准则来决策。这种决策法方式以每个模式在不同自然状态下的其他模式成本值作为理性目标。如果在该状态下，没有采取这个理想模式，而采取了其他模式，使成本增加，就会感到"后悔"，这样每个自然状态下的其他模式成本值与它在理想值之差所形成的损失值，就成为"后悔值"。然后按模式选出最大后悔值，在最大后悔值中再选出后悔值最小的成本值，其对应的模式就是企业所要选择的模式，这种决策方法是较为保险的一种决策。

根据比例所给的资料，计算出各种状态下每个模式的后悔值，如表1-6所示。

表1-6 各种模式不同状态下的后悔值

自然状态	配送模式（成本费用）/万元		
	自营配送	互用配送	第三方物流配送
配送要求程度高	90 (90-65=25)	70 (70-65=5)	65 (65-65=0)
配送要求程度一般	50 (50-35=15)	35 (35-35=0)	45 (45-35=10)
配送要求程度低	10 (10-10=0)	13 (13-10=3)	30 (30-10=20)

从表1-6的计算结果中可以看出，三种模式的最大后悔值分别为：25万元、5万元、20万元，其中互用配送模式的最小值为5万元，此时企业可选择该模式为满意的模式。

从上面介绍的五种方法可以看出，同一问题按不同的方法来决策，决策的结果也存在差异。因此，企业用非确定型决策方法来选择配送模式时，应该考虑其他方面的因素。

以上所有方法的计算结果如表1-7所示。

表1-7 各种方法在不同自然状态下的配送模式

自然状态	配送模式（成本费用）/万元		
	自营	互用	第三方
配送要求程度高	90	70	65
配送要求程度一般	50	35	45
配送要求程度低	10	13	30
乐观准则（最好）	10	13	30
悲观准则（最坏）	90	70	65
折中准则（$\alpha=0.4$）	$10\times0.4+90\times0.6=58$	$13\times0.4+70\times0.6=47.2$	$30\times0.4+65\times0.6=51$
等概率准则	$90/3+50/3+10/3=50$	$70/3+35/3+13/3=39.3$	$65/3+45/3+30/3=46.7$
后悔准则	25	5	20

3）风险型决策

风险型决策是指在目标明确的情况下，依据预测得到不同自然状态下的结果及出现的概率所进行的决策。由于在自然状态下并非决策所能控制，所以，决策的结果在客观上具有一定的风险，故称为风险型决策。风险型决策通常采用期望值准则。一般是先根据决策的结果出现的概率计算期望值，然后根据指标的性质及计算的期望值结果进行决策。产出类性质的指标，一般选择期望值大的方案；投入类性质的指标，一般选择期望值小的方案。

如企业计划通过加强配送效率，提高客户满意度来扩大产品的销售量，现有三种配送模式可供企业选择，各种资料如表1-8所示。企业应选择哪种配送模式？

表1-8 资料表

市场需求规模	概率	销售量/万元		
		自营配送	互用配送	第三方物流配送
大	0.5	1 000	1 200	1 500
一般	0.3	800	700	1 000
小	0.2	500	400	300

根据上述资料，计算三种配送模式的销售量分别为：840万元、490万元、1 110万元。第三方物流配送模式的期望值最大，为1 110万元，故该模式可作为企业比较满意的模式。

2.4 技能训练

某企业计划通过提高配送效率，满足客户对配送的要求来扩大经营规模，可供选择的配送模式有三种，由于在未来几年内，企业对用户要求配送的程度无法做出准确的预测，只能大体估计为三种情况且估计出在三种自然状态下三种模式在未来几年内的成本费用及这三种状态的发展概率，如表1-9所示。试分别采用乐观准则、悲观准则、折中准则（$\alpha=0.3$）、等概率准则和风险型决策方法进行决策。

表1-9 某企业在三种自然状态下的成本费用及发展概率

自然状态	概率	配送模式（成本费用）/万元		
		自营模式	互用模式	第三方模式
配送要求程度高	0.5	40	50	55
配送要求程度一般	0.3	30	45	34
配送要求程度低	0.2	15	23	20

一、实训目的

熟悉确定型和非确定型决策的方法，能够使用这些方法对方案作出决策。

二、实训步骤

1. 乐观准则

三种模式的最小成本分别是15万元、23万元、20万元，而这些成本中最小的是15万元，这个成本对应着自营模式，所以应该选择自营模式。

2. 悲观准则

三种模式的最大成本分别是40万元、50万元、55万元，三种成本中最小成本是40万元，这个成本对应着自营模式，所以应该选择自营模式。

3. 折中准则

乐观准则值 $\times \alpha$ + 悲观准则值 $\times (1-\alpha)$

自营模式：$15\times0.3+40\times0.7=32.5$（万元）

互用模式：$23\times0.3+50\times0.7=41.9$（万元）

第三方模式：$20\times0.3+55\times0.7=44.5$（万元）

以上成本中最小值是32.5万元，这个成本对应着自营模式，所以应该选择自营模式。

4. 等概率准则

自营模式：$40/3+30/3+15/3=28.3$（万元）

互用模式：$50/3+45/3+23/3=39.3$（万元）

第三方模式：$55/3+34/3+20/3=36.3$（万元）

以上成本中最小值是28.3万元，这个成本对应着自营模式，所以应该选择自营模式。

5. 风险型决策

自营模式：40×0.5+30×0.3+15×0.2=32（万元）

互用模式：50×0.5+45×0.3+23×0.2=43.1（万元）

第三方模式：55×0.5+34×0.3+20×0.2=41.7（万元）

以上成本中最小值是32万元，这个成本对应着自营模式，所以应该选择自营模式。

最终五种方法的结果如表1-10所示。

表1-10 各种方法在不同自然状态下的配送模式

自然状态	概率	配送模式（成本费用）/万元		
		自营模式	互用模式	第三方模式
配送要求程度高	0.5	40	50	55
配送要求程度一般	0.3	30	45	34
配送要求程度低	0.2	15	23	20
乐观准则	—	15	23	20
悲观准则	—	40	50	55
折中准则（α=0.3）	—	15×0.3+40×0.7=32.5	23×0.3+50×0.7=41.9	20×0.3+55×0.7=44.5
等概率准则	—	40/3+30/3+15/3=28.3	50/3+45/3+23/3=39.3	55/3+34/3+20/3=36.3
风险型决策	—	40×0.5+30×0.3+15×0.2=32	50×0.5+45×0.3+23×0.2=43.1	55×0.5+34×0.3+20×0.2=41.7

同步测试

1. 配送是指在经营合理区域范围内，根据用户的要求，对物品进行_____、加工、包装、_____、组配等作业，并按时送达指定地点的物流活动。

2. （　　）是配送中心运作周期的开始。

　　A. 验收入库　　　　　　　　　　B. 收货作业

　　C. 检货配货　　　　　　　　　　D. 储存

3. （　　）强调市场适应性，能根据市场和客户的需求变化而随时变化，对客户要求有很强适应性，不一定固定供需关系，而是不断向发展配送客户甚至改变配送客户的（有利）方向发展。

　　A. 专业配送中心　　　　　　　　B. 柔性配送中心

　　C. 供应配送中心　　　　　　　　D. 销售配送中心

4. 企业供应配送第三物流配送模式包含的形式有（　　）。

　　A. 门到门供应配送　　　　　　　B. 门到线供应配送

　　C. 库到库供应配送　　　　　　　D. 库到线供应配送

5. （　　）是两个或两个以上的有配送业务的企业相互合作，对多个用户共同开展配送活动的一种物流形式，也是现代社会中采用较广泛、影响面较大的一种配送模式。

A. 第三方物流配送　　　　　　　B. 共同配送
C. 自营配送　　　　　　　　　　D. 企业供应配送

6. 配送中心的主要功能有哪些？
7. 配送有哪三类基本模式？分别说明各自的特点。

案例分析

L便利商业有限公司的配送体系

上海L便利商业有限公司是上海较早成立且发展十分迅速的连锁经营便利店公司，至今在上海地区已开出了400多家自营、合资及加盟便利门店，同时又以合资等形式发展到江苏、浙江、辽宁、新疆等地。

随着我国商业现代化改造，连锁经营、便利店等商业模式不断涌现，取得了良好的经济效益与社会效益。

便利店，顾名思义是一种提供便利的商店。一般来说它的营业面积不大，在60～100 m^2，有数名工作人员，能提供3 000种左右人们日常生活必需的小商品，并能提供一些人们日常所需的服务。每天的营业时间一般长达16小时或24小时通宵服务。由于营业面积不大，它可以深入到各个居民小区、车站、码头等，贴近人们的生活，给人们带来极大的方便。现在人们不难在各居民小区、各条马路上发现便利店的身影。由于便利店规模较小，故在管理上更显重要，采用连锁经营的方式，所有下属便利门店采用统一的企业形象设计，统一的管理模式，能取得很好的品牌效应。统一的进货方式既可保证所进商品的质量，又可降低采购成本。统一的销售价格，又可使顾客感到满意和放心。该公司经过多年来的努力，已取得了良好的经营业绩。

该公司各便利店所供商品的进货渠道主要有三个方面：少部分鲜活商品（如面包、牛奶、蔬菜等）每天由供货商直接送到各便利门店（以下简称门店）。公司自己建有一个冷冻仓库，负责各门店冷冻商品的供应，如冷冻肉食、禽类、速冻食品等。公司还有一个配货中心负责其他常温商品的供应，如酒类、饮料、日用小商品等。门店根据各自的经营状况，在要货当日的上午10时前，将要货信息输入电脑，经通信线路传送到有关配货中心和冷冻仓库，而配货中心等收到各门店的要货信息，经汇总后组织好相应商品并及时送到各门店。

公司规定各门店每两天可要货一次。按目前400多家门店的总规模，每天要货的门店达200多家且分布在全市各个地方。冷冻仓库供应品种较少，根据经验，每辆送货汽车一次满载可送20家门店，每天每车送货2次，现有车辆6辆。配送中心供应品种较多，共有车辆11辆。如何合理地调度这些送货车辆，在保证各门店要货能及时得到满足的前提下，使送货车辆经过的路途最少，是一个十分有意义的工作。

根据以上材料回答：

运输合理化能够有效降低运输成本，公司配送中心运输合理化主要包括哪些方面？

项目 2
进货与储存

- 项目介绍

  进货与储存作业是连锁零售企业的配送作业中为保证市场及时供给而进行的作业，本项目中该作业包括对货位和托盘进行编码，并制作相应条码的作业，根据物动量分析对进货商品进行储位分配的作业，入库验收作业，入库储存作业。

- 知识目标
1. 掌握进货处理流程和储位分配的原则；
2. 掌握物动量分析的方法；
3. 掌握入库验收的标准、内容和差异的处理方法。

- 技能目标
1. 能够进行物动量分析，并根据分析结果分配储位；
2. 能够制作最优的托盘码货方案；
3. 能够编辑制作货位条码和托盘条码；
4. 能够完成商品的进货和储存作业。

- 素质目标
1. 培养合理分析数据的能力；
2. 树立方案最优、成本最低的意识；
3. 培养成本和效率合理权衡的能力。

任务 1 进货

1.1 任务导入

（1）配送中心向其供应商订购了 6 种商品，6 种商品的基本信息如表 2-1 所示。请模拟完成商品的进货作业。

表 2-1　6 种商品的基本信息

序号	商品名称	包装规格 （长×宽×高）/mm×mm×mm	单价/ （元·箱）	重量 /kg	入库数量 /箱	最大堆码 层数
1	娃哈哈非常饮料	600×400×380	110	21	10	2
2	贝帝妙厨妙脆角（大）	400×250×270	420	35	36	5

续表

序号	商品名称	包装规格 (长×宽×高)/mm×mm×mm	单价/ (元·箱)	重量 /kg	入库数量 /箱	最大堆码 层数
3	正航1 500 g饼干	500×400×320	260	16	30	4
4	达利蛋黄派	460×240×230	180	30	24	4
5	好多多拼图	330×240×240	240	35	60	6
6	汇源果肉饮料汁	600×330×330	300	16	18	3
合计	供应商：宏达商贸有限公司			153	178	—

（2）表2-2中的数据显示的是订购以上商品前6周配送中心的出库量信息，请对这些商品进行物动量分析。

表2-2 商品的物动量分析

制表人：李毅　　　　制表时间：2018年4月9日　　　　单位：箱

货品编码/条码	货品名称	第6周出库量	第5周出库量	第4周出库量	第3周出库量	第2周出库量	第1周出库量
6911988005472	达利蛋黄派	50	50	50	50	0	60
6902422980011	完达山舒孕奶粉	0	20	0	25	25	0
6923555210981	汇源果肉饮料汁	50	60	60	0	20	150
6919046601871	正航1 500 g饼干	458	63	380	259	150	900
6919295000562	伊高棉花糖	48	97	100	67	42	146
6911988006554	桶装可比克薯片	27	0	26	0	37	0
6923981699015	好多多拼图	0	0	50	32	30	88
6909995101676	旺旺仙贝经济包	217	297	276	1 270	65	975
6902083881221	娃哈哈非常饮料	4	27	0	25	7	37
6924862100033	百事可乐	45	46	18	94	37	0
6922845800581	养生圆苹果醋	44	40	0	59	47	80
6925303721039	统一鲜橙多	243	82	269	380	96	400
6902083882983	娃哈哈龙井绿茶	100	200	0	87	106	397
6925303721367	统一绿茶	165	17	100	0	56	342
6920927143267	雀巢绿茶+冰爽茶	100	100	39	0	61	100
6912792002053	百事可乐	12	54	25	39	30	30
6902083883041	娃哈哈鲜橙汁	17	27	36	25	38	37
6902083883874	500mL娃哈哈果汁	39	43	27	0	0	21
6920177677765	看得见饮料	20	0	27	25	36	12
6921168532025	农夫果园果汁（各味）	15	15	0	20	0	60

续表

货品编码/条码	货品名称	第6周出库量	第5周出库量	第4周出库量	第3周出库量	第2周出库量	第1周出库量
6902422990447	完达山加锌加钙米粉	0	5	12	0	0	13
6922874600992	武陟油茶	0	20	0	0	0	10
6922289535285	智强三合一核桃粉	0	0	0	0	20	0
6901432048285	256 g 冰泉豆腐花	0	13	13	26	38	0
6904432821971	维维豆奶粉高钙低糖	0	30	0	30	0	30
6908568130242	三鹿维他豆奶粉	0	20	20	0	0	50
6928714471036	75 g 黑皮南瓜酥	11	11	0	0	37	31
6919046603875	正航小汉堡	25	0	0	25	20	0
6923721201447	贝帝妙厨妙脆角（大）	451	1 064	820	570	269	2 576
6905734301031	旺旺蔬菜浪味仙	0	28	0	26	0	36

（3）图 2-1 所示是仓库的储位信息图，货位参考尺寸：L2300×W900×H1230 双货位，货位顶部操作余隙 150 mm，请根据以上的物动量分析信息，为以上入库商品分配储位。

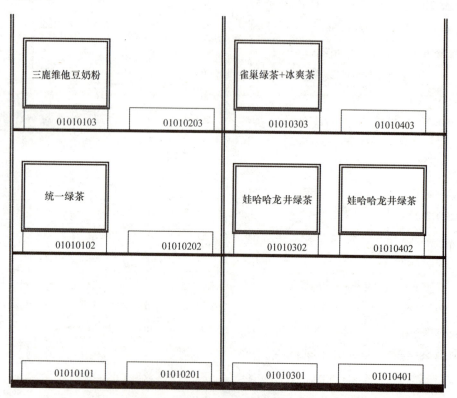

图 2-1 储位信息图

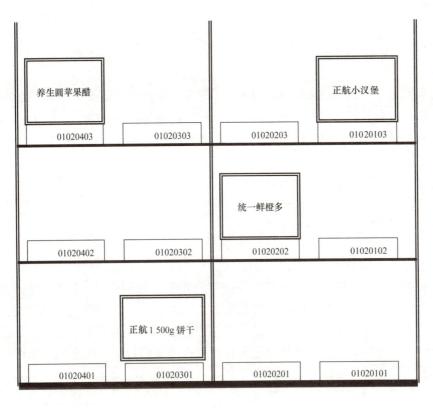

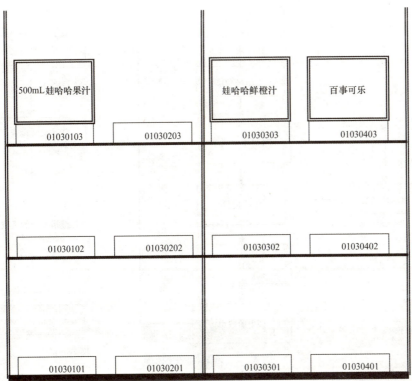

图2-1 储位信息图(续)

1.2 任务分析

要模拟完成商品的进货作业,需要先了解进货作业要经过哪些步骤,需要做哪些准备工作;对商品的进出数据进行物动量分析时,需要先了解物动量分析需要经过哪些步骤;入库商品安排储位前,需要先了解商品的储位安排有哪些原则。

1.3 相关知识

一、进货作业的流程与准备工作

进货作业流程

1. 进货作业流程

零售企业的进货作业过程是指从采购计划申请开始到最终订购的商品入库的过程,主要包括采购计划的制作、向供应商发送采购订单、进货准备、接货验收、储位安排、进货储存等作业。进货作业是零售企业满足市场供给的重要手段,数量合理、到货及时的进货作业能够在降低企业库存资金占用的前提下,极大地保证市场供给。进货作业流程主要包括以下环节,如图2-2所示。

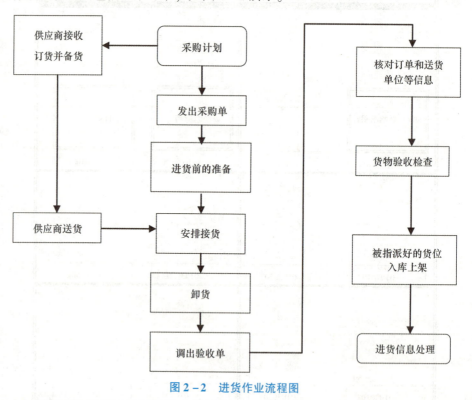

图2-2 进货作业流程图

进货作业准备

2. 进货作业准备

在商品到达配送中心之前,应掌握入库商品的品种、数量和到库时间等具体情况,并在此基础上做好进货准备工作。做好入库前的进货作业准备是保证商品入库工作有序进行的重要条件,具体包括以下六个方面,如表2-3所示。

表2-3 进货作业准备

序号	工作项目	工作内容
1	相关文件的准备	供应商发货后,仓储部门要及时掌握发货信息(发货时间、发货地点、运输方式、在途天数、预计到货时间、到货地点、联系电话、名称、规格、数量、包装、形状、单件体积、保管要求、自提还是送货上门、是否需要与货站结算货款等)和采购合同或订单,了解需求信息
2	人力准备	按照到货信息,预先组织人员安排接收、装卸搬运、检验、堆码等工作环节
3	物力准备	按照到货信息,准备装卸搬运的车辆、检验器材(度量衡、称、尺)、移动照明、撬棍、锤子、堆码的工具以及危险品需要的必备防护用品
4	货位准备	预计商品储存的位置和货位的面积,提前清场、清洁、预留验收场地。为了保证先进先出,要单独起垛,不要让后到的货压在先到货的上面而造成底下的货成为死货
5	遮垫准备	准备遮盖用品、托盘、容器等工具,使堆码和遮垫工作同时完成
6	未及时到货情况处理	对于未按到货通知时间到货的情况,应及时查询供应商和运输部门,看收货单位的名称、地址、电话等信息是否有错;是否中途发生车祸、车辆障碍、封道、倒车等情况,避免因此而延误收货。收货时要重点关注是否中转反复装卸引起包装异常,对于这种不正常的到货要逐件检查,问题经常发生在延迟到货的过程中。通知采购部、生产部作出应急方案。进口货物应附码头提单、装箱单、合同、发票,做到四证齐全

二、储位安排

为入库商品安排储位时必须根据商品的不同特性和有利于方便商品进出库作业等原则进行,以便对商品进行科学管理,以达到保证商品质量,保证商品供给的目的。

1. 选择合适的储存策略

良好的储存策略可以减少商品出入库移动的距离、提高作业效率、充分利用储存空间。常见的储存策略主要有以下五种。

储存策略

1) 定位存放

每一项储存商品都有其固定货位,商品之间不能互用货位,因此规划每种商品的货位容量时,不应小于其可能的最大在库量。选用定位存放的原因在于:

(1) 货区安排需要考虑商品的尺寸和重量(不适合随机存放);

(2) 商品对储存条件有特殊要求,如有些商品必须控制温度和湿度;

(3) 易燃、危险品等限制存放专门位置以满足安全标准及法规要求;

(4) 某些商品不容许临近存放或混放,如饼干和肥皂、食品和药品等;

(5) 一些重要的或高价值的商品需单独存放;

(6) 货区方便记忆,容易取货。

定位存放

总的来说,定位存放容易管理,所需的总搬运时间较少,但需要较多的储存空间。

2) 随机存放

每种商品的存储位置都是随机产生的,而且可以经常改变。也就是说,任何商品

随机存放

可以存放在任何可利用的位置。这种存放方法一般与靠近出口法则联用，将商品按照入库的时间顺序存放在靠近出入口的货位。

随机存放的最大优点在于能够充分利用存储空间，因此货位数目得以减少。研究显示，随机储存系统与定位存放比较，可节省35%的移动储存空间及增加30%的储存空间。其缺点在于不利于商品的拣取作业，在商品种类和数量较多时，盘点等库存管理作业也较难进行，因此必须有先进的仓储管理信息系统配合。

分类存放

3）分类存放

所有储存商品按照一定特性加以分类。每类商品都有固定存放的位置，而同类的不同商品又按一定的法则来指派货位。分类存放通常按产品相关性、出入库频率、产品尺寸重量、产品特性来分类。分类存放比定位存放有弹性，但也有与定位存放同样的缺点。

分类随机存放

4）分类随机存放

每一类商品有固定存放的货区，但在各类的货区内，每个货位的指派是随机的。分类随机存放兼具分类存放及随机存放的特色，需要的储存空间量介于两者之间。

共同存放

5）共同存放

这种存放方式是指由于能够明确知道不同种商品的出入库时间，故不同的商品可以共同使用相同的储位。当一种商品出库，空出其货位后，另一种商品可以使用该货位。

对于以上五种存放方式，其优缺点如表2-4所示。

储位策略优缺点对照

表2-4 储位策略优缺点对照表

类型	优点	缺点	适用范围
定位存放	（1）每项商品都有固定存放位置，拣货人容易熟悉商品货位。 （2）商品的货位可按周转率大小定位安排，以缩短出入库搬运储放距离。 （3）可针对各种商品的特性做货位的安排调整，将不同商品特性间的相互影响减至最小。	货位数量必须按各项商品的最大在库量设计，因此货区空间利用率较低	（1）库房空间大。 （2）多品种、少量商品的存放
随机存放	由于货位可共用，因此只需按所有库存商品平均在库量设计即可，货区空间的使用效率较高	（1）商品的出入库管理及盘点工作的进行困难度较高。周转率高的商品可能被存放在离入口较远的位置，增加了出入库的搬运距离。 （2）具有相互影响的商品可能相邻存放，造成商品大量的损失或发生危险	（1）库房面积小。 （2）品种数相对较少
分类存放	（1）便于畅销品的存取，具有定位存放的优点。 （2）各分类的储存区域可根据商品特性设计，有助于商品的储存管理	货位按各项商品最大在库量设计，因此货区空间平均的使用率低	（1）产品相关性大，经常被同时订购。 （2）周转率相差大。 （3）产品尺寸相差大

续表

类型	优点	缺点	适用范围
分类随机存放	具有分类存放的部分优点，又可节省货位数量提高货区利用率	商品出入库管理及盘点工作的难度较高	品种数多，库房面积小
共同存放	所需的储存空间及搬运时间更经济	在管理上较复杂	品种数较少，快速周转的商品

2. 储位的确定原则

配送中心在确定商品存放的位置时，通常要综合考虑仓库的类型、规模、经营范围、用途以及商品的自然属性、保养方法等。常见的划分商品存放位置的原则有以下五种。

储位的确定原则

1) 根据商品周转率确定储位

计算商品的周转率，将库存商品周转率进行排序，然后将排序结果分段或分列。将周转率大、出入库频繁的商品储存在临近出入口或专用线的位置，以加快作业速度和缩短搬运距离。周转率小的商品存放在远离入口处，在同一段或同列内的商品则可以按照定位或分类储存方法存放。按周转率确定储位，如图2-3所示。

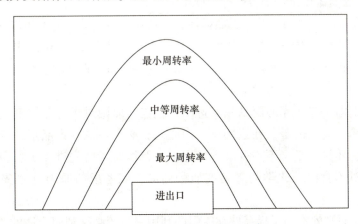

图2-3 按周转率划分储存区示意图

另外，当进货口和出货口不相邻时，可根据商品的出入库次数（A，B，C，…，H）来做货位调整，入库次数多于出库次数的商品要靠近进货口，反之则靠近出货口，接近的置于中间，如图2-4所示。

	H	B	D	F
进货口				出货口
	C	A	G	E

图2-4 进出口分离的货位指派

2）根据商品相关性确定储位

有些库存的商品具有很强的相关性，相关性大的商品，通常被同时采购或同时出库，对于这类商品应尽可能规划在同一储区或相近储区，以缩短搬运路程和拣货时间。

3）根据商品的特性确定储位

为了避免商品在储存过程中相互影响，性质相同或所要求储存条件相近的商品应集中存放，并相应安排在条件适宜的库房或货场，即将同一种货物存放在同一储存位置，产品性能类似或互补的商品放在邻近位置。将相容性低，特别是互相影响质量的商品分开存放。这样既可提高作业效率，又可防止商品在储存期间受到的损失。

对有些特殊商品，在进行储区规划时还应注意的是：

（1）易燃商品必须存放在具有高防护作用的独立空间内，且必须安装适当的消防设备。

（2）易腐商品需储存在冷冻、冷藏或其他特殊的设备内。

（3）易污商品需与其他商品隔离。

（4）易窃商品必须隔离封闭管理。

4）根据商品体积、重量特性确定储位

在仓库布局时，必须同时考虑商品体积、形状、重量单位的大小以确定商品所需堆码的空间。通常，重量大或体积大的商品储存在地面上或货架的下层位置。为了适应货架的安全并方便人工搬运，人的腰部以下的高度通常宜储放重物或大型物品。

5）根据商品先进先出的原则确定储位

先进先出即指先入库的商品先安排出库，这一原则对于寿命周期短的物品尤其重要，如食品、化学品等。在运用这一原则时，必须注意在产品形式变化少、产品寿命周期长、质量稳定、不易变质等情况下，要综合考虑先进先出所引起管理费用的增加，而对于食品、化学品等易变质的商品，应考虑的原则是"先到期的先出货"。

除了上述原则外，为了提高储存空间的利用率，还必须利用合适的货架、托盘等工具，使商品储放向空间发展。储放时尽量使货物面对通道以方便作业人员识别标号、名称、提高货物的活性化程度。储存商品的位置必须明确标示，储存场所必须清楚，易于识别、联想和记忆。另外，在规划储位时应注意保留一定的机动储位，以便当商品大量入库时可以起到调剂储位的使用，避免打乱正常储位安排。

1.4 技能训练

进货作业。

一、实训目的

熟悉进货作业的流程，掌握物动量分析的方法，能够根据物动量分析的结果，为入库商品安排储位。

二、实训材料

打印机、安装 Office 办公自动化系统的计算机。

三、实训步骤

（1）模拟采购部，根据入库单制作采购申请单，向总公司作采购申请，采购申请单格式如表 2-5 所示。

表 2-5　采购申请单

编号：　　　　　　　申请部门：　　　　　　　　　　　　　　　年　　月　　日

序号	品名	规格	数量	估计价格	预计到货日期	备注

申请人：　　　　　　申请部门经理：　　　　　　批准人：

注：本单一式二联，第一联申请部门留存，第二联交仓库。

（2）参照订单处理项目中的订单格式，制作以上商品的采购订单，发给供应商。

（3）完成商品物动量分析，补充完成表 2-6。在进行物动量分析时，可以按照如下步骤进行，具体方法可以参考仓储管理课程中的 ABC 分类方法。

①将各周的物动量数据加和，得出统计期内总的物动量数据。

②将物动量之和按照降序排列。

③计算物动量累计和商品品目数及品目数累计。

④求物动量累计百分比和商品品目数累计百分比。

⑤按照分类原则进行物动量的 ABC 分类。此处取出库量累计百分比在 60% 以上，品目累计百分比占 10% 的为 A 类；出库量累计百分比在 10%，品目累计百分比占 60% 以上的为 C 类；其余为 B 类。结果如表 2-6 所示。

（4）为入库商品安排储位。在安排储位时，一般遵循 A 类商品尽量安排在一层，B 类商品尽量安排在二层或三层，C 类商品安排在三层的原则，尽量靠近出口安排。所以，贝帝妙厨妙脆角（大）和正航 1 500 g 饼干是 A 类商品，放在一层；达利蛋黄派、汇源果肉饮料汁是 B 类，放在二层或三层；好多多拼图、娃哈哈非常饮料是 C 类，放在三层。

表 2-6　物动量分析结果表

货品编码/条码	货品名称	出库量合计	出库量累计	出库量累计百分比	品目累计	品目累计百分比	分类结果
6923721201447	贝帝妙厨妙脆角（大）						A 类
6909995101676	旺旺仙贝经济包						
6919046601871	正航 1 500 g 饼干						
6925303721039	统一鲜橙多						B 类
6902083882983	娃哈哈龙井绿茶						
6925303721367	统一绿茶						
6919295000562	伊高棉花糖						
6920927143267	雀巢绿茶＋冰爽茶						
6923555210981	汇源果肉饮料汁						
6922845800581	养生圆苹果醋						
6911988005472	达利蛋黄派						
6924862100033	百事可乐						C 类
6923981699015	好多多拼图						
6912792002053	百事可乐						
6902083883041	娃哈哈鲜橙汁						
6902083883874	500 mL 娃哈哈果汁						
6920177677765	看得见饮料						
6921168532025	农夫果园果汁（各味）						
6902083881221	娃哈哈非常饮料						
6911988006554	桶装可比克薯片						
6901432048285	256 g 冰泉豆腐花						
6904432821971	维维豆奶粉高钙低糖						
6908568130242	三鹿维他豆奶粉						
6928714471036	75 g 黑皮南瓜酥						
6905734301031	旺旺蔬菜浪味仙						
6902422980011	完达山舒孕奶粉						
6919046603875	正航小汉堡						
6902422990447	完达山加锌加钙米粉						
6922874600992	武陟油茶						
6922289535285	智强三合一核桃粉						

任务 2　托盘及货位编码

2.1　任务导入

（1）根据任务 1 中的已知条件，用 Word 的绘图工具或 Visio 绘制将所有商品码放在 1 200 mm × 1 000 mm × 150 mm（长 × 宽 × 高）托盘上的最优码货方案。要求：
①绘制托盘奇数层和偶数层的俯视图；
②商品用灰色 25% 的颜色填充；
③在图中托盘的下侧和右侧标出托盘的长宽尺寸；
④用文字说明每种商品使用托盘的个数和托盘的码货层数及每层的码货箱数。

（2）用 Bartender 条码编辑软件，制作托盘码和货位条码。码制 Code 39，8 位，无校验位。

2.2　任务分析

要绘制托盘码货图，首先，要了解托盘的码货方法及码货形式有哪些。其次，还要分析商品的长宽尺寸和托盘尺寸的配合关系，在考虑商品的码货层数时要考虑商品的自身高度，还要考虑货位高度、托盘高度、操作余隙。用 Bartender 软件制作托盘码和货位码前，先要了解商品的编码形式和规则有哪些，还要掌握 Bartender 软件的使用技巧。

2.3　相关知识

一、托盘货物的堆码方法

1. 堆码要求

（1）木质、纸质和金属容器等做包装的硬质长方体货物以及用纸或布包裹的长方体货物可采用单层码放，或者多层重叠堆码（见图 2-5），或者交错堆码（见图 2-6）。

托盘货物的堆码方法

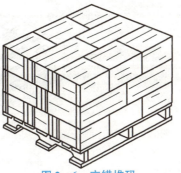

图 2-5　多层重叠堆码

图 2-6　交错堆码

(2)桶、罐等圆柱体或盘管、钢丝、电线、绳索等,或其他可卷成圆柱体的货物可单层码放或多层重叠堆码。根据其直径与托盘尺寸的关系,采用方阵码放(见图2-7)或错位码放(见图2-8)的方式。多层重叠堆码时,若为增加堆码的稳定性或为改善下层货物的受力状况,可在层间放入木隔板,对于上下底直径不同的开口空桶等还可扣过来多层套叠堆码(见图2-9)。

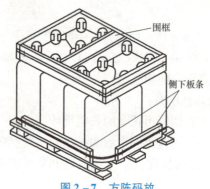

图2-7 方阵码放

图2-8 错位码放

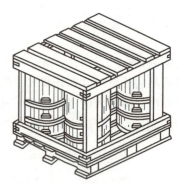

图2-9 多层套叠堆码

(3)形状不规则或不宜码放的货物、需要防止相互碰撞或摩擦或需防止压坏的货物,可堆码在有水平隔板或垂直隔板的箱式托盘中,但箱板或隔板要有足够的抗堆码强度(见图2-10)。

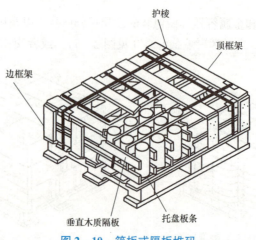

图2-10 箱板或隔板堆码

（4）像压缩气钢瓶等长圆柱体的容器或货物一般垂直单层码放，但要采取防倾倒措施，当多层水平堆码时要采取防滚动措施（见图 2-11）。

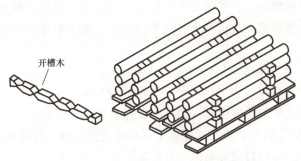

图 2-11　长圆柱体货物多层水平堆码

（5）袋类货物可多层交错压实堆码。

（6）对于没用装入容器而又不怕挤压的大量零散小型货物，可堆放在小型箱式托盘中，但箱板要有足够的强度。

2. 长方体货物堆码方法

在托盘上堆放同一种形状的长方体包装货物，可以采取各种交错咬合的办法堆码，以保证足够的强度，有时甚至不需要其他方式加固。

托盘上货体堆码方式主要有重叠式、纵横交错式、旋转交错式、正反交错式四种堆码方式，分别如图 2-12（a）、(b)、(c)、(d) 所示。

长方体货物堆码方法

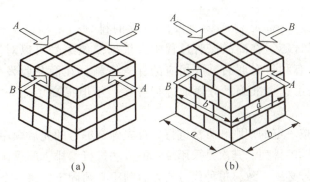

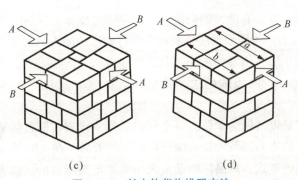

图 2-12　长方体货物堆码方法

重叠式

（1）**重叠式**。重叠式即各层码放方式相同，上下对应。这种方式的优点是人工操作速度快，包装物四个角和边重叠垂直，承载力大。缺点是各层之间缺少咬合作用，稳定性差，容易发生塌垛。在货体底面积较大的情况下，采用这种方式可有足够稳定性。一般情况下，重叠式码放再配合各种紧固方式，则不但能够稳定还保留了其操作省力的优点。

纵横交错式

（2）**纵横交错式**。相邻两层货物的摆放选择90°，一层成横向放置，另一层成纵向放置。用这种方式装完一层之后，利用转向器旋转90°。层间有一定的咬合性，但强度不高。这种方式装盘也较简单，如果配以托盘转向器，装完一层后，利用转向器旋转90°，工人则只用同一装盘方式便可实现纵横交错装盘，劳动强度和重叠式相同。重叠式和纵横交错式适合自动装盘机进行装盘操作。

旋转交错式

（3）**旋转交错式**。第一层相邻的两个包装体都互为90°，两层间的码放又相差180°，这样相邻两层之间互相咬合交叉，托盘货体稳定性较高，不易坍塌。其缺点是码放难度大，且中间形成空穴会降低托盘装载能力。

正反交错式

（4）**正反交错式**。第一层相邻的两个包装体都成90°，两层间的货物码放形式是另一层旋转180°的形式。这种方式类似于房屋建筑砖的砌筑方式，不同层间咬合强度较高，相邻层之间不重缝，因此码放后稳定性很高，但操作较为麻烦，而且包装体之间不是垂直面互相承受荷载，所以下部货体易被压坏。

二、储位和托盘编码方法

1. 储位编码方法

储位编码方法

储位编码就是对商品存放场所按照位置的排列，采用统一标记编上顺序号码，并作出明显标志。在商品保管过程中，根据储位编号可以对库存商品进行科学合理的养护，有利于对商品采取相应的保管措施；在商品收发作业过程中，按照储位编号可以迅速、准确、方便地进行查找，不但提高了作业效率，而且减少了差错。

储位编号应按一定的规则和方法进行。首先确定编号的先后顺序规则，规定好库区、编排方向及顺序排列。其次是采用统一的方法进行编排，要求在编排过程中所用的代号、连接符号必须一致，每种代号的先后顺序必须固定，每一个代号必须代表特定的位置。

常见的货位编码方法有**地址编码法**、**区段编码法**及**品类群编码法**三种。

（1）**地址编码法**。地址编码法是*利用仓库存储区中的现成参考单位*，如建筑第几栋、区段、排、行、层、格等，*按相关顺序编号*。

（2）**区段编码法**。区段编码法是指*把保管区域分割几个区段，再对每个区段编码*。

此种编码方式是以区段为单位，每个号码所标注代表的储位区域将会很大，因此适用于容易单位化的货品以及大量或保管周期短的货品。在 ABC 分类中的 A、B 类货品也很适合此种编码方式。货品以物动量大小来决定其所占的区段大小；以进出货频率次数来决定其配置顺序。

仓库管理人员在对仓库进行区域划分时，可以根据商品平均流量的大小确定区域的大小。对于平均流量大的商品,可以划分几个区域;对于平均流量比较小的商品,则应该少划分几个区域。图 2–13 为储区的区段式编号。

(3) 品类群编码法。品类群编码法是把一些相关性商品经过集合后,区分几个品类群,再对每个品类群进行编码。这种方式适用于容易按商品群保管的场合和品牌差别大的商品,如服饰群、五金群、食品群等。

图 2–13 储区的区段式编码

2. 托盘编码方法

(1) 流水编码法。流水编码法又称顺序码和延伸式编码。编码方法是将阿拉伯数字或英文字母按顺序往下编排,如表 2–7 所示。流水编码的优点是代码简单,使用方便,易于延伸,对编码对象的顺序无任何特殊规定和要求。缺点是代码本身不会给出任何有关商品的其他信息。

表 2–7 流水编码法

托盘	编码
托盘 1	10000001
托盘 2	10000002
…	…
托盘 n	$1000000n$

(2) 层次编码法。它是以分类对象的从属、层次关系为排列顺序而编制代码的一种方法。编码时将代码分成若干层级,并与分类对象的分类层级相对应。代码自左至右表示层级由高至低,代码左端为最高位层级代码,右端为最低位层级代码,各层级的代码常采用流水编码或系列流水码。如编码 00101001,001 表示企业代码;01 表示仓库代码;001 为托盘流水代码。

三、Bartender 条码编辑软件使用技巧

Bartender 条码编辑软件是目前应用比较广泛的条码编辑软件之一,该软件的大多数版本可以从网络上下载,可以提供免费 30 天的试用期,对于学习该软件的基本使用技巧来说,30 天足够了。下面介绍该软件的基本使用技巧。

1. 简单条码的编辑

1) 单个条码

例如,要编辑一个简单的托盘码:12000001,码制:Code 39,可以采取以下方法。

(1) 新建文件。新建条码文件的方法和新建 Office 文档的方法一致,可以用右键单击新建文件或从程序中新建文件的方法进行。

(2)进行页面设置。在编辑条码前,首先要进行页面设置以保证编辑的条码在打印区域之内。方法也同 Office 页面设置的方法一致,可以从文件菜单中选择页面设置,也可以从工具栏中单击 图标,进行页面设置。页面设置中需要设置纸张和布局两项,一般纸张会使用自定义选项设置纸张大小,布局要根据实际标签的布局来设置行数和列数。

(3)新建条码。单击工具栏中的 图标,然后在合适位置单击创建一维条码。双击条码,改变其属性,先将条形码选项板中的"符号体系"选择为"Code 39 – 全部 ASCⅡ"。再将"数据源"选项板中的"屏幕数据"选项改为12000001。

2)创建序列化条码

例如,要编辑一个系列的条码:12000001,12000002,…,12000008,码制:Code 39,要求一式两份。

(1)新建条码,方法同上。

(2)设置序列化。双击条码,选择"数据源"选项板中的"更多选项",选择"序列设置"选项板,设置 ☑序列(S),关闭——确定。

(3)设置序列化数量。文件——打印,设置"同样标签份数"为 2、"序列标签数"为 8。设置好后可以单击"预览"按钮看一下打印效果。

2. 数据库关联条码的编辑

对于需要编辑多个并且没有序列化形式的条码,可以采用关联数据库的方法,如货位码、商品码等,用这种方法比较方便。

例如,要编辑本任务中的所有商品的条码,可以采取以下方法。

1)设置数据库

数据库的形式有多种,最简单的就是 Excel 表。在规定的文件夹中新建一个 Excel 文件,将任务 1 中的出库作业周报的货品编码和商品名称两列复制到 Excel 的 Sheet1 中,保存,关闭。

2)新建条码,方法同上

须注意将"符号体系"选择为"EAN/JAN – 13"。

3)数据库设置

单击工具栏中的 图标,进行数据库设置,会出现"添加数据库向导",单击下一步,设置数据库类型,注意要与需要关联的数据库类型一致,此处设置的数据库类型是 Excel 格式的,所以选择 Excel。浏览选中需要关联的数据库。下一步选中数据库所在的 Sheet 表,添加,完成数据库设置。图 2 – 14 是添加的数据库的所有字段,单击确定,完成所有的数据库设置向导,所有的字段已经出现在右侧的数据源中。

4)条码数据库关联

双击条码,将其"数据源"中的"源"选择为数据库字段,"选项"中的"使用域"选择为"货品编码/条码"。这样就完成了数据库的关联,

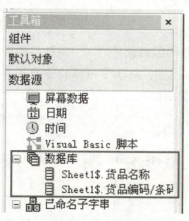

图 2 – 14　添加数据库字段

保存，预览，查看效果图。

5）文本数据库关联

由于以上数据库只有条码信息，不能够看出是哪种商品，因此可再创建一个文本，表明是哪种商品。方法是将图 2-14 "工具箱"中 "数据源"已经关联的数据库的 "货品名称"字段拖动到条码标签的合适位置，松开后会弹出菜单，选择 "创建文本"，此时再预览一下会看到条码已经出现了商品名和条码两项，而且和数据库记录是一一对应的。

注意：在预览条码前，一定要关闭关联的数据库，数据库的保存路径不能够变化，否则都会导致预览和打印时出现错误。

2.4 技能训练

一、托盘码货图的绘制

1. 实训目的

掌握用 Word 绘制托盘码货图的方法，养成时刻考虑成本和效率最大化的思维习惯。

2. 实训步骤

（1）调出绘图工具栏。可以从 Word 的视图——工具栏——绘图中调出，也可以在工具栏中单击右键选择绘图。

（2）绘制托盘。此处按照 1∶20 的比例绘制，单击绘图工具栏中的矩形工具，在出现的 "单击此处绘制图形"的绘图画布中单击一下，出现一个矩形框，双击该矩形框，设置其大小为：宽度 6 cm，高度 5 cm。

（3）绘制货品。此处以 "娃哈哈非常饮料"为例，因为是俯视图，只涉及长和宽。单击绘图工具栏的矩形工具，在托盘上单击，将其大小修改为宽度 3 cm，高度 2 cm，单击绘图工具栏中的 图标，将颜色选择为 "灰色——25%"，给货品填充颜色。

（4）计算最优方案。根据货品和托盘的尺寸大小的配合关系，计算能够使得托盘的利用率最高的托盘码货方案，并据此绘制托盘码货图。"娃哈哈非常饮料"的最优方案为沿托盘长度方向横向放置 2 箱，纵向放置 3 箱。

（5）绘制最优方案。在第三步中已经绘制了一个货品图，现在可以选中该货品图后，按住 "Ctrl"键，在鼠标出现一个 "+"后，拖动该图，可以复制一个货品图。再拖动后可以复制第三个，由于该货品图与最优方案的方向不一致，需要做 90°旋转，可以将鼠标移动到该图上的 标识上，当出现一个黑色的旋转箭头时，单击鼠标将该图形旋转 90°，调整到合适位置后，可以用同样的方法复制两个，就完成了最优方案的绘制。将所有图形选中后，单击右键，选择 "组合"文本框，使所有图形成为一体。

（6）绘制偶数层和托盘的长宽尺寸。将上面所绘制的托盘图复制一份，旋转 90°，就完成了偶数层的绘制。用箭头和直线控件绘制长宽标尺。在标尺上添加文本框，输入数据，双击文本框将其"线条与颜色"中的透明度设为100%，线条样式设为"无线条颜色"。结果如图2-15所示。这样根据入库数量和商品单层码货数量，就可以知道商品入库所需托盘数。"娃哈哈非常饮料"这种商品，只需要在1个托盘上码放两层就可以了，其中第二层只需要码放4箱。其他货品的托盘码货图绘制方法相同。

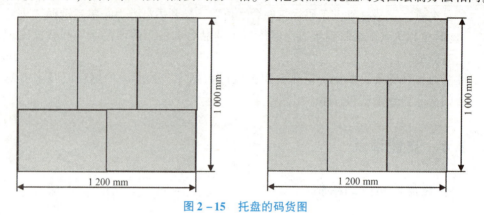

图2-15 托盘的码货图

二、托盘和货位编码

1. 实训目的

掌握托盘和货位编码的方法；掌握序列化打印和数据库关联的方法。

2. 实训步骤

（1）托盘码编码。每人使用自己班级和学号作为自己编制托盘码的前四位，中间两位是0，最后两位是从01开始的流水编码，例如，以一班的1号同学为例，他所编制的第一个托盘条码为：01010001。

（2）托盘条码制作。采用序列化设置的方法进行条码的制作，制作好后预览一下，没问题就可以打印。

（3）货位码的制作。可以参照数据库关联条码编辑的例子。先设置货位条码数据库，然后制作货位条码，设置条码的数据库关联。本任务中不必设置文本数据库关联。

任务3 入库储存

3.1 任务导入

分为两组：一组模拟供应商，完成任务1中的入库商品的商品条码的制作和粘贴，并将商品供应到配送中心；一组模拟配送中心，完成所有入库商品的接货验收、托盘码货、托盘码粘贴、货位分配、货位存储图绘制、上架等任务。任务完成后两组互换角色。

3.2 任务分析

本任务涉及不等量商品条码的制作和粘贴，商品的验收入库知识，商品组托、货位分配、上架等实操任务，需要两组共同完成，还需要同组中成员的协调配合。

3.3 相关知识

一、商品验收的标准和比例

1. 验收标准

为了准确及时地验收货物，就必须明确验收标准。在实际工作中，可根据下列四项标准进行：

（1）采购合同或订单所规定的具体要求和条件。
（2）采购谈判时的合格样品。
（3）采购合同中的规格或图解。
（4）各种产品的国家品质标准或国际标准。

入库验收标准和比例

2. 验收比例

对于某些大批量的货物，由于受工作人员数量的限制，在短时间内难以全部验收，或验收方法会影响货物的质量或销售，或对于连续大批量的产品，抽取一定数量就可以代表整批货物的质量状况，无须全部验收等情况，可以用抽检的方法。抽检的比例应首先以合同规定为准，合同没有规定的，在确定验收比例时，一般需要考虑以下因素：

（1）货物的性质和特点。
（2）货物的价值。
（3）货物的生产技术条件。
（4）供货单位的信誉。
（5）包装情况。
（6）运输方式和运输工具。
（7）气候条件。
（8）储存时间。

二、验收内容

1. 检验商品包装

对商品包装的检验是对商品质量进行检验的一个重要环节。商品包装的完整程度及干湿状况与商品的质量有着直接的关系。观察商品包装的好坏可以有效地判断出商品在运送过程可能出现的破损，并据此制定对商品的进一步检验措施。因此在验收商品时，配送中心管理人员需要首先对包装进行严格的验收。

仓库主要是对商品的外包装进行检验，通常是在初验时进行的，检验包装有无被

入库验收的内容

撬、开缝、污染、破损、水渍等不良情况。同时，还要检查包装是否符合有关标准要求，包括选用的材料、规格、制作工艺、标志、打开方式等。另外对包装材料的干湿度也要检查。发现商品包装存在问题时应分情况及时处理：

（1）当发现包装上有人为的挖洞、开缝现象时，说明商品在运输的过程中有被盗窃的可能，要对商品的内装数量进行仔细检验。

（2）当发现包装上有水渍、潮湿时，表明商品在运输的过程中有被雨淋、水浸或商品本身出现潮解、渗漏现象，要对商品开箱检验其质量。

（3）当发现包装有被污染的痕迹，说明由于装配不当，引起了商品的泄漏，导致商品之间相互污染，此时要将商品送交质检部门自检，以确定商品的质量是否发生了问题。

（4）当发生包装破损时，说明包装结构不良、包装材质不当或装卸搬运过程中有乱摔、乱扔、碰撞等情况，此时包装内的商品可能出现磕碰、挤压等情况，影响商品质量。

2. 验收货物数量

入库商品数量验收

数量验收是入库之前必不可少的重要步骤，是在初验的基础上，质量验收之前，清点数量。但是验收方法要注意采用和供应商相同的方法，在出库时也应采用相同的计量方法，避免出现误差，验收情况要记录在验收单中。

1）货物数量验收

数量验收主要是指在入库前清点以件数作为计量单位的商品的件数。一般情况下，计件商品应该全部逐一清点，但是不宜打开包装的商品可以采用按比例抽检的方法。常用的数量清点方法如表2-8所示。

表2-8 数量验收的方法

方法名称	具体内容	适用商品
逐件点数法	采用人工或计算器逐一计数，累计以得出总数	一般适合散装或非定量包装的商品
集中堆码点数法	将商品按照每行、每层件数一致的原则，堆成固定的垛型，然后通过计算得出总数	花色品种单一、包装大小一致、数量大或体积较小的商品
抽检法	按一定比例对商品进行开箱点数	批量大、采用定量包装的商品
重量换算法	通过过磅，称得商品重量，然后换算该商品的数量	包装商品，且商品标准，重量一致

入库商品重量验收

2）货物重量验收

对按重量计算的商品，配送中心仓库管理人员要对其重量进行验收。

（1）明确验收标准。在进行重量验收时，若验收重量没有超出允许的重量范围就可以认为是合格的。不同的商品有不同的允许重量范围，越昂贵的商品其重量范围越小。

（2）掌握验收方法。在重量验收过程中，如果合同规定了验收方法的，应该按照合同规定的验收方法进行验收。验收方法确定后，出库及验收都必须用同样的方法验收商品。

按重量供货或以重量为计量单位的商品，做数量验收时有的采用称重的方法，有的采用理论换算的方法。按照理论换算重量的商品，先通过检尺，例如，金属材料中的板材、型材等，然后，按规定的方法换算成重量验收。对于进口商品，原则上全部称重，但如果订货合同规定按理论换算重量交货，则按合同规定办理。

商品的重量一般有毛重、皮重、净重之分。仓库管理中通常所说的商品重量是指商品的净重。

①直接测量法。对于没有包装或包装所占质量比较小的商品，可以采用对商品直接过磅的方法，测定其实际质量。

a. 检尺求积法：是对以体积为计量单位的商品，如木材、竹材、沙石等，先检尺，后求体积，所做的数量验收。

b. 检斤验收法：是对以重量供货或以重量为计量单位的商品，做数量验收时的称重。

c. 抄码复衡抽验法：是根据采购时合同规定的比例，抽取一定数量商品，对其进行过磅的验收方法，适合定量包装并附有码单的商品。

②净重计算法。对于有包装且占商品重量的比重比较大的商品，在验收过程中要除去商品的包装，计算其净重。

a. 平均扣除皮重法：是指按一定比例将商品的包装拆下过磅，以求得包装的平均重量。然后将未拆除包装的商品过磅，从而求得该商品的全部毛重和皮重。用这种方法时，一定要合理地选择应拆包装物以使净重更趋准确。

b. 除皮核实法：是指选择部分商品分开过磅，分别求得商品的毛重和皮重，再对包装上标记的重量进行核实。核对结果未超出允许差率，即可依其数值计算净重。

c. 整车复衡法：是指大宗无包装的商品，如煤炭、生铁、矿石等，检验时将整车引入专用地磅，然后扣除空车的重量，即可求得商品净重，适合散装的块状、粒状或粉状的商品。

③理论换算法。理论换算法是指通过商品的长度、体积等便于测量的因素，利用一定的公式，计算出商品质量的方法。它适合外形规则的商品质量的计算。

3. 验收货物质量

商品质量验收是指检验商品质量是否符合规定。仓储部门按照有关质量标准，检查入库商品的质量是否符合要求。仓库对到库商品进行质量验收是根据仓储合同来实施的。合同没有约定的，按照商品的特性和惯例确定。质量检验包括外观检验、尺寸检验、机械物理性能检验和化学成分检验四种形式。仓库一般只做外观检验和尺寸检验，后两种检验如果有必要，则由仓库技术管理职能机构取样，委托专门的检验机构检验。

货物质量验收

1) 货物外观质量检验

对商品包装的检验只能判断商品的大致情况，对商品外观进行检验也必不可少。

商品外观质量的检验包括外观质量缺陷、外观质量受损情况及受潮、霉变和锈蚀等情况。

（1）外观质量检验方法。感官验收法，这是用感觉器官，如视觉、听觉、触觉、嗅觉来检查商品质量的一种方法。它简便易行，不需要专门的设备但是却有一定的主观性，容易受检验人员的经验、操作方法和环境等因素的影响。

（2）外观检验的基本要求。凡是通过人的感觉器官检验商品后，就可以决定商品质量的，由仓储业务部门自行组织检验，检验后做好商品的检验记录。对于一些特殊商品，则由专门的检验部门进行化验和技术测定。验收完毕后，应尽快签返验收入库凭证，不能无效积压单据。

2）货物尺寸检验

进行尺寸检验的货物，主要是金属材料中的器材、部分机电产品和少数建筑材料等。不同型材的尺寸检验各有特点：如圆型材主要检验直径和圆度；管材主要检验厚度和内径；板材主要检验厚度及其均匀度等。对部分机电产品精度的检验，一般由专门质监部门或厂房负责质量检验，仓库免检。商品质量的验收应该与商品数量的验收同时进行。配送中心仓库管理人员对商品质量的验收主要是检验商品的外观质量，而产品的内在质量（机械物理性能检验和化学成分检验）则由生产厂家保证或由质量检验机构检验。

三、验收的差异处理与信息处理

1. 对验收产生差异的处理方式

对验收产生差异的产品可采取的处理方式，如表2-9所示。

表2-9 验收产生差异的处理方式

常见问题 处理	数量溢余	数量短缺	质量不合格	包装不合格	规格不合格	单据与实物不符
通知供应商	√	√				√
核实数目签收		√				
维修整理			√	√		
查询等候处理	√				√	√
改单签收	√				√	√
拒绝签收			√	√	√	
退单退货	√		√		√	√

2. 验收入库商品的信息处理

在完成商品验收后，在暂存区分类，然后由作业人员入库上架，并在记录存放储位编号后，输入系统。这样商品实物库存就会在系统生成系统库存，打印入库单（见表2-10）后，最终完成进货作业。

表 2-10 验收入库单

编号：

供应商			采购单号			验收员/验收日期		
供应商编码			采购员			复核员/复核日期		
发货日期			到货日期					
序号	储位号码	商品名称	商品规格	包装单位	应收数量	实收数量	备注	
仓管员：				供应商代表：				

3.4 技能训练

入库储存。

一、实训目的

掌握入库储存的流程，养成团队协作的意识和 5S 管理的习惯。

二、实训材料

各种规格型号的纸箱、Bartender 条码编辑打印软件、打印机、胶水、托盘、叉车、地牛以及《项目任务单》。

三、实训步骤

1. 分成两组，一组扮演供应商，一组扮演配送中心

扮演供应商的一组负责制作商品条码并将条码粘贴在货品上，模拟商品生产。完成商品生产后，向供应商送货。供应商在送货前，可以根据商品验收的内容，设置几种商品问题，如数量溢余、水渍、油渍、包装破损等，并且事先不向扮演配送中心的组透露。

2. 货位安排

配送中心根据入库任务单和物动量分析及托盘码货结果，为入库商品安排储位。储位安排时，要遵循方便出库方便作业的原则，同时要考虑任务 1 中，ABC 各类商品所处的货架层数不能放错。并根据任务 1 中的货位图，绘制货位存储图。

3. 配送中心验收

供应商根据验收标准和内容进行商品验收，填写商品验收入库单。

4. 托盘码货

配送中心在验收的同时，根据任务 2 中完成的托盘码货方案，进行托盘码货作业。并粘贴托盘码。

5. 商品入库

配送中心作业人员操作叉车或堆高车和地牛完成商品的上架入库作业。

同步测试

1. 常见的储存策略主要有定位存放、_____、_____、_____、共同存放等几种。

2. 托盘上货体堆码方式主要有_____、_____、_____、_____四种。

3. 商品验收中主要验收商品的_____、质量、_____几项。

4. 下列不属于常见货位编码方法的是_____。
   A. 地址编码法　　　　　　　　　　B. 区段编码法
   C. 品类群编码法　　　　　　　　　D. 实际意义编码法

5. 下列不属于验收标准所参考的依据的是_____。
   A. 采购谈判时的合格样品　　　　　B. 采购合同中的规格或图解
   C. 产品的国家品质标准　　　　　　D. 客户的技术要求

6. 储位确定原则有哪些？

7. 每小组利用课余时间调查至少 9 种商品的外形尺寸，列出商品信息表（见表 2－11），并要求提供每种商品的实物照片或网络截图作为调查证据。按照托盘码货图的绘制方法和要求，绘制所调查商品的托盘码货图。

表 2－11　商品信息表

序号	条码	品名	外包装尺寸

案例分析

国美电器是一个具有 100 多家电器连锁店的大型电器零售商，主要通过总部集中采购压低商品进价，各专卖店集中销售，利用公司大库和门店小库构成的配送体系，实现全国范围内的送货上门服务。

根据以上材料回答：

国美采取了哪些措施来降低成本？你认为降低成本的措施还有哪些？

项目 3
订单处理

- 项目介绍

订单处理作业是连锁零售企业的配送作业中所面临的第一步作业,该作业首先要接收客户订单;然后分析所接收订单的有效性以取消无效订单;再进行订单的优先权分析,对于库存不足的商品,根据优先权的先后顺序,确定库存分配的先后顺序;最后为了方便制作拣货单,将订单进行合并或分割。

- 知识目标
1. 掌握订单的处理流程和订单的接收形式;
2. 掌握订单的有效性分析需要注意的问题;
3. 掌握订单优先权分析的方法和原则,不同类型订单的处理方式。

- 技能目标
1. 能够进行订单的有效性分析;
2. 能够分析订单的优先权,并按优先权分配库存;
3. 能够进行订单的合并和分割作业。

- 素质目标

培养全面分析问题的能力。

任务 1 订单接收

1.1 任务导入

订单接收是订单处理作业的第一步工作,那么如何接收一份订单?订单接收中应该注意哪些问题?本任务将解决这些问题。

1.2 任务分析

要完成订单接收作业需要先了解订单处理的基本知识。订单处理作业流程有哪些?订单处理的要素有哪些?订单的接收方式有哪些?

1.3 相关知识

一、明确订单处理的流程与要素

1. 订单处理的流程

订单处理流程

所谓订单处理是指从接到客户订货开始至准备着手拣货之间的作业阶段,包括订单资料的确认、存货查询、单据处理等,处理的手段主要有手工处理和以计算机网络为基础的电子处理两种形式。订单处理是备货、拣货、组织配送活动的前提和依据,是其他各项作业的基础,订单处理的成效深深影响着后续作业乃至整个企业的运营状态。

无论是传统的手工处理还是应用现代信息处理技术,订单处理的主要流程基本一样。图3-1所示为处理订单的作业流程。

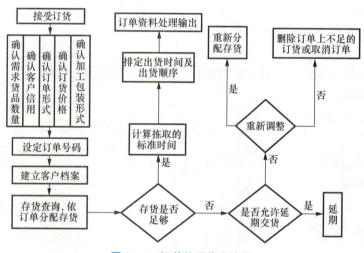
图3-1 订单处理作业流程

2. 订单处理的要素

订单处理要素

配送企业的整个订单处理过程包含了客户订货周期中的诸多活动,具体而言,包括订单准备、订单传输、订单分析与录入、订单履行、订单状况报告五大模块,涉及的要素如图3-2所示。

1)订单准备

企业搜集所需产品或服务的必要信息,从而正式提出购买要求的各项活动。其具体工作内容包括选择合适的供应商,由客户或销售人员填制订单,决定库存的可得率,与销售人员打电话通报订单信息等。

2)订单传输

传送订单信息是订单处理过程中的第二道工序,涉及订货请求从出发地点到订单录入地点的传输过程。订单传输可以通过两种基本方式来完成,即传统方式和电子方式。

传统方式包括邮寄订单或由销售人员亲自将订单送到录入地点等，传送订单的速度比较慢，但是成本相对低廉。

目前，随着互联网、卫星通信的广泛应用，利用电子方法传输订单的做法相当普及。这种高可靠性、高准确度的传输方式几乎可以瞬间完成订单信息的输送，基本已经取代了人工传输方式。

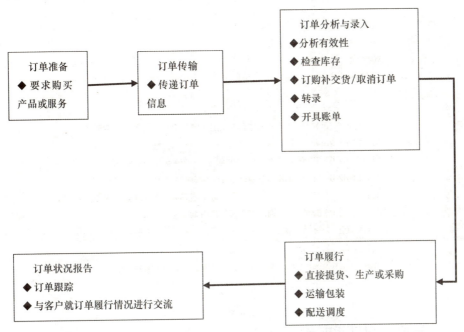

图 3-2　订单处理过程通常涉及的要素

3）订单分析与录入

订单分析主要是分析订单的有效性，并检查库存获知订单的可满足性。录入是将有效订单录入订单处理系统，以便完成由订单到其他作业单证的转换。

4）订单履行

订单履行由与实物有关的活动组成，包括通过提取存货、生产或采购获取所订购的货物，对货物进行运输包装，安排运货，准备运输单证，其中有些活动可能会与订单录入同时进行，以缩短订单处理时间。

订单履行的先后次序可能会影响到所有订单的处理速度，也可能影响到较重要订单的处理速度。很多企业就因为订单处理人员在忙得不可开交时会先处理不太复杂的订单，致使公司重要客户的订单在履行时拖延过久，因此就需要进行订单优先权的分析。

5）订单状况报告

订单处理过程的最后环节是通过不断向客户报告订单处理过程中或货物交付过程中的任何延迟，确保优质的客户服务。具体而言，该项活动包括：

（1）在整个订单周转过程中跟踪订单。

（2）与客户交换订单处理进度、订单货物交付时间等方面的信息。

这是一种监控活动,一般不会影响到处理订单的时间。

现在国内的快递行业在这方面就做得非常好,只要客户有订单号,就能够随时通过互联网或移动上网终端设备,查询该单货品到达和离开中转点的时间和处理人。图3-3就是某快递公司的物流跟踪信息。

物流信息

发货方式: 自己联系
物流编号: LP00004622075274
物流公司: 韵达快运
运单号码: 1900099508038
物流跟踪: 以下信息由物流公司提供,如有疑问请查询韵达快运官方网站

2011-11-01 20:41:23 山东青岛中转站 航空扫描,并发往 山东潍坊中转站
2011-11-01 20:46:25 山东青岛中转站 进行中转,并发往 山东潍坊中转站
2011-11-02 01:37:46 山东潍坊中转站 到达,上级地点 山东青岛中转站
2011-11-02 04:00:20 山东潍坊中转站 进行中转,并发往 山东潍坊开发区公司
2011-11-02 05:17:13 山东潍坊开发区公司 派送扫描,上级地点 山东潍坊中转站
2011-11-02 05:56:01 山东潍坊开发区公司 开始派送
2011-11-02 12:58:42 山东潍坊开发区公司坊子分部 派送扫描,上级地点 山东潍坊开发区公司
2011-11-02 12:59:06 山东潍坊开发区公司坊子分部 开始派送
2011-11-02 13:00:06 山东潍坊开发区公司坊子分部 由 ████ 签收

图3-3 某快递公司物流跟踪信息

二、熟悉客户订货方式

配送中心在进行订单处理之前,必须接收客户的订单,而订单的接收方案和接收方法又同客户的订货方式密不可分,因此作为订单处理人员,必须明确客户的订货方式有哪些。根据先进性程度,订货方式可以分为两大类,即传统订货方式和电子订货方式。

传统订货方式

1. 传统订货方式

常用的传统订货方式如表3-1所示。

表3-1 传统订货方式

序号	订货方式	处理方法
1	厂商补货	供应商直接将商品放在车上,一家家去送货,缺多少补多少。此种方式对于周转率较快的商品或新上市商品较常使用
2	厂商巡货、隔日送货	供应商派巡货员前一天先至各客户处巡查需补货的货品,隔天再进行补货。厂商可利用巡货员为客户整理货架、贴标签或提供经营管理意见、市场信息等,亦可促销新产品或将自己的商品放在最占优势的货架上。此种方式的缺点是厂商可能会将巡货员的成本加入商品的进价中,而且厂商乱塞货架将造成零售业者难以管理、分析自己所卖的商品

续表

序号	订货方式	处理方法
3	电话口头订货	订货人员将商品名称及数量,以电话口述的方式向厂商订货。但因客户每天需要订货的品种可能达数十项,而且这些商品常常需由不同的供应商供货,因此利用电话订货所费时间太长,且错误率高
4	传真订货	客户将缺货资料整理成书面资料,传真给厂商。利用传真机虽可快速地传送订货资料,但其传送品质不良常增加事后确认作业
5	邮寄订单	客户将订货表或订货磁片邮寄给供应商
6	客户自行取货	客户自行到供应商处看货、取货,此种方式多为以往传统杂货店因地域较近所采用。客户自行取货虽可省去物流中心作业,但个别取货可能影响物流作业的连贯性
7	业务员跑单接单	业务员至客户处推销产品,而后将订单带回或紧急时以电话先联系公司通知客户订单

不管利用上述何种订单订货,这些订货方式皆需人工输入资料而且经常是重复输入、重复填写。客户现在更趋向高频度的订货,且要求快速配送,传统订货方式已无法应付客户的需求,这使得新的订货方式——电子订货应运而生。

2. 电子订货方式

电子订货,顾名思义即由电子传递方式,取代传统人工书写、输入、传送的订货方式,也就是将订货资料转为电子资料形式,再由通信网络传送,此系统称为电子订货系统,即采用电子资料交换方式取代传统商业下单、接单运作的自动化订货系统,可分为三种方式,如表3-2所示。

电子订货方式

表3-2 电子订货方式

序号	订货方式	处理方法
1	订货簿或货架标签配合手持终端机及扫描器	订货人员携带订货簿或手持终端机及扫描器巡视货架,若发现商品缺货则用扫描器扫描订货簿或货架上的商品标签,再输入订货数量,当所有订货资料皆输入完毕后,利用计算机将订货资料传给供应商或公司
2	POS(point of sale)销售时点系统	客户若有POS收款机则可在商品库存管理系统中设定安全存量,每当销售一笔商品时,计算机自动扣除该商品库存,当库存低于安全存量时,即自动产生订货资料。将此订货资料确认后,即可通过信息网络传给供应商或总公司。也有客户将每日的POS资料传给总公司,总公司将POS销售资料与库存资料比对后,根据采购计划向供应商下订单
3	订货应用系统	客户信息系统里若有订单处理系统,可将应用系统产生的订货资料,经由特定软件转换功能转成与供应商约定的共同格式,在约定时间里将资料传送出去

一般而言,通过计算机直接连线的方式传递订单最快也最准确,而邮寄订单、电话或销售员带回的方式较慢。由于订单传递时间是订货前置时间内的一个因素,关系存货水准的调整,从而影响客户服务及存货成本,因而传递速度快、可靠及正确性高的订单处理方式,不仅可大幅提升客户服务水平,对于存货相关的成本费用也能有效

的缩减。

另一方面,通过计算机直接传递往往费用较高,因而究竟要选择哪一种订单传递方式,应比较成本与效益的差异来决定。

三、确定订单相关内容

订单确认的内容

当接到客户订单后,须对订单的各项内容进行确认以防发生错误或损失。另外对订单内容的确认还是对订单信息的初步分析过程,可以为后续作业提供帮助。

订单确认的项目如表3-3所示。

表3-3 订单确认的项目

订单确认	1. 需求品种、数量及日期
	2. 客户信息
	3. 订单价格
	4. 加工包装确认:是否要特殊包装、分装或贴标签等
	5. 设定订单号码
	6. 建立客户档案
	7. 存货查询及订单分配存货的方式

当订货方式为传统订货方式时,订货处理系统人员可以在订单输入的同时对订单进行确认,当采用电子订货方式,订货处理系统应设立订单确认功能模块,自动对收到的订货数据进行确认,并生成确认结果。

具体订单确认的内容包括以下六个方面:

1. 货物名称、数量及日期的确认

这是对订货资料项目的基本检查,即检查货物名称、数量、送货日期等是否有遗漏、笔误或不符合公司要求的情况。尤其当要求送货时间有问题或出货时间已延迟时,更需要再与客户确认一下订单内容或更正期望运送时间。同样若采用电子订货方式接单,也须对接收订货资料加以检查确认,若通过 VAN 中心进行电子订货处理,可委托其进行一些基本的客户下单资料检查,对于错误的下单资料,可传回给客户修改再重新传送回来。

2. 客户信息的确认

不论订单是由何种方式传至公司的,订单管理系统的第一步骤即查核客户的财务状况,以确定其是否有能力支付订单的账款,其做法多是检查客户的应收账款是否已超过其信用额度。若客户应收账款已超过其信用额度,系统会自动加以警示,以便输入人员决定是继续输入其订货资料还是拒绝其订单。一旦发现客户的信用有问题,则将订单送回销售部门再调查或退回订单,因而可以从订单管理系统中查询客户资料。如果客户的应收账款已经超过其信用额度或其以往的应收账款加上本次订单总金额超过其信用额度,就应该作为警示订单。

原则上顾客的信用调查是由销售部门来负责,但有时销售部门往往为了争取订单并不太重视这种查核工作,因而也有些公司会授权由配送中心来负责,一旦查核结果发现客户的信用有问题，配送中心可将订单送回销售部门做进一步调查或做退回处理。

3. 订单形态确认

在接收订货业务上，有多种的订单交易形态，配送中心在处理不同的客户或不同的商品时有不同的订货处理方式，因而接单后必须再对客户订单或订单上的订货品种的交易形态加以确认，以便让系统针对不同形态的订单提供不同的处理功能。

具体的订单交易形态及相应的处理方式如表3–4所示。

不同交易形态处理

表3–4 不同交易形态及处理方式

序号	名称	交易形态	处理方式
1	一般交易订单	正常、一般的交易订单。接单后按正常的作业程序拣货、出货、配送、收款结账的订单	接单后，将资料输入订单处理系统，按正常的订单处理程序处理，资料处理完后进行拣货、出货、配送、收款结账等作业
2	现销式交易订单	与客户当场直接交易、直接给货的交易订单，如业务员到客户处巡货、推销所得的交易订单或客户直接到物流中心取货的交易订单	订单资料输入后，因其货品已交给了客户，故订单资料不需再参与拣货、出货、配送等作业，只需记录交易资料，以便收取应收款项
3	间接交易订单	客户向物流中心订货，但由供应商直接配送给客户的交易订单	接单后，将客户的出货资料传给供应商由其代为配送。此方式需注意客户的送货单是自行制作或委托供应商制作以及出货资料（送货单回联）的核对确认
4	合约式交易订单	与客户签订配送合约的交易，如签订在某期间内定时配送一定数量的商品	约定的送货日来临时，需将该订单的资料输入系统处理以便出货配送；或一开始便输入合约内容的订货资料并设定各批次送货时间，以便在约定日期来临时系统自动产生需要送货的订单资料
5	寄库式交易	客户因促销、降价等市场因素而先行订购某数量商品，以后需要再要求出货的交易	当客户要求配送寄库商品时，系统应检核客户是否确实有此项寄库商品，若有，则出此项商品，并且扣除此项商品的寄库量。注意此项商品的交易价格是依据客户当初订购的单价计算的
6	兑换券交易	客户通过兑换券所兑换商品的配送出货	将客户兑换券所兑换的商品配送给客户时，系统应查核客户是否确实有此兑换券回收资料，若有，依据兑换券兑换的商品及兑换条件予以出货，并应扣除客户的兑换券回收资料

4. 订货价格确认

不同的客户（批发、零售）、不同的订购量，可能有不同的售价，输入价格时系统应加以核对。若输入的价格不符（如输入错误或因业务员降价强接单等），系统应加以锁定，以便主管审核。

5. 加工包装确认

对客户对于订购的商品是否有特殊的包装、分装或贴标签等要求，或是有关赠品的包装等资料都需要详细加以确认记录。

6. 设定订单号码

每一张订单都要有其单独的订单号码，此号码由控制单位或成本单位来指定，除了便于计算成本外，可用于制造、配送等一切有关工作，而且所有工作说明单及进度报告均应该附此号码。

1.4 技能训练

订单的发送与接收。

一、实训目的

明确传统订货方式和电子订货方式的区别，熟悉订单接收的流程和注意事项。

二、实训材料

电话、传真机（或复印机）、可以上网的电脑。

三、实训步骤

（1）将学生分为两组，一组扮演 5 个需求商，需求商向配送中心分别通过电话、传真机（或复印机）、电子邮件发送以下订单（见表 3-5～表 3-9）。

表 3-5　福乐多超市采购订单　　　　　　　　订购时间：2018 年 4 月 13 日

序号	商品名称	单价/元	订购数量/箱	金额/元	备注
1	好多多拼图	240	7	1 680	
2	正航 1 500 g 饼干	260	11	2 860	
3	娃哈哈非常饮料	110	6	660	
4	贝帝妙厨妙脆角（大）	420	8	3 360	
	合计	—	32	8 560	

表 3-6　中百超市采购订单　　　　　　　　订购时间：2018 年 4 月 13 日

序号	商品名称	单价/元	订购数量/箱	金额/元	备注
1	贝帝妙厨妙脆角（大）	420	12	5 040	
2	好多多拼图	240	9	2 160	
3	正航 1 500 g 饼干	260	8	2 080	
	合计	—	29	9 280	

表 3-7　朝阳超市采购订单　　　　　　　　订购时间：2018 年 4 月 13 日

序号	商品名称	单价/元	订购数量/箱	金额/元	备注
1	正航 1 500 g 饼干	260	20	5 200	
2	贝帝妙厨妙脆角（大）	420	50	21 000	
	合计	—	70	26 200	

表 3–8　佳乐家福东店采购订单　　　　订购时间：2018 年 4 月 13 日

序号	商品名称	单价/元	订购数量/箱	金额/元	备注
1	达利蛋黄派	180	24	4 320	
2	好多多拼图	240	10	2 400	
3	贝帝妙厨妙脆角（大）	420	8	3 360	
4	正航 1 500 g 饼干	260	8	2 080	
合计		—	50	12 160	

表 3–9　乐福家超市采购订单　　　　订购时间：2018 年 4 月 13 日

序号	商品名称	单价/元	订购数量/箱	金额/元	备注
1	正航 1 500 g 饼干	260	6	1 560	
2	贝帝妙厨妙脆角（大）	420	9	3 780	
3	好多多拼图	240	4	960	
合计		—	19	6 300	

（2）一组扮演配送中心，配送中心分别接收以上通过不同方式发送的订单。

（3）完成以后两组互换角色。

（4）讨论在订单的发送与接收中应该注意的问题，分析所用到的各种订单传输方式的优缺点，并分组由代表陈述观点，最后形成一份书面报告。

任务 2　订单有效性分析

2.1　任务导入

任务 1 的技能训练中所涉及订单的需求商属于配送中心的老客户，配送中心根据与这些客户以往的业务往来建立了如表 3–10 ~ 表 3–14 所示的客户档案，请根据客户档案所提供的信息，对于以上五份订单进行有效性分析，确定哪些订单是无效订单。

表 3–10　福乐多超市客户档案表

资信情况	注册资金	3 600 万元			年营业额	1 000 万元		
	满意度	☑高	□较高	□一般	忠诚度	□高	☑较高	□一般
	客户类型	□一般	☑潜力	□关键	客户级别	B		
	信用截止期限	2019 年 3 月 31 日			信用额度	150 万元		
	去年交易总额	256 万元			应收账款	125 万元		
金融状况	资金状况		☑充足	□紧张	□短缺	□危险		
	付款态度		□爽快	☑尚可	□拖延	□欠款		

表 3-11 中百超市客户档案表

资信情况	注册资金	2 000 万元	年营业额	3 000 万元	
	满意度	☑高 □较高 □一般	忠诚度	☑高 □较高 □一般	
	客户类型	□一般 □潜力 ☑关键	客户级别	A	
	信用截止期限	2021 年 12 月 31 日	信用额度	180 万元	
	去年交易总额	526 万元	应收账款	152.5 万元	
金融状况	资金状况	☑充足 □紧张 □短缺 □危险			
	付款态度	☑爽快 □尚可 □拖延 □欠款			

表 3-12 朝阳超市客户档案表

资信情况	注册资金	200 万元	年营业额	50 万元
	满意度	☑高 □较高 □一般	忠诚度	□高 □较高 ☑一般
	客户类型	☑一般 □潜力 □关键	客户级别	B
	信用截止期限	2018 年 12 月 31 日	信用额度	10 万元
	去年交易总额	78 万元	应收账款	9.8 万元
金融状况	资金状况	☑充足 □紧张 □短缺 □危险		
	付款态度	☑爽快 □尚可 □拖延 □欠款		

表 3-13 佳乐家超市客户档案表

资信情况	注册资金	1 200 万元	年营业额	2 000 万元
	满意度	☑高 □较高 □一般	忠诚度	☑高 □较高 □一般
	客户类型	母公司	客户级别	A
	信用截止期限	—	信用额度	200 万元
	去年交易总额	1 562 万元	应收账款	199.5 万元
金融状况	资金状况	☑充足 □紧张 □短缺 □危险		
	付款态度	☑爽快 □尚可 □拖延 □欠款		

表 3-14 乐福家超市客户档案表

资信情况	注册资金	100 万元	年营业额	80 万元
	满意度	□高 ☑较高 □一般	忠诚度	□高 □较高 ☑一般
	客户类型	☑一般 □潜力 □关键	客户级别	B
	信用截止期限	2018 年 5 月 31 日	信用额度	6 万元
	去年交易总额	56 万元	应收账款	4.2 万元
金融状况	资金状况	☑充足 □紧张 □短缺 □危险		
	付款态度	☑爽快 □尚可 □拖延 □欠款		

2.2 任务分析

要完成订单的有效性分析，首先要注意哪些因素会影响到订单的有效性；客户档案对于订单的有效性具有很重要的作用,那么如何建立客户档案也是本任务需要解决的问题;最后就是本任务所涉及的订单的有效性分析问题。

2.3 相关知识

一、明确影响订单有效性的因素

订单的有效性主要受订单本身和需求商的状况影响,影响订单有效性的因素主要有以下四种。

1. 订单时间

订单接收时间必须在有效期之内。配送中心接收到订单的时间必须在客户所要求的货物送达时间之前,同时两者之间的时间差也不能够太短,也就是必须给配送中心留出合理的备货时间。

订单有效性影响因素

2. 订单的准确性

在接收订单之后要检查订单的准确性,如订单编号、数量、品种、价格等,如果出现明显的订单错误,就可以认为是无效订单。在现代电子订货方式下,尤其是采用电子邮件发送的订单有时候会出现订单接收对象错误的现象,也就是业务员把订单下给了错误的供应商,尤其是订购产品与配送中心所经营的产品类型完全不一致,这种订单配送中心就可以认为是无效订单。如食品配送中心接收到了药品类的订单,这种订单就是无效订单。

3. 客户的信用状况

客户的信用状况直接影响到其订单所涉及产品的金额总量及其应收账款量,也就是客户所订购产品总额不能够超过其信用额度与其应收账款之差。另外,对于信用额度有一定期限的客户也应该注意,在其信用有效期之外所发送的订单是无效的。

4. 客户的金融状况

客户的金融状况主要体现在客户的资金状况和付款态度上。资金状况可以通过与客户有联系的银行方面获得,如果客户资金短缺甚至是危险的,而他又订购了涉及金额比较大的订单,就可以认为该客户的订单无效。付款态度可以从与该客户以往的合作中得到信息。

二、建立客户档案

详细记录客户信息,不但能让此交易更容易进行,且有利于以后合作机会的增加。客户档案应包含订单处理需要用到的及物流作业相关的资料,如表3-15所示。

客户档案内容

表3-15 客户档案内容

序号	项目	细则
1	基本信息	客户姓名、代号、等级形态(产业交易性质)
2	客户信用状况	银行信用、客户信用额度
3	销售优惠	客户销售付款及折扣率的条件

续表

序号	项目	细则
4	业务员	开发或负责此客户的业务员
5	客户配送区域	例如，地区、省、市、县及城市各区域等，基于地理位置或相关特性将有助于提升管理及配送的效率
6	客户收账地址	征收客户账款的地址
7	配送路径顺序	按照区域、街道、客户位置为客户分配适当的配送路径
8	车辆形态	往往客户所在地点的街道对车辆大小有所限制，因而需将适合该客户的车辆形态记录于资料档案中
9	卸货特征	客户所在地点和客户卸货位置，由于建筑物本身或周围环境特性（地下室有限高或高层楼），可能造成卸货有不同的需求及难易程度，在车辆及工具的调度上需加以考虑
10	客户配送要求	客户对于送货时间有特定要求或有协助上架、贴标签等要求也应将其存于资料档案中
11	过期订单处理指示	若客户能同意决定每次延迟订单的处理方式，则可事先将其存于资料档案，以省去临时询问或须紧急处理的不便

2.4 技能训练

订单有效性分析。

一、实训目的

熟悉影响订单有效性的因素，能够进行订单有效性分析。

二、实训步骤

（1）结合客户订单和客户档案进行分析，主要注重客户的信用状况和金融状况。
（2）分组讨论，分别从以上要素分析每一份订单的有效性及其原因。
（3）各分组由代表陈述观点，阐明理由，最后形成一份书面报告。
（4）最终无效订单为朝阳超市的订单。

任务3 订单优先权分析

3.1 任务导入

假设任务1的技能训练中所涉及订单的要求交货时间分别为：福乐多超市：2018年4月15日、中百超市：2018年4月16日、朝阳超市：2018年4月16日、佳乐家超市：2018年4月14日、乐福家超市：2018年4月17日。请结合订单的相关信息和任务 2 中的客户档案的相关信息,确定任务 1 中有效订单处理的先后顺序。如果查询库存后,某种产品缺货,应该先满足哪个客户?将所有有效订单中的商品合并,生成一张合并单。

3.2 任务分析

订单处理的先后顺序就是订单的优先权,对于缺货商品应该先满足优先权高的客户的需求。要进行订单优先权分析,首先要明确哪些因素会影响到订单处理的先后顺序,其次确定订单优先权的方法有哪些。

3.3 相关知识

一、明确影响订单优先权的因素

订单优先权影响因素

订单履行的先后次序可能会影响到所有订单的处理速度,也可能影响到较重要订单的处理速度。很多企业就因为订单处理人员在忙得不可开交时会先处理不太复杂的订单,致使公司重要客户的订单在履行时拖延过久。因此需要首先明确影响订单优先权的因素有哪些,具体来说主要有订单本身因素和客户因素两大类,如图 3-4 所示。

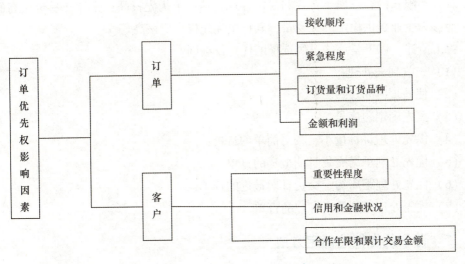

图 3-4 订单优先权影响因素

1. 订单的接收顺序

大多数配送中心在处理客户因素相对类似的订单时,往往会根据订单接收的先后顺序来确定订单处理的先后顺序,也就是先收到的订单先处理。

2. 订单的紧急程度

按时交货是客户考察供应商的一个重要指标,因此对于配送中心来说,应该尽量保证大多数订单能够按时交货，以降低订单延迟率。因此在确定订单处理的先后顺序时，距离交货日期越近的订单，其紧急性程度越高，越应该优先处理，其优先权也应该越高。

3. 订单的订货量和订货品种

从配送中心操作人员的角度讲，操作人员倾向于首先处理订货量较小或订货品种较少的订单，主要由于这类订单处理较简单，操作时间上受其他因素影响较少。

4. 订单的金额和利润

金额较大的订单给企业带来的营业额较高，其优先权较高；利润较大的订单给企业带来的收益较大，其优先权也较高。

5. 客户的重要性程度

配送中心在对客户进行管理时，往往会根据客户对于企业盈利的贡献程度，将客户划分为不同的等级进行管理。客户的级别越高，其对于企业的盈利贡献越大，对于这类客户的订单要优先处理，在库存商品不能满足所有客户的需求时，要优先满足这类客户。

6. 客户的信用和金融状况

信誉好、付款及时、资金充足的客户往往会被配送中心划分为较高等级的客户类别，因此这一类客户的优先权也会比较高。

7. 客户的合作年限和累计交易金额

合作年限长的客户属于企业的稳定客户，其订单优先权高；累计交易金额高的客户，能够为企业提供稳定的交易量，其订单优先权也应该高。

综上所述，以下是一些可供选择的优先权法则：

（1）先收到先处理；

（2）使处理时间最短；

（3）预先确定顺序号；

（4）优先处理订货量小、相对简单的订单；

（5）优先处理承诺交货日期最早的订单；

（6）优先处理距离约定交货日期最近的订单；

（7）优先处理级别较高客户的订单。

二、订单优先权的确定方法

订单优先权的确定方法有很多，总体来说可以分为定性分析和定量分析两种。

1. 定性分析

订单优先权——定性分析

定性分析主要通过对比分析几个差别比较明显的定性指标，确定客户优先权的顺序。这种方法在客户较少，并且不同客户的几个定性的指标之间差别比较明显时使用比较方便。但是在客户数量多，指标差别不明显或是指标等级有交叉时，定性分析就较难使用了。例如，对表3-16中的客户指标使用定性分析来确定就比较容易。

表 3-16 定性分析指标

客户名称	考核指标	等级
沃尔玛超市	实力强	一
	货款到位及时	
	信誉好	
	为企业创造的利润是总利润的 20% 以上	
	是企业的战略合作伙伴，签有长期合作协议	
家乐福超市	实力良好	二
	货款较为及时	
	信誉良好	
辛迪超市	实力一般	三
	货款到位时间一般，偶有拖欠货款行为	
	信誉一般	

2. 定量分析

定量分析由于可以采用数据进行分析，能够清楚地说明每一项指标对于结果的影响性程度，因此对于每一个对象的各个指标之间差别不明显或影响因素有交叉的指标进行评价时，使用效果比较好。

在对受到多因素影响的问题进行决策时，经常采用综合价值系数方法来分析多因素对于决策结果的影响，这就是多目标决策问题。这种情况下，评价配送的标准是各客户的综合价值，一般可用综合价值系数来进行。某一客户的综合评价系数越大，说明该客户的综合价值就越大，其优先权就越靠前，只要按照综合价值系数进行排序，就可以得到客户的优先权排序。综合价值系数可用公式 $V = \sum MF$（V 为综合价值系数，M 为分数，F 为权数）来计算，这种方法在使用前需要先给每一个影响因素赋予权重。表 3-17 所示为某物料供应商上期统计资料表。

需求商按照如下分配比例来评价本地的供应商：产品质量占 40 分，价格占 35 分，合同完成率占 25 分。请根据上期的统计资料，对供应商进行评价，按照优劣排序。

订单优先权——定量分析

表 3-17 某物料供应商上期统计资料表

供应商	收到的商品量/个	验收合格量/个	单价/元	合同完成率/%
甲	3 000	2 920	88	98
乙	3 400	3 200	86	92
丙	600	480	93	95
丁	1 300	1 200	90	100

分析：以上各指标可以分为三个：商品合格率、单价、合同完成率。其中商品合格率和合同完成率对于供应商的排序影响是正相关（指标值越高越好）的，与单价是负相关（指标值越低越好）的。商品合格率和合同完成率都是百分比，无相关单位，而单价是实际价格，有单位，因此不能够使用公式 $V = \sum MF$ 进行加和。因此此处使

用最小价格比率，就是用最小价格比每一个价格达到去除单位的目的；如果单价是正相关影响就是用最大价格比率，即用每一个价格除以最大价格。然后再使用公式 $V = \Sigma MF$ 进行综合价值系数的计算。计算方法如下：

甲：$(2\,920/3\,000) \times 40 + (86/88) \times 35 + 0.98 \times 25 = 97.64$

乙：$(3\,200/3\,400) \times 40 + (86/86) \times 35 + 0.92 \times 25 = 95.65$

丙：$(480/600) \times 40 + (86/93) \times 35 + 0.95 \times 25 = 88.12$

丁：$(1\,200/1\,300) \times 40 + (86/90) \times 35 + 1 \times 25 = 95.37$

从计算结果很容易得到四家供应商的优劣排序为：甲 > 乙 > 丁 > 丙。

三、库存查询与存货分配

库存查询与存货分配

1. 库存查询

此步骤在于确认有效库存能否满足客户需要，通常称为"事先拣货"。存货档案的资料一般包括货品名称、最小可管理存货单位（Stock Keeping Unit，SKU）代码、产品描述、库存量、已分配存货、有效存货及期望进货时间。

在输入客户订货商品的名称、代码时，系统即开始查询存货档案的相关资料，看商品是否缺货，若缺货则应提供此缺货商品资料或是此缺货商品是否已经办理入库等信息，便于接单人员与客户协调可否改用其他替代品或是允许延后出货等权宜办法，以提高接单处理效率。

2. 存货分配

订单资料输入系统，确认无误后，接下来最主要的处理作业是做好有效的汇总分类、调拨库存，以便后续的各项作业都能够有效进行。存货分配模式可分为单一订单分配及批次订单分配两种。

（1）单一订单分配。此种情况多为在线即时分配，即在输入订单资料时，将存货分配给该订单。

（2）批次订单分配。在输入多笔订单资料后，一次分配库存。配送中心因订单数量多、客户类型等级多，且多为每天固定配送次数，因此采用批次分配是确保配送中心库存能力的最佳分配方式。采用批次分配时，要注意订单的分批原则，即批次的划分原则，如表 3-18 所示。

表 3-18 批次划分原则

批次划分原则	说明
按接单顺序	将整个接单时段划分成几个区段，如一天有多个配送时段，可配合配送时段将订单按接单先后顺序分为几个批次处理
按配送区域路径	将统一配送区域路径的订单汇总在一起处理
按流通加工要求	将有加工需求或需要相同流通加工处理方式的订单汇总在一起处理
按车辆要求	如果配送商品要用特殊的配送车辆（如低温车、冷冻车、冷藏车等）或客户所在地、订货有特殊车辆要求，可以汇总合并处理

然而，若以批次分配划分订单后，若这些订单的商品总出货量大于可分配的库存

量，则应根据客户优先权的先后顺序来进行存货分配。

此外，也可依据客户优先权的先后顺序在接受客户订单时即将优先顺序键入，然后在做分配时即可依次顺序自动取舍，也就是建立一套订单处理的优先系统。

存货分配方式决定了下一步的拣货作业，如果是单一订单分配，则采用单一顺序拣选；如果是批次分配，则采用批量拣选方式。

四、缺货处理方法

若现有存货数量无法满足客户需求，且客户又不愿以替代品替代时，则应以客户意愿与公司政策来决定应对方式，具体处理方法如表3-19所示。

缺货处理方法

表3-19 缺货处理方法

序号	情况类型	约束条件	处理说明
1	客户不允许过期交货	公司无法重新调拨	删除订单上不足额的订货或取消订单
		重新调拨	重新调拨分配订单
2	客户允许不足额订单		公司政策不希望分批出货，则只好删除订单上的不足额部分
3	客户允许不足额订单补送	等待有货时再予以补送	等待有货时再予以补送
		处理下一张订单时补送	与下一张订单合并配送
		有时限延迟交货，并一次配送	客户允许一段时间的过期交货，并要求所有订单一次配送
		无时限延迟交货，并一次配送	无论需要多久，客户皆允许过期交货，且希望所有订货一起送达，等待所有订货到达再出货
4	客户希望所有订单一次配送，且不允许过期交货		取消整张订单
5	根据公司政策		允许过期分批补货，由于分批出货的额外成本高，不愿意分批补货，宁可客户取消订单或要求客户延迟交货日期

3.4 技能训练

一、订单优先权分析

1. 实训目的

熟悉影响订单优先权的因素，能够进行优先权分析。

2. 实训步骤

（1）找出影响订单优先权的因素，并赋权重。本任务中影响订单优先权的因素主要有：订单金额15分、订货量5分、订货品种5分、订单紧急程度10分、去年交易总额15分、客户级别15分、满意度5分、忠诚度5分、客户类型15分、资金状况5分、付款态度5分。由于佳乐家超市客户类型为母公司，可以认为其优先级最高，此处不参与优先权分析。

(2) 给每个非定量指标按等级赋值：

非定量指标中：客户级别：A = 3，B = 2，C = 1；

满意度：高 = 3，较高 = 2，一般 = 1；

忠诚度：高 = 3，较高 = 2，一般 = 1；

客户类型：一般 = 1，潜力 = 2，关键 = 3；

资金状况：充足 = 4，紧张 = 3，短缺 = 2，危险 = 1；

付款态度：爽快 = 4，尚可 = 3，拖延 = 2，欠款 = 1。

(3) 列出影响因素权重及数值表，如表 3-20 所示。

表 3-20 影响因素权重和数值

序号	影响因素	福乐多	中百	乐福家	权重
1	订单金额	11 760	11 520	7 900	15
2	订货量	40	43	39	5
3	订货品种	5	4	4	5
4	订单紧急程度	2	3	4	10
5	去年交易总额	256	526	56	15
6	客户级别	2	3	2	15
7	满意度	3	3	2	5
8	忠诚度	2	3	1	5
9	客户类型	2	3	1	15
10	资金状况	4	4	4	5
11	付款态度	3	4	4	5
	总评	68.26	87.56	49.17	—

(4) 使用公式 $V = \sum MF$ 进行综合价值系数的计算，此处假设订货量和订货品种数越多，其订单优先权级别越低。由于各个客户的资金状况的影响因素数据一致，不会对最终结果造成影响，此处不考虑。

福乐多超市：$V_1 = \sum M_1 F_1 = (11\,760/11\,760) \times 15 + (39/40) \times 5 + (4/5) \times 5 + (2/2) \times 10 + (256/526) \times 15 + (2/3) \times 15 + (3/3) \times 5 + (2/3) \times 5 + (2/3) \times 15 + (3/4) \times 5 = 73.26$

中百超市：$V_2 = \sum M_2 F_2 = (11\,520/11\,760) \times 15 + (39/43) \times 5 + (4/4) \times 5 + (2/3) \times 10 + (526/526) \times 15 + (3/3) \times 15 + (3/3) \times 5 + (3/3) \times 5 + (3/3) \times 15 + (4/4) \times 5 = 90.90$

乐福家超市：$V_3 = \sum M_3 F_3 = (7\,900/11\,760) \times 15 + (39/39) \times 5 + (4/4) \times 5 + (2/4) \times 10 + (56/526) \times 15 + (2/3) \times 15 + (2/3) \times 5 + (1/3) \times 5 + (1/3) \times 15 + (4/4) \times 5 = 51.67$

综上，四个客户的优先级顺序为：佳乐家超市 > 中百超市 > 福乐多超市 > 乐福家超市。

二、订单合并

1. 实训目的

掌握订单合并的方法。

2. 实训步骤

(1) 将有效订单合并,列出订单合并表,如表 3 – 21 所示。

表 3 – 21　各类商品的订单合并表

序号	商品名称	单价/元	订购数量/箱	金额/元
1	娃哈哈非常饮料	110	6	660
2	好多多拼图	240	30	7 200
3	正航 1 500 g 饼干	260	33	8 580
4	贝帝妙厨妙脆角(大)	420	37	15 540
5	达利蛋黄派	180	24	4 320
	合计	—	—	36 300

(2) 将每一种商品的商品名称、单位、单价等相关信息填入上表,每种商品一行。

(3) 合并每一张订单上各种商品的数量,分别填入上表中的订购数量栏中,并计算每种商品的金额。

同步测试

1. 订单处理的要素包括订单准备、_____、_____、_____、订单状况报告五大模块。

2. 订货方式按照其先进性程度,可以分为两大类:传统订货方式和_____方式。

3. 下列属于传统订货方式的是_____。

　A. 厂商补货　　　　　　　　B. 电话口头订货

　C. 传真订货　　　　　　　　D. 业务员跑单接单

4. 影响订单有效性的因素主要有订单时间、订单_____、客户信用、客户_____。

5. 简述订单处理的流程。

6. 影响订单优先权的因素主要有哪些?

7. 订单优先权法则有哪些?

8. 下列有三种物流方案,其指标值及各指标的权重如表 3 – 22 所示,请通过计算列出三种方案的优劣顺序。

表 3-22　三种物流方案的指标值及权重

配送模式	指标权重	成本费用/万元 0.1	销售额预计数/万元 0.3	利润总额/万元 0.4	客户满意度/% 0.2
自营		10	220	25	98
互用		8	180	17	97
第三方		5	140	17	99

案例分析

A医药公司主要经营药品与医疗器械，在东北地区占有相当的市场份额。为了服务东北地区三个省份的客户，公司专门在哈尔滨市成立了一个配送中心。配送中心是第一个四层楼结构的建筑，配送中心的第一层是收、发货区域，第二、三、四层用于存储药品，第二层还有部分面积用于存储医疗器械。公司的服务承诺是客户下达订单后，本市客户24 h，省内客户48 h，外省客户72 h可以收到货物。配送中心的作业过程是这样的：客户订单分配给每个楼层的拣货员；拣货员拣完该订单存储在本层的各种药品后用周转箱把药品送到一层；一层的发货员收集到三个楼层的拣货后合并到一起装箱、发货。药品在各楼层之间搬运上下依靠一部货梯。

A公司的配送中心成立后极大地提高了客户服务水平，销售规模一直保持增长。但今年以来客户的投诉增加，经常反映送货的品种、数量与订单不符。公司专门开会讨论这个问题时，配送中心的经理反而把自己一肚子的苦水倒了出来：现在订单量是原来的几倍，而且客户知道A医药公司的品种全，所以每张订单上都有几十个品种。因为药品还有批号的要求，更增加了拣货的难度。配送中心就那么一部货梯，他手下的拣货员已经增加了一倍，但还是天天加班，他这里已经是超负荷的运转了。

根据以上案例，回答问题：

（1）A公司的配送中心目前存在哪些问题？

（2）A公司的配送中心采用的是何种存货分配模式？有何特点？

（3）A公司准备提高拣货效率，你认为在订单处理环节可采取哪些措施？并对你提出的措施进行简要的评价。

项目 4
拣选与补货

- 项目介绍

完成了"订单处理"任务之后,就要依据"订单"所生成的"拣货单"或"分货单"进行拣货作业了,拣货作业主要通过大量的人工作业来完成的,它占配送中心总工作量的 60%,是劳动密集型的工作,补货作业与分拣作业息息相关。配送中心分拣货物时,一旦发现拣货区所剩余的存货量过低时,则必须由储存保管区向拣货区进行补货。因此高效、准确地完成拣选作业和补货作业是物流企业对从业人员一项重要的职业技能要求。

- 知识目标

1. 掌握拣货作业的基本流程;
2. 掌握不同拣货方法操作流程、特点及应用范围;
3. 理解补货作业的重要性,掌握补货作业的基本流程。

- 技能目标

1. 能够根据订单信息和货物储位情况设计拣货单;
2. 能够熟练运用各种拣货方法;
3. 能够准确高效地进行月台码货,并绘制月台的货物码放示意图;
4. 能够选择合理的补货方式完成补货作业流程。

- 素质目标

1. 培养学生发现问题、分析问题、解决问题的能力;
2. 培养学生面对单调、繁杂的工作时所必须具备的认真、细致的工作作风以及吃苦耐劳的品质。

任务 1   形成拣货资料

1.1   任务导入

根据四个有效客户的有效采购订单(见表 4-1~表 4-4),生成拣货单。

表 4-1　福乐多超市采购订单　　　　　　　　订购时间：2018 年 4 月 13 日

序号	商品名称	单价/元	订购数量/箱	金额/元	备注
1	好多多拼图	240	7	1 680	
2	正航 1 500 g 饼干	260	11	2 860	
3	娃哈哈非常饮料	110	6	660	
4	贝帝妙厨妙脆角（大）	420	8	3 360	
	合计	—	32	8 560	

表 4-2　中百超市采购订单　　　　　　　　订购时间：2018 年 4 月 13 日

序号	商品名称	单价/元	订购数量/箱	金额/元	备注
1	贝帝妙厨妙脆角（大）	420	12	5 040	
2	好多多拼图	240	9	2 160	
3	正航 1 500 g 饼干	260	8	2 080	
	合计	—	29	9 280	

表 4-3　佳乐家福东店采购订单　　　　　　　订购时间：2018 年 4 月 13 日

序号	商品名称	单价/元	订购数量/箱	金额/元	备注
1	达利蛋黄派	180	24	4 320	
2	好多多拼图	240	10	2 400	
3	贝帝妙厨妙脆角（大）	420	8	3 360	
4	正航 1 500 g 饼干	260	8	2 080	
	合计	—	50	12 160	

表 4-4　乐福家超市采购订单　　　　　　　　订购时间：2018 年 4 月 13 日

序号	商品名称	单价/元	订购数量/箱	金额/元	备注
1	正航 1 500 g 饼干	260	6	1 560	
2	贝帝妙厨妙脆角（大）	420	9	3 780	
3	好多多拼图	240	4	960	
	合计	—	19	6 300	

1.2　任务分析

要生成拣货单需要先了解形成拣货资料的基本知识，拣货作业的含义是什么？拣货单位有哪些？拣货作业的步骤有哪些？

1.3　相关知识

一、拣选作业的含义

所谓拣选作业，又称拣货作业、分拣作业等，就是配送中心依据顾客的订货要求或配送中心的作业计划，尽可能迅速、准确地将商品从其储位或其他区域拣取出来，并放在指定位置的物流作业活动过程。

二、拣选单位

拣选单位

一般而言，拣选单位可分成单品、箱及托盘三种，以单品为拣选单位的货品体积和重量最小，其次为箱，最大为托盘。

（1）单品。单品是拣货的最小单位，可由箱中取出，人可以单手拣取。

（2）箱。箱是由单品所组成，可由托盘上取出，人必须用双手拣取。

（3）托盘。托盘是由箱堆叠而成，无法用人手直接搬运，必须利用堆高机、叉车或拖车等机械设备。

（4）特殊品。体积大、形状特殊，无法按托盘、箱归类或必须在特殊条件下作业，如大型家具、桶装油料、长杆形货物、冷冻货品等，都属于特殊的商品，其拣货系统的设计将更为严格。

拣选单位是根据订单分析的结果来作决定的，如果订货的最小单位是箱，则不需要以单品为单位拣选，库存的每一种商品都需要通过以上的分析判断出拣选单位。

三、拣选作业基本流程

拣选作业基本流程

拣选作业在配送中心整个作业环节中不仅工作量大，工艺过程复杂，而且作业要求时间短，准确度高，因此，加强对拣选作业的管理非常重要。制定科学合理的拣选作业流程，如图4-1所示，对于提高配送中心运作效率及提高商品服务具有重要的意义。

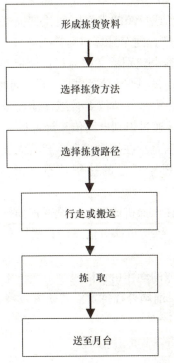

图4-1 拣选作业基本流程

在拣选作业的基本流程中,拣选作业所消耗的时间主要包括以下四个部分:
(1) 订单或送货单经过信息处理,形成拣货指示的时间。
(2) 行走或搬运货物的时间。
(3) 准确找到货物的储位并确认所拣货物及数量的时间。
(4) 拣取完毕,将货物分类集中的时间。

因此,提高拣选作业效率主要在于如何缩短上述四个作业时间,从而提高作业速度与作业能力。

拣选作业时间构成

四、形成拣货资料

拣货信息

拣选资料也称拣货信息,是拣选作业的原动力,主要目的在于指示如何拣货,其资料产生于客户的订单,为了使拣货员在既定的拣货方式下正确且迅速地完成拣货,拣货信息成为拣选作业规划设计中重要的一环。

(1) 传票。传票即直接利用客户的订单(传真件、复印件或影印本)或以公司的交货单来作为拣货指示凭据。

(2) 拣货单。将原始的客户订单输入计算机后进行拣货信息处理后打印出拣货单。拣货单的优点是避免传票在拣货过程中受污损,产品储位编号可显示在拣货单上。

(3) 拣货标签。拣货标签取代了拣货单,由印表机印出所需拣货的物品名称、位置、价格等信息的拣货标签,数量相当于拣取量,在拣取的同时贴标签于物品上,以作为确认数量的方式。

(4) 条码。条码是利用黑白两色条纹的粗细而构成不同的平行线条符号,代替商品货箱的号码数字,贴在商品或货箱的表面以便让扫描器阅读,经过计算机解码,将"线条符号"转成"数字符号",便于计算机运算。

(5) 无线电识别器。无线电识别器又称为资料携带器、射频识别器,其运作方式为将无线电识别器安装在移动设备(如堆垛机)上,同时将接收并发射电波的 ID 卡或标签等的信息反映器安装在货品或储位上,当移动设备接近货品或货架时,识别器立即读取反映器上的信息,并通过识别电路传至计算机,进行控制管理。

(6) 无线通信。无线通信是指在堆垛机上承载着无线通信设备,通过该套无线通信设备,把应从哪个储位的哪个托盘的拣货信息,指示给堆垛机上的司机的一种方法。

(7) 计算机随行指示。在堆垛机或台车上设置辅助拣货的计算机终端机,拣取前先将拣货资料输入此计算机,拣货员即可依靠计算机屏幕的指示至正确位置拣取正确货品。

(8) 自动拣货系统。拣取的动作由自动机械负责,电子信息输入后自动完成拣货作业,无须人工介入,这是目前国外在拣货设备研究发展上的方向。

1.4 技能训练

拣货资料的生成。

一、实训目的

掌握常用的两种拣货作业方法对于拣选资料的要求及必备项目,能够完成拣选单的设计工作。

二、实训材料

纸、笔。

三、实训步骤

(1)分小组,每小组以3~6人为宜,讨论摘果式拣选和播种式拣选系统两种作业方式对于拣选的要求以及为了能够顺利完成拣选作业需要必备的项目有哪些。

(2)各小组设计的两种拣选作业方式的拣选作业单。

(3)将自己设计的拣选作业单与以下拣选单进行对比,找出自己所设计的拣选作业单的优点和不足。表4-5与表4-6所示为两种拣选单。

表4-5 按订单拣选单

拣货单编号:_____ 订单编号: 配货月台: 出货日期:

用户名称			地址					电话		
拣货日期		年 月 日 至 年 月 日						拣货人		
核查时间		年 月 日 至 年 月 日						核查人		
序号	储位号码	商品名称	规格型号		商品编码	包装单位			数量/箱	备注
						箱	整托盘	单件		
备注										
		托运人(签章)				承运人(签章)				
		日期:___年___月___日				日期:___年___月___日				

表4-6 批量拣选单

拣选单编号:			拣选日期:		拣选小组:			核查人:		
拣选储位	货品名称	货品规格	拣选数量/箱	体积/m³	拣选工具	月台配货				拣选人
						A	B	C	D	
	合计									

(4) 分小组填写自己的拣选作业单,组内人员要合理分工。对于摘果式拣选单,可以1~2人填写一份;播种式拣选单可以每人填写一种商品。

(5) 分小组派代表陈述各组所设计拣选单的样式、内容及其与步骤(3)中的拣选单的对比结果。提交各组所完成的拣选单,老师点评。

任务 2　完成拣货、月台码货

2.1　任务导入

根据任务1中的四个客户的采购订单,选择合理的拣货方法。

2.2　任务分析

选择合理的拣货方法,首先要明确主要的拣货方法有哪些,不同的拣货方式有什么特点以及适用范围,完成拣货的主要拣货策略有哪些。

2.3　相关知识

一、选取拣货方法

商品拣货作业一般有三种方式,即订单拣选、批量拣选及复合拣选。

1. 订单拣选(摘果式)

订单拣选是针对每一份订单,分拣人员按照订单所列商品及数量,将商品从储存区域或分拣区域拣取出来,然后集中在一起的拣货方法,如图4-2所示。

摘果式拣选

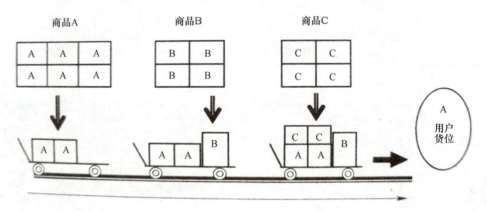

图4-2　订单拣选示意图

摘果式拣货

(1) 优点:作业方法单纯;订单处理前置时间短;导入容易且弹性大;作业人员责任明确;派工容易、公平;拣货后不必再进行分拣作业。

（2）缺点：商品品种数多时，拣货行走路线过长，拣取效率降低；拣取区域大时，搬运系统设计困难；少批量、多批次拣取时，会造成拣货路径重复费时，效率降低。

订单拣选适用于大批量、少品种订单的处理或订单大小差异较大，订单数量变化频繁，商品差异较大的情况，如化妆品、家具、电器、百货、高级服饰等。

2. 批量拣选（播种式）

批量拣选即将每批订货单上的同种商品各自累加起来，从储位上取出，集中搬运到理货场，然后将每一客户所需的数量取出，分放到该客户商品暂储待运货位处，直至配货完毕，如图4-3所示。

播种式拣选

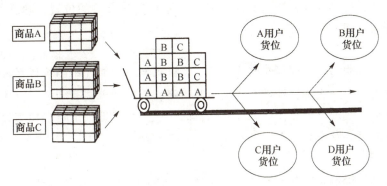

图4-3 播种法示意图

（1）优点：适合订单数量庞大的系统；可以缩短拣取时的行走搬运距离，增加单位时间的拣取量；越要求少批量、多批次的配送，批量拣取就越有效。

（2）缺点：对订单的到来无法做及时的反应，必须等订单达到一定数量时再做一次处理，因此会有停滞的时间产生。

播种式拣货

批量拣选适合订单变化较小、订单数量稳定的配送中心和外形较规则、固定的商品出货。需进行流通加工的商品也适合批量拣选，再批量进行加工，然后分类配送，有利于提高拣货及加工效率。

3. 复合拣选

为了提高拣选效率、降低成本，应充分研究上述两种办法的优缺点，甚至可根据两种办法各自的适用范围，有机地将两者混用。例如，当储存区面积较大时，拣选作业中往返行走所费时间占很大比重，此时一人一单拣选到底的方法就不宜采用。如果适当分工，按商品的储存区划分，每一拣选人员各拣选订货单中的一部分，如一层库房、一个仓间或几行货架寻找，既能减少拣选人员的往返之劳，又能驾轻就熟，事半功倍，几个拣选人员所费工时之和往往低于一个人拣选的总工时。

二、拣货策略

拣货策略的决定是影响日后拣货作业效率的重要因素，为了应对不同的订单需求形态，衍生出了不同的拣货策略。拣货策略的四个主要因素为：分区、订单分割、订单分批及分类。

拣货策略

1. 分区

分区是指将拣货作业场地进行区域划分。分区主要的原则有以下三种：

（1）按拣货单位分区。这种方法是将拣货区分为箱装拣货区、单品拣货区等，基本上这一分区与存储单位分区是相对应的。其目的在于将存储与拣货单位分类统一，以便拣取与搬运单元化。

（2）按物流量分区。这种方法是按各种货物出货量的大小以及拣取次数的多少进行分类，再根据各组群的特征，决定合适的拣货设备及拣货方式。这种分区方法可以减少不必要的重复行走，提高拣货效率。

（3）按工作分区。这种方法是指将拣货场地划分为几个区域，由专人负责各个区域的货物拣选。这种分区方法有利于拣货人员记忆货物存放的位置，熟悉货物品种，缩短拣货所需时间。

2. 订单分割

当订单所订购的商品项目较多或设计一个讲求及时快速处理的拣货系统时，为了使其能在短时间内完成拣货处理，故利用此策略将订单切分成若干个子订单，交由不同的拣货人员同时进行拣货作业以加速拣货的达成。订单分割策略必须与分区策略联合运用，才能有效发挥其优势。

3. 订单分批

订单分批是将多张订单集中起来进行批次拣取的作业。订单分批的方法有以下四种：

（1）按照总合计量分批。在拣货作业前将所有订单中订货量按品种进行累计，然后按累计的总量进行拣取，其好处在于可以缩短拣取路径。

（2）按时窗分批。在存在紧急订单的情况下可以开启短暂而固定的 5 ~ 10 min 的时窗，然后将这一时窗的订单集中起来进行拣取。这一方式非常适合到达间隔时间短而平均的订单，常与分区以及订单分割联合运用，不适宜订购量大以及品种过多的订单。

（3）固定订单量分批。在这种分批方法下，订单按照先到先处理的原则，积累到一定量后即开始拣货作业。这种分批方法可以维持较稳定的作业效率。

（4）智能型分批。订单输入电脑后，将拣取路径相近的各订单集合成一批。这种方法可以有效减少重复行走的距离。

4. 分类

如果采用分批拣货策略，还必须明确相应的分类策略。分类的方法主要有两种：一种方法是在拣取货物的同时将其分类到各订单中；另一种方法是集中分类，先批量拣取，然后分类。可以用人工集中分类，也可以用自动分类机进行分类。

2.4 技能训练

拣货作业。

一、实训目的

掌握常用的两种拣货作业方法，熟悉两种拣货作业方法的优缺点，能够根据订单的特点选择合适的拣货作业方法。

二、实训材料

纸、笔、安装 Office 办公自动化系统的计算机、托盘、货架、叉车、模拟商品。

三、实训步骤

（1）分小组讨论拣货作业的步骤和工作有哪些，组长对组内的人员进行分工，并将讨论结果形成书面报告。

（2）生成拣货资料。各小组现根据任务 1 中的四份订单制作两种拣货方法的拣货单、点检单，并对月台的商品码货方式作出规划，用计算机中的 Word 绘图功能绘制出月台码货方案。

（3）各小组按照任务分工实施拣货方案。根据拣货单从货架上拣选货物；将拣选出的货物根据月台码货方案进行月台码货；拣货结束后进行月台点检，完成拣货。拣货过程中注意分别记录两种拣货方式拣完所有订单所花费的时间。

（4）各小组对比拣货过程和拣货总用时，讨论两种拣货作业方式的优缺点和使用范围，得出两种拣货方式选用时的注意事项，形成书面报告。

任务 3 补货

3.1 任务导入

在超市中，你会看到理货员将货架上端整箱的货物取下来，拆箱后将里面的单件货物取出来放在货架的低端，以便供客户选择，这种操作称为补货作业，在配送中心也存在着类似的补货作业，这种作业究竟有何意义？它对拣货作业有什么影响？

3.2 任务分析

配送中心为什么会有补货作业的存在？这个问题将帮助我们了解补货作业的概念、补货作业的基本流程和常见的四种补货方式。

3.3 相关知识

一、补货作业的含义

补货作业是指以**托盘为单位**，货物从货物保管区被移到另一个作为按订单拣取用的动管拣货区或配货区，然后将此移库作业做库存信息处理。

补货作业的目的是为了保证拣货区有货可拣，确保配货区有货可配。补货作业与分拣作业息息相关。配送中心分拣货物时，一旦发现拣货区所剩余的存货量过低时，则必须由储存保管区向拣货区补货。当配送中心的规模太大或需配送的货物品种多、批量小时，为了加强分工、提高配货效率，往往还需建立动管拣货区进行补货。如果配送中心的规模小或需配送的货物品种少、批量大，则不需补货，直接进行拣选、配货，补货作业基本流程如图4-4所示。

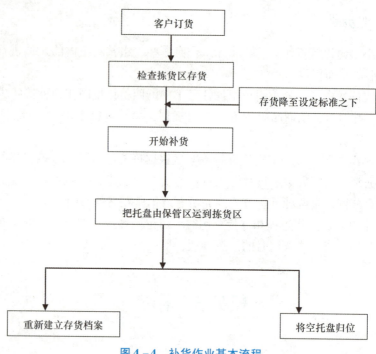

图4-4 补货作业基本流程

二、补货的基本方式

与拣货作业息息相关的是补货作业。补货作业须小心地计划，不仅要确保存量，而且要将其安置于方便存取的位置。

1. **整箱补货**：由料架保管区补货至流利货架的动管拣货区

此补货方式保管区为料架储放，动管拣货区为两面开放式的流利货架，拣货时拣货员于流利货架拣货区拣取单品放入浅箱（篮）中，而后放至于输送机运至出货区。而当拣取后发觉动管区的存货已低于水准之下，则要进行补货。其补货方式为：作业员至料架保管区取货箱，以手推车载箱至拣货区，由流利货架的后方（非拣取面）补货。此保管动管拣货区储放形态的补货方式较适合体积小且少量多样出货的货品。

2. **由地板堆叠保管区补货至地板堆叠动管区**

此补货方式保管区为以托盘为单位地板平置堆叠储放，动管拣货区亦以托盘为单位地板平置堆叠储放，不同之处在于保管区的面积较大，储放货品量较多；而动管区的面积较小，储放货品量较少。拣货员于拣取区拣取托盘上的货箱，放至中央输送机出货；也可使用堆高机将托盘整个送至出货区（当拣取大量货品时）。而当拣取后发觉动管拣取区的存货低于水准之下，则要进行补货，其补货方式为：作业员以堆垛机由托盘平置堆叠的保管区搬运至同样是以托盘平置堆叠的动管拣货区。此保管、动管区储放形态的补货方式较适合体积大或出货量多的货品。

3. 由地板堆叠保管区补货至托盘料架动管区

此补货方式保管区是以托盘为单位地板平置堆叠储放，动管拣货区则为托盘料架储放。拣货员在拣取区搭乘牵引车拉着推车移动拣货，拣取后再将推车送至输送机轨道出货。而一旦发觉拣取后动管区的库存太低，则要进行补货，其补货方式为：作业员使用堆垛机很快地到地板平置堆叠的保管区搬回托盘，送至动管区托盘料架上储放。此保管、动管区储放形态的补货方式较适合体积中等或中量（以箱为单位）出货的货品。

4. 料架上层至料架下层的补货

此补货方式为保管区与动管区属于同一料架，也就是将一料架上的双手方便取之处（中下层）作为动管区，不容易取之处（上层）作为保管区，而进货时便将动管区放不下的多余货箱放至上层保管区。在动管拣取区进行拣货，而当动管区的存货低于水准之下，则可利用堆垛机将上层保管区的货品搬至下层动管区补货。此保管、动管区储放形态的补货方式较适合体积不大、每品类存货量不高且出货多属中小量（以箱为单位）的货品。

三、补货时机

1. 批次补货

每天由计算机计算所需货物的总拣取量和查询动管拣货区存货量后得出补货数量，从而在拣货之前一次性补足以满足全天拣货量。这种一次补足的补货原则，较适合一日内作业量变化不大、紧急插单不多或每批次拣取量大的货品。

2. 定时补货

把每天划分为几个时点，补货人员在时段内检查动管拣货区货架上的货品存量，若不足则及时补货。这种方式适合分批拣货时间固定且紧急处理较多的配送中心。

3. 随机补货

指定专门的补货人员，随时巡视动管拣货区的货品存量，发现不足则随时补货。这种方式较适合每批次拣取量不大、紧急插单多以至于一日内作业量不易事先掌握的货品。

3.4 技能训练

补货作业。

一、实训目的

熟悉常用的补货方式，掌握垂直补货的方法。

二、实训材料

纸、笔、托盘、货架、叉车、模拟商品。

三、实训步骤

（1）分小组讨论补货作业的步骤和工作有哪些？组长对组内的人员工作安排进行分工，并将讨论结果形成书面报告。

（2）生成补货单。各小组根据库存信息表和订单信息，以保证完成有效订单为前提，完成补货单。

（3）按照补货单上载明的货品和货品储位，根据组内事先分配好的任务分工来完成补货作业。

（4）各小组完成补货作业后，对垂直补货的要求和注意事项进行讨论并将讨论结果形成书面报告。

同步测试

1. 一般而言，拣选单位可分成_____、_____及单品三种。
2. 商品拣货作业一般有三种方式，即_____、_____及复合拣选。
3. （　　）作业是将货物从保管区运至拣货区的工作。
   A. 理货　　　　　B. 分货　　　　　C. 补货　　　　　D. 配装
4. 决定拣货策略的四个主要因素为：_____、_____、_____及_____。
5. 简述拣货作业的基本流程。
6. 什么是摘果式拣货？
7. 补货的基本方式有哪些？

案例分析

条码技术在仓库管理中的应用

以美国最大的连锁商业企业沃尔玛为例，该公司在全美有 25 个规模很大的配送中心，一个配送中心要为 100 多家零售店服务，日处理量为 20 多万个纸箱。每个配送中心分三个区域：收货区、拣货区和发货区。在收货区，一般用叉车卸货。先把货堆放到暂存区，工人用手持式扫描器分别识别运单上和货物上的条形码，确认匹配无误才能进一步处理，有的要入库，有的则要直接送到发货区（称作直通作业）以节省时间和空间。在拣货区，计算机在夜班打印出隔天需要向零售店发运纸箱的条形码标签。白天，拣货员拿一叠标签打开一只只空箱，在空箱上贴上条形码标签，然后用手持式扫描器识读。根据标签上的信息，计算机随即发出拣货指令。在货架的每个货位上都有指示灯，表示哪里需要拣货以及拣货的数量。当拣货员完成该货位的拣货作业后，按一下"完成"按钮，计算机就可以更新其数据库。装满货品的纸箱经封箱后运到自动分拣机，在全方位扫描器识别纸箱上的条形码后，计算机指令拨叉机构把纸箱拨入相应的装车线，以便集中装车运往指定的零售店。

在国内，条码在加工制造和仓储配送业中的应用也已经有了良好的开端。红河烟厂就是一例。成箱的纸烟从生产线下来，汇总到一条运输线。在送往仓库之前，先要用扫描器识别其条码，登记完成生产的情况，纸箱随即进入仓库，运到自动分拣机。另一台扫描器识读纸箱上的条码。如果这种品牌的烟正要发运，则该纸箱被拨入相应的装车线。如果需要入库，则由第三台扫描器识别其品牌，然后拨入相应的自动码托盘机，码成整托盘后通达运输机系统入库储存。条码的功能在于极大地提高了成品流通的效率，而且提高了库存管理的及时性和准确性。

根据以上案例，请思考：

（1）条码技术给沃尔玛的仓库管理带来哪些便利？

（2）除条码技术外，现代物流管理还可以应用哪些信息化的技术？

项目 5
包装与加工

- 项目介绍

本项目主要介绍包装与加工的一些基础知识和基本技能,旨在提高学生的动手操作能力,包括如何对商品进行装箱与防震包装。以及为了增加包装强度如何采用一些包装加固技术,以保证将商品安全地送达客户。通过本项目的学习,使学生初步了解包装与加工的一些基础知识,掌握一些基本技能,为将来就业做好准备。

- 知识目标

1. 掌握商品装箱的几种主要方法,了解要完成商品的配送运输需要哪些特殊的包装,保证将商品安全地送到客户手中;

2. 掌握基本的包装固定技术,了解常用包装固定方法和托盘固定方法,了解常用包装固定材料及特性。

- 技能目标

1. 能够将指定的商品装入合适的纸箱,并做好配送运输包装,保证将商品安全送到客户手中;

2. 能够对特定商品完成固定和捆扎作业,能够选择合适的方法对托盘货品进行固定;

3. 初步培养责任意识和安全意识。

- 素质目标

通过本项目的学习,培养学生的认知能力和解决问题的能力。

任务 1 装箱与防震包装

1.1 任务导入

如何将四个玻璃杯装入合适的纸箱,并做好配送运输包装,以便将玻璃杯送到客户手中。

1.2 任务分析

要解决任务,首先要知道商品装箱的方法有哪些,玻璃杯要完成配送运输需要哪些特殊的包装才能够保证安全地送到客户手中。

1.3 相关知识

一、装箱工艺

作为包装容器，箱用于运输包装，属于三级包装，一般不与顾客见面。

箱的种类和形式很多，按制箱材料来分有木板箱、胶合板箱、纤维板箱、硬纸板箱、瓦楞纸箱、钙塑瓦楞箱和塑料周转箱等。其中供长时间贮存、在大范围内运输用的以瓦楞纸箱为最多；供临时性贮存、在小范围内流通的以塑料周转箱为最多。它们都具有重量轻、成本低的优点。本任务主要阐述瓦楞纸箱的装箱技术。

1. 瓦楞纸箱的基本形式和术语

瓦楞纸箱又分为折叠式、固定式和异形式三种，最常用的是折叠式瓦楞纸箱。折叠式瓦楞纸箱的基本形式有六种，如图 5-1 所示。其中以通用开缝箱应用最广泛。国际上称瓦楞纸箱为 RSC 箱（Regular Slotted Case），在国际纤维板箱代号中为 0201，如图 5-1（a）所示。这种箱多数为上下开口，也有侧面开口的，是由一张瓦楞纸板，经过模切、压痕后折叠而成。侧边采用黏结或钉合方法连接。有关术语如下：

瓦楞纸箱的基本形式

通用开缝箱

长度——开口处最长的边长；

宽度——开口处最短的边长；

深度——两开口之间内面的垂直长度；

翼片——也称舌片，箱体被称为长×宽×高时的"宽"面伸长的片；

盖片——同上，是指"长"面伸长的片。封箱后盖片压在翼片之上。

RSC 箱做成长方形比正方形节省材料。因此，其尺寸特点为：翼片和盖片垂直于折痕的长度相等，其长度为纸箱宽度的一半。这样的尺寸结构，形成的箱坯片为一张长方形的瓦楞纸板，开缝后无边角余料，材料利用率最高；同时两盖片盖合后，正好将开口处完全遮盖。

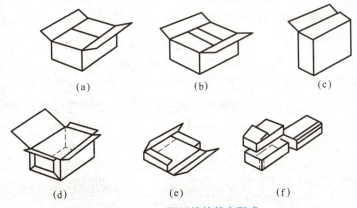

图 5-1 瓦楞纸箱的基本形式

(a) 通用开缝箱（RSC）； (b) 盖片翼片对合箱（CSSC）； (c) 盖片全重叠箱；
(d) 端面钉合箱； (e) 书本式裹包箱； (f) 三件插套箱

2. 装箱方法

装箱与装盒的方法相似，但装箱的产品较重，体积也大，还有一些防震、加固和隔离等附件，箱坯尺寸大，堆叠起来也较重。因此，装箱的工序比装盒多，所用设备也复杂。

1) 按操作方式分的装箱方法

装箱方法

（1） 手工操作装箱法。先把箱坯撑开筒状，然后把一个开口处的翼片和盖片依次折叠并封合作为箱底；产品从另一开口处装入，必要时先后放入防震、加固等材料，最后封箱。若用黏胶带封箱可采用手工进行，如果使用生产线或产量较大时，最好采用封箱贴条机。用捆扎带封箱，一般均用捆扎机，相对手工捆扎可节省接头卡箍和塑料带，且效率较高。

（2） 半自动与全自动操作装箱法。这类机器的动作多数为间歇运动方式，有的高速全自动装箱机也采用连续运动方式。半自动操作装箱，取箱坯、开箱、封底均为手工操作。

2) 按产品装入方式分的装箱方法

装入式装箱

（1） 装入式装箱法。产品可以沿垂直方向装入直立的箱内，所用的机器称为立式装箱机。产品也可沿水平方向装入横卧的箱内或侧面开口的箱内，所用的机器称为卧式装箱机。

垂直方向装箱通常适用于圆形的和非圆形的玻璃、塑料、金属和纤维板制成的包装容器包装的产品，同时对分散的或成组的包装件均适用。广泛用于各类物品，如饮料、酒类、食品、玻璃用具、石油化工产品和日用化学品等。

垂直装箱的操作过程是：取出压扁的箱坯，撑开成筒式，先封箱底，然后打开上口的翼片和盖片。空箱移至规定位置，开始装入产品，装箱的产品多数已经过包装，它们堆积行列有序，计量或计数可由机器自动完成。以瓶装产品装箱为例：产品进入装箱专用传输带后，分成 m 列前进，从前向后数，每到 n 行就被隔开，形成 $m \times n$ 的集合，随即进入装箱托板，然后打开托板，瓶即落入箱内；对较重或易碎的瓶由 $m \times n$ 个夹持器夹住每个瓶颈，放入箱内，夹持器松开提起后合盖封箱。

常用的立式装箱机均为间歇运动式，提高速度受到一定限制。为了提高速度，有设计成多列式的，即在同一台装箱机上，每次装几个箱，速度可提高到 60 箱/min，但不宜经常变换产品品种。

立式连续装箱机运行时，产品在空箱输送带上方运送，有两组夹持器与要装箱的产品同速度前进，到达规定位置后，夹住产品并逐渐下降，将产品装入箱内，然后松开提起返回；另外一组夹持器将后面的一组产品装箱，如此连续循环进行，不停顿地装箱，操作过程如图 5-2 所示。

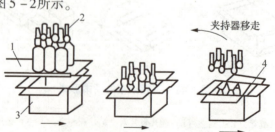

图 5-2 立式连续装箱过程示意图

1—送料器； 2—夹持器； 3—空纸箱； 4—产品

水平方向装箱适合于装填形状对称的产品（圆形、方形等），装箱速度为低速和中速，一般为 10～25 箱/min，最高不超过 30 箱/min。

水平方向装箱用卧式装箱机，均为间歇操作，有半自动和全自动两类。半自动装箱需要人工放置空箱，装箱速度为 10～12 箱/min，很少达到 20 箱/min；全自动装箱需要设置取箱坯、开箱和产品堆叠装置。图 5-3 所示为一种产品堆叠装箱装置，称为弹簧门式装箱器。其工作原理见图 5-3（a）～（e）：（a）产品送至两扇弹簧门之间；（b）顶板将第一层产品托出弹簧门；（c）产品上升离开弹簧门时，弹簧门关闭；（d）顶板下降复位，产品放置在弹簧门上；（e）重复以上动作，托出第二层第三层产品，直到规定层数为止。每托出一层，横向推板则将这一层产品推至装箱平台上。当堆叠至规定层数后，最后一次将全部产品推入箱内。

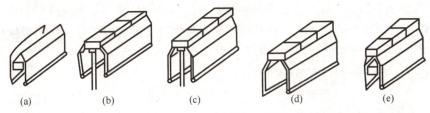

图 5-3　弹簧门式装箱装置

全自动装箱机的操作过程见图 5-4（a）～（f）：（a）从箱坯贮存架上取出一个压扁的箱坯；（b）将箱坯横推撑开成水平筒状；（c）将箱筒送至装箱位置，并合上箱底的翼片；（d）将产品横向推入箱内，并合上箱口的翼片；（e）有箱底和箱口盖片的内侧涂胶；（f）合上合部盖片并压紧。黏结用的黏合剂为快干胶，2～3 s 即可固化粘牢，这种胶价格较贵。

自动装箱

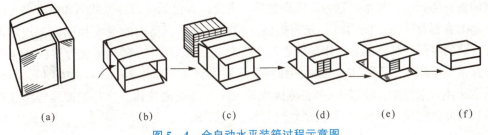

图 5-4　全自动水平装箱过程示意图

（2）裹包式装箱法。与裹包式装盒的操作过程相同，高速的裹包式装箱机生产率可达 60 箱/min，中速的为 10～20 箱/min，半自动式的为 4～8 箱/min。

（3）套入式装箱法。这种装箱方法适合包装重量大、体积大和较贵重的大件物品，如电冰箱、洗衣机等。这类产品如果采用上述方法装箱，无论是上下移动还是水平移动，既费能量又容易出事故。为此，采用套入式。其特点是纸箱采用两件式，一件比产品高一些，箱坯撑开后先将上口封住，下口没有翼片和盖片；另一件是浅盘式的盖，开口向上，也没有翼片和盖片，长宽尺寸略小于高的那一件，可以插入其中形成一个倒置的箱盖。装箱时，先将浅盘式的盖放在装箱台板上，里面放置防震垫，重的产品可在箱下放木质托盘。然后将产品放于浅盘上，上面也放置防震垫。再将高的

筒膜裹包

那一件从产品上部套入，直到把浅盘插入其中。最后用塑料带捆扎。

还有一种套入式装箱方法：将直立的箱坯取出后撑开成筒状，当成组的产品送至装箱位置时，将箱筒自上而下套在产品上，然后封底及封箱。

二、防震包装方法

防震包装方法

防震包装的主要方法有四种：全面防震包装、部分防震包装、悬浮式防震包装、联合方式的防震包装。

1. 全面防震包装

所谓全面防震包装法，是指内装物与外包装之间全部用防震材料填满来进行防震的包装方法。根据所用防震材料不同又可分为以下五种：

（1）压缩包装法。这种方法是用弹性材料把易碎物品填塞起来或进行加固，这样可以吸收振动或冲击的能量，并将其引导到内装物强度最高的部分。所用弹性材料一般为丝状、薄片状和粒状，以便于对形状复杂的产品也能很好地填塞，防震时能有效地吸收能量，分散外力，有效保护内装物。

（2）浮动包装法。浮动包装法和压缩包装法基本相同，所不同之处在于所用弹性材料为小块衬垫，这些材料可以移位和流动，这样可以有效地充满直接受力的部分的间隙，分散内装物所受的冲击力。

（3）裹包包装法。这种方法是采用各种类型的片材把单件内装物包裹起来放入外包装箱盒内。这种方法多用于小件物品的防震包装。

（4）模盒包装法。这种方法是利用模型将聚苯乙烯树脂等材料做成和制品形状一样的模盒，用来包装制品达到的防震作用。这种方法多用于小型、轻质制品的包装。

（5）就地发泡包装法。这种方法是以内装物和外包装箱为准，在其间充填发泡材料的一种防震包装技术。这种方法很简单，主要设备包括盛有异氰酸酯和盛有多元醇树脂的容器及喷枪。使用时首先需把盛有两种材料的容器内的温度和压力按规定调好，然后将两种材料混合，用单管道通向喷枪，由喷头喷出。喷出的化合物在 10 s 后即开始发泡膨胀，不到 40 s 的时间即可发泡膨胀到本身原体积的 100~140 倍，形成的泡沫体为聚氨酯，经过 1 min，变成硬性或半硬性的泡沫体。这些泡沫体能将任何形状物品都包住。图 5-5 为就地发泡包装过程简图。

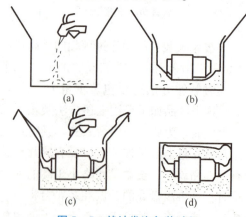

图 5-5　就地发泡包装过程

其方法如下：

①用混合枪将少量液体喷注在箱底；

②当液体开始发泡时，放入一层塑料薄膜，把产品置于其上；

③产品上面再放一层塑料薄膜，然后继续注入液体；

④最后很快将箱子封好。

2. 部分防震包装

对于整体性好的产品和有内包装容器的产品，仅在产品或内包装的拐角或局部地方使用防震材料进行衬垫即可，这种方法叫部分防震包装法。所用防震材料主要有泡沫塑料的防震垫、充气塑料薄膜防震垫和橡胶弹簧等。图 5-6 所示为部分防震包装原理图。

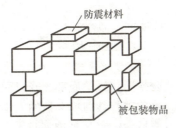

图 5-6　部分防震包装原理

这种方法主要是根据内装物特点，使用较少的防震材料，在最适合的部位进行衬垫，力求取得好的防震效果，并降低包装成本。本方法适用于大批量物品的包装，目前广泛应用于电视机、收录机、洗衣机、仪器仪表等的包装。

3. 悬浮式防震包装

对于某些贵重易损的物品，为了有效地保证在流通过程中不受损害，往往采用坚固的外包装容器，把物品用带子、绳子、吊环、弹簧等物吊在外包装中，不与四壁接触。这些支撑件起着弹性阻尼器的作用。悬浮式防震包装原理如图 5-7 所示。

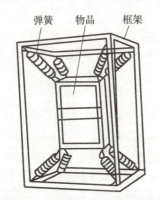

图 5-7　悬浮式防震包装原理

4. 联合方法

在实际缓冲包装中常将两种或两种以上的防震方法配合作用。例如，既加铺垫，又填充无定形缓冲材料，使产品得到更充分的保护。

有时可把异种材质的缓冲材料组合起来使用，例如，可将厚度相等的异种材料并联使用，也可将面积相等的异种材料串联结合使用。

1.4 技能训练

玻璃杯的防震包装。

一、实训目的

掌握防震包装的方法和全面防震包装的要求，能够熟练进行防震包装作业。

二、实训材料

玻璃杯、纸箱、气泡膜、珍珠棉、剪刀、胶带。

三、实训步骤

（1）撑箱。撑开纸箱，用胶带封住纸箱底部，开口面朝上放置。

（2）衬垫纸箱的五个面。将珍珠棉裁剪成合适的大小，衬垫到纸箱的五个面上。

（3）包装玻璃杯。裁剪下合适宽度（比玻璃杯长4~5 cm）的气泡膜，将玻璃杯放在气泡膜的中间，用气泡膜缠绕玻璃杯，缠绕完后将多余的部分塞进杯口和压倒杯底，最后用胶带固定气泡膜，再将杯子内部填充进气泡膜。如此完成其他的杯子的包装。（注意：气泡膜不应该缠绕过多，否则可能导致无法装进箱子）

（4）将包好的玻璃杯装入纸箱，纸箱上面再盖上一张珍珠棉，最后用胶带封好上口。

任务 2　包装固定技术

2.1 任务导入

为保证包装强度，将任务1中完成防震包装的玻璃杯，用包装箱外层固定方法进行加固。

2.2 任务分析

完成本任务，需要了解增加包装箱强度的方法有哪些，分别需要用到哪些材料，如何进行。这就是本任务需要解决的问题。

2.3 相关知识

一、捆扎技术

捆扎是用绕性捆扎原件（或另加附件）将多件无包装或有包装的货物捆在一起，

捆扎技术

起集装货物、固定货物和加固包装容器的作用。可防止货件移动、碰撞、翻倒或塌垛，还能起防盗、装饰的作用。

1. 捆扎原件的技术性能与种类

1) 捆扎原件的主要技术性能

货物经捆扎后，捆扎带就会长期受到拉伸力的作用，并受到流通环境因素的温湿度和其他因素的影响。为保证货物捆扎的有效性，应该了解捆扎原件的物理机械性能，以便正确合理地应用。

（1）强度。捆扎原件抵抗拉伸变形的能力是用抗拉伸强度和拉断强度来表示的。一定长度的捆扎原件在断裂前的最大载荷值与捆扎原件的横断面积之比所得的应力值，即为该捆扎原件的抗拉伸强度（kg/cm^2），该最大载荷值就是拉断强度（kg）。

（2）延伸率。延伸率即断裂伸长率，是指捆扎原件经拉伸后的总长与原长的差别和总长的比率，用百分比来度量，延伸率表示材料塑性变形的大小，延伸率越小，则用该材料捆扎的包装件越不易松散。

（3）延伸恢复量。它是指拉力去掉后，捆扎带缩回的延伸量，单位 cm。它表示了捆扎原件的弹性恢复能力。

（4）拉伸应力和拉伸应力衰减。捆扎原件受拉力后在其内部产生的应力称为拉伸应力。如果该原件在拉力作用下，保持一定时间后应力将衰减，衰减的应力称为拉伸应力衰减。

（5）工作范围。工作范围是指捆扎原件在正常工作情况下，所承受拉力的大小。除钢带外，其余各种捆扎带在工作范围内所能承受的拉力为拉断强度的 40%～60%。

2) 常用的捆扎原件

常用的捆扎原件主要有以下两类：

（1）金属捆扎原件。金属捆扎原件有钢丝、钢带、钢链、钢索。钢质捆扎原件的特点是强度高、柔性差、易生锈，对温、湿度变化不敏感。其中钢索主要用于起重运输；钢链是一种非标准的捆扎原件，一般用于重型货物的集装捆扎；钢丝是由低碳钢冷却而成，刚性较大，延伸率在 7% 以上，拉伸强度达 $8\ 000\ kg/cm^2$，经退火处理后，可提高其耐冲击性和柔性。钢丝除用于木箱的加强性捆扎和货物的固定性捆扎外，还用于金属制品和木材等大型货件的集装捆扎，还可用于捆扎棉包的软性包装件；钢带一般也用冷碳钢制成，其抗拉强度在所有捆扎带中为最大，延伸率最低只有 0.1%，拉伸应力衰减最小。钢带与货物捆扎的接触面大，不易损坏货物或包装容器，所以在集装捆扎方面应用比钢丝还要广泛，大量运用于木箱的加固和木箱包装的加强性捆扎，还用于钢材、建筑材料和木材等的集装捆扎。

（2）非金属捆扎原件。非金属捆扎原件有纸绳、塑料绳、麻绳、棉绳、合成纤维绳等捆扎原件，只适用于轻小产品的捆扎集装，而用于捆扎集装运输中的非金属捆扎原件，主要是各种塑料捆扎带。

①聚酯捆扎带。这是一种最新型的塑料捆扎带，它是塑料捆扎带中性能最好的，其拉伸强度较高（约为钢带拉伸强度的一半以上），延伸率为 2%～3%，具有较好的保持拉力的性能。完全可代替轻型钢带，而成本比钢带低 30% 以上。聚酯捆扎带受潮后不会产生蠕变，有缺口也不会发生纵向断裂，且弹性回复能力强。既可用于硬质货

物的捆扎集装，又可用于趋于膨胀的货物捆扎集装，因其耐化学腐蚀性好，还可用于瓶装化学药品包装件的捆扎集装。但聚酯材料受热产生难闻气味，其接头尽量避免采用热合法接合。

②尼龙捆扎带。尼龙捆扎带是成本最高的一种塑料捆扎带，其强度相当于中等承载的钢带，与聚酯捆扎带的强度几乎相同。与其他塑料捆扎带相比，延伸恢复量大，抗蠕变能力强，可紧紧捆扎在包装对象上，且可长期保持，因而适用于捆扎后变形的货件的捆扎集装，但因其延伸率较前者大，且在连续的强应力作用下会失去大部分保持应力而使包装松散。同时，受潮后强度降低，有缺口就断裂。

③聚丙烯捆扎带。聚丙烯捆扎带成本低于前两者，是一种性能差而应用最广泛的塑料捆扎带，其延伸率高达25%，保持拉力易减弱，仅适用于轻、中型的膨松货物的捆扎集装，即主要是用于瓦楞纸箱的加强性捆扎。聚丙烯的最大优点是具有抗高温、高湿和低湿的能力。

2. 捆扎的操作工具简介

不论手工还是机器捆扎，操作过程都相同。先将捆扎带绕于包装件或货物上，再用工具或机器将带拉紧，然后将带的两端重叠连接。绕带几乎全是沿物品的高度方向进行，也就是铅垂方向。小纸箱绕一道，或平行绕两道，也可绕成十字形的两道，较重、较大的包装件或货物，沿宽度方向绕2～3道，必要时再沿长度方向绕一道。重型包装件可绕成"#"字形4道或更多。

捆扎带两端的连接方式有三种：

（1）用铁皮箍压出几道牙痕连接，用于钢带捆扎重型木箱或货物，也可在手工捆扎塑料带时用。因牙痕不切开，故对接头强度不削弱。

（2）用铁皮箍压出几道牙痕并间隔地向相反方向弯曲而连接，主要用于钢带捆扎重型包装件。

（3）用热黏合连接，在用机器捆扎塑料带时广泛采用。当捆扎时，经过绕带、拉紧过程后，用加热器将塑料带加热熔化一端，然后压紧冷却，即完成连接。

3. 捆扎工具与设备

捆扎工具与设备

捆扎工具与设备不仅用于包装工业，其他行业和部门也在使用。因此，发展很快，不同用途、不同规格的种类很多。用于包装捆扎的工具与设备，常用的有以下三类：

（1）手动捆扎工具。此种工具有人力的、气动的和电动的，有设计成整体的，有拉紧机构和接头机构可组合的，价格便宜，操作简单，便于移动使用。最适合产量小，不考虑捆扎速度以及需要移动使用的场合。

（2）半自动捆扎机。需要由操作者将包装件放在适当的位置上，并启动机器，即可捆扎一道，然后移动位置再捆另一道。除此以外，从绕带、拉紧、接头和切断工序都是自动完成的。

（3）全自动捆扎机。全部捆扎工序都是根据规定的程序自动完成的。

除通用的以外，还有一些用于托盘包装，大宗货物捆扎、压缩捆扎和水平捆扎的特种用途的捆扎机。但要与生产线联动，有的包装件还需要放在适当位置。

总之，用手动捆扎工具，半自动和全自动捆扎机，完全可以满足不同批量和各种包装要求的捆扎作业。

4. 捆扎包装的设计要点

捆扎工作看起来很简单，只要捆紧不散即可，但在实际应用中却有不少因素要考虑。

（1）被捆扎物品的类型和性质。比如，物品有坚硬的、松软的、有弹性的，还有物品的体积、重量以及物品本身能承受多大的力等。

（2）捆扎带的选择。在前面介绍了几种捆扎带，选用前要对捆扎带的性质，如弹性、强度，对环境温湿度的敏感性，应力保持与衰减等有充分的认识，使得捆扎带能适应被捆扎物品的要求。

（3）搬运的方向，运输环境和工具的考虑。

（4）成本和经济效益。在满足包装要求前提下，尽量降低成本。

（5）在大批量捆扎前，要先通过各种实验确认其设计是否符合要求，否则会造成经济损失。

二、拉伸包装技术

拉伸包装用于运输包装，比传统用的木箱、瓦楞纸箱等包装有重量轻、成本低的特点，因此得到迅速和广泛的应用。这种包装大部分用于托盘集合包装，有时也用于无托盘集合包装。拉伸包装用于运输包装时，按所用薄膜的不同可分为整幅薄膜包装法和窄幅薄膜缠绕式包装法两类；按操作方法的不同又可分为回转式操作法和直通式操作法；按其生产率的高低又可分为手提式、平台式、运输带喂入式、全自动式等方法。

拉伸包装技术

1. 整幅薄膜包装法

用宽度与货物高度一样或更宽一些的整幅薄膜包装。这种方法适合包装形状方正的货物，既经济，效果又好，如用普通船装载出口货物的包装；20 kg 大袋包装；沉重且不稳定的货物以及单位时间内要求包装效率高的场合。这种方法的缺点是材料仓库中要储备多种幅宽的薄膜。常用设备的操作方式有两种：

1）回转式操作法

它是将货物放在一个可以回转的平台上，把薄膜端部粘在货物上，然后旋转平台，边旋转边拉伸薄膜进行缠绕裹包，转几周后切断薄膜，将末端粘在货物上。

薄膜拉伸的基本方法有两种：一种是用摩擦辊限制薄膜从薄膜卷筒上被拉出的速度，从而拉伸薄膜，一般的拉伸率为 5% ~ 55%；另一种是用两对回转速度不同的辊，薄膜输入辊的转速比输出辊的转速低一些，从而拉伸薄膜，拉伸率一般为 10% ~ 100%。为了消除方形货物包装过程中四角处速度突增的不利因素，常装置气动调节器，以保持薄膜拉力均匀。

图 5 - 8 所示为回转式拉伸包装示意图。

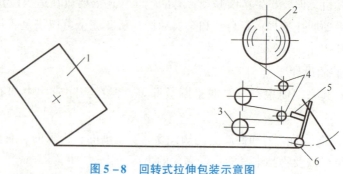

图 5-8 回转式拉伸包装示意图

1—货物；2—薄膜卷筒；3—预拉伸辊；4—导辊；5—气动调节机构；6—调节辊

这种方法所用设备有半自动的（即在开始时粘上薄膜，结束时切断薄膜），有手工操作的，也有全自动的。

2）直通式操作法

将货物放在输送带上，向前移动，在包装位置上有一个龙门式的架子，两个薄膜卷筒直立于输送带两侧，并装有摩擦拉伸辊。开始包装时，先将两卷薄膜的端部热封于货物上。当货物向前移动时，将薄膜包在其上，同时将薄膜拉伸到达一定位置时将薄膜切断，端部粘于货物背后。这种方法所用设备与回转式一样，也有半自动的和全自动的。

2. 窄幅薄膜缠绕式包装法

用窄幅面薄膜（幅宽一般为 50~75 cm），自上而下以螺旋线形式缠绕，直到裹包完成，两圈之间约有 1/3 部分重叠。这种方法适合包装堆积较高或高度不一致的货物以及形状不规则或轻的货物。这种方法包装效率较低，但可使用一种幅宽的薄膜包装不同形状和堆积高度的货物。所用设备有手工操作或自动操作的，其基本原理如图 5-9 所示，操作过程如下：

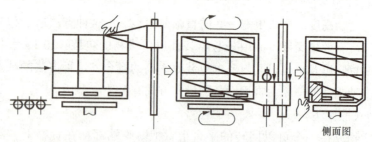

图 5-9 拉伸包装窄幅缠绕式操作过程

（1）将货物堆放在回转平台上，将薄膜从圈筒拉出，端部黏结在货物上部。然后回转平台，并带着货物旋转，薄膜一边缠绕，同时被拉伸。

（2）开始操作时薄膜卷筒位于支柱的顶端，随着薄膜的缠绕，卷筒向下移动，薄膜就在货物表面自上而下形成螺旋式包装。

（3）将货物全部包严后，用切刀切断，用热封板把薄膜端部黏结起来，包装完毕。

三、托盘货物固定方法

托盘单元载货的固定方法主要有捆扎和裹包,而裹包主要方式有拉伸缠绕包装(简称拉伸包装)和收缩包装。

1. 捆扎

(1) 捆扎方法。捆扎的主要方法有水平捆扎和垂直捆扎。

①水平捆扎是指水平方向上的捆扎,根据实际需要确定捆扎的位置和数量。

②垂直捆扎是将货物和托盘捆在一起的捆扎,分主要捆扎、次要捆扎和辅助捆扎;主要捆扎是沿着托盘长度方向上的捆扎;次要捆扎是沿着托盘宽度方向上的捆扎;辅助捆扎是在两条主要捆扎带之间与之平行的捆扎,起到辅助主要捆扎的作用。

捆扎方法根据具体情况而定。

(2) 捆扎带的规格尺寸。垂直捆扎带应以托盘单元货载总质量除以所用垂直捆扎带的总数量,得出每条捆扎带应承受的载荷,根据此载荷确定捆扎带的规格尺寸;水平捆扎带应以托盘单元货载的每层货物的质量为该捆扎带所承受的载荷。根据此载荷确定所需横向捆扎带的规格尺寸。

钢带宽度应不小于 16 mm,厚度应不小于 0.5 mm;塑料捆扎带宽度应不小于 15 mm,厚度应不小于 0.8 mm,当托盘单元货载同时使用水平捆扎带和垂直捆扎带时,两种捆扎带可采用同一规格尺寸,但应采用规格尺寸较大的。

如果同时需要进行水平捆扎和垂直捆扎时,应先进行水平捆扎。若多条水平捆扎时应先从底层货物进行捆扎,再垂直捆扎,垂直捆扎应按主要捆扎、次要捆扎、辅助捆扎的顺序进行。

捆扎时捆扎带应平直,并具有合适的张力,捆扎带结合部位应封合并确保捆扎牢固,封合可以用包扣封合或热熔封合(用塑料打包带时)。封合时捆扎带不允许有位移,主要捆扎带和次要捆扎带交叉处可用十字包扣固定,如图 5-10 所示。

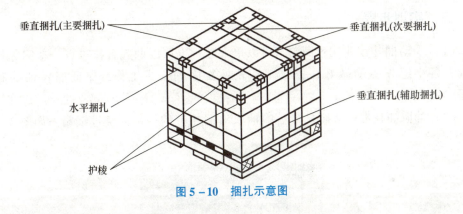

图 5-10 捆扎示意图

2. 拉伸包装

拉伸包装可用于所有托盘包装的固定,如图 5-11 所示。

单元货物的质量不大于 1 000 kg 的拉伸包装,应使用厚度不小于 0.12 mm 的 PE 拉伸薄膜或厚度不小于 0.07 mm 的 PVC 或 EVA 薄膜;单元货物的质量不大于 2 000 kg 的拉伸包装，应使用厚度不小于 0.2 mm 的 PE 拉伸薄膜或厚度不小于 0.12 mm 的 PVC 或 EVA 薄膜。

为加强保护，托盘单元货载在拉伸包装前，可在单元货物顶部盖上一块每边都比其边缘大出 30 mm 以上的塑料薄膜或其他防水材料。

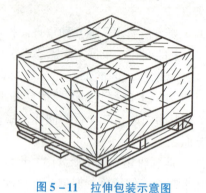

图 5-11 拉伸包装示意图

2.4 技能训练

手动捆扎作业。

一、实训目的

掌握手动捆扎作业的技巧，能够熟练进行手动捆扎作业。

二、实训材料

纸箱、捆扎带、捆扎片、手动打包钳。

三、实训步骤

（1）手动捆扎作业比较简单，可以单人进行也可以两人合作进行，在实际作业之前，各小组先提前做好任务分工和轮换次序的安排工作，保证捆扎训练有序进行。

（2）抽取捆扎带。从捆扎带盘中抽取出捆扎带的一端，绕过纸箱，如图 5-12 所示。

图 5-12 抽取捆扎带

（3）紧固和收紧捆扎带。将捆扎带另一端也绕过纸箱，先手动收紧捆扎带，将捆扎带的两端夹入收紧器的两个紧固钮下，摇动紧固手柄，将捆扎带收紧到合适的程度，如图5-13所示。

图5-13　紧固和收紧捆扎带

（4）截取捆扎带到合适的程度。用捆扎带的截取钮截断捆扎带到可用的合适长度。

（5）捆扎带固定。将捆扎带的两端套入捆扎铁片，注意捆扎带的两端留出合适的长度，用打包钳夹紧捆扎铁片后，取下紧固器，如图5-14所示。

图5-14　捆扎带固定

同步测试

1. 瓦楞纸箱又分为_____、_____和异形式三种。
2. 按产品装入方式分的装箱方法有_____装箱法、裹包式装箱法、_____装箱法。
3. 现在常用的捆扎原件有_____和_____两类。
4. 下列属于全面防震包装方法的是_____。
   A. 压缩包装法　　B. 浮动包装法　　C. 裹包包装法
   D. 模盒包装法　　E. 就地发泡包装法
5. 下列属于防震包装方法的是_____。
   A. 全面防震　　B. 部分防震　　C. 悬浮式防震　　D. 联合方法
6. 下列属于非金属捆扎件的是_____。
   A. 聚酯捆扎带　　B. 尼龙带　　C. 聚丙烯捆扎带　　D. 布带
7. 捆扎包装在设计时需要考虑的要点有哪些？

案例分析

1995 年，NIKE 的包装盒进行了一次全面的重新设计，18 种包装盒改为 2 种，然后改为 1 种良性生态包装，用来盛放运动鞋、滑雪板、太阳镜等商品。这种包装采用了一种开创性的折叠式设计，其结构中不使用重金属、油墨、胶水——并且每年为 NIKE 节约 8 000 t 纤维材料。

旧的包装盒作为再生原料被投入到一个封闭循环系统的粉碎设备中处理。换句话说，在处理过程中对周围环境不会造成污染。这些纸箱超出美国环保局所要求的环保标准。1998 年 5 月，新的粉碎设备应用到纸箱生产中，提高了纸箱的性能。这些纸箱重量减小了 10%，但强度不变。仅此一项，每年可节约 4 000 t 的纤维原料。

在配送中心，NIKE 正在试验重新利用包装箱的可行性。由于是新技术纸板，这些纸箱不易被损坏，易于重新使用。但在纸箱的再利用中上面的标签成为潜在的易导致错误的因素。

思考：从物流管理的角度分析，从 NIKE 公司包装管理的创新中可以获得哪些启示？

项目 6
线路优化

● 项目介绍

合理的配送线路优化是提高配送送货作业效率、有效降低成本的重要途径之一。根据配送中心和客户点的情况，本项目主要介绍单车单点配送、单车多点配送和多车多点配送等几种配送模式的线路优化方法与技巧。

● 知识目标
1. 掌握单车单点线路优化的方法；
2. 掌握单车多点线路优化的方法；
3. 掌握多车多点线路优化的方法。

● 技能目标

能够根据不同的情况安排车辆的最优运行路径。

● 素质目标

培养良好的职业道德，树立服务质量高于效率的理念。

任务 1　单车单点配送的线路优化

1.1　任务导入

配送中心 S 向 t 配送货物，图 6-1 中的 6 个点是途经的客户点，各点之间的路径距离千米数如线上的数据所示，货物吨每千米的运价为 50 元，请制定从 S 出发将货品配送到 t 的最优配送方案。

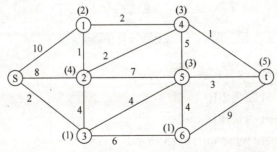

图 6-1　S 到 t 的配送路径图

1.2 任务分析

完成本任务实际上就是找到一条从 S 到 t 的最短路线,也就是最短路的问题,所以需要了解最短路问题的解决方法有哪些,哪些方法较简单,最终选择一种最优的解决办法。

1.3 相关知识

一、最短路问题的定义

在实际送货过程中常常会遇到要从配送中心给单个客户送货的问题,这时企业所期望的通常是能够找到一条从配送中心到客户点最短的运行路线,因为这样能够节省油耗、节省成本。这种需要求从始点到终点的一条路径使得路径总长最短的问题被称为最短路问题。

最短路问题一般是描述在一个网络图中,给定一个始点和一个终点,求始点到终点的一条路径且使得路径总长最短。

除配送路径选取问题外,有许多实际问题都可以归结为最短路问题,例如,两地之间的管道铺设、线路安装、道路修筑等都属于最短路问题。

二、解决方法

最近相邻法

1. 最近相邻法

本方法较简单,思路为<u>从始点或终点开始,找与该点相连的所有点中最近的点,从而得到第二个点,再找与第二个点相连的所有点中最近的点得到第三个点,以此类推</u>。但是注意<u>不能够走回头路</u>,也就是前面找到的点不能够再被找出来一次。

以本任务的问题为例解决过程如下:

解:如果从始点 S 点开始,过程如图 6-2 所示。

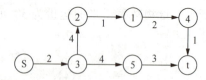

图 6-2 起始点 S 开始解决方法

可以得到两条路线:S→3→5→t 距离 9,

S→3→2→1→4→t 距离 10,

显然,S→3→5→t 为最短路。

如果从终点 t 开始,过程如图 6-3 所示。

显然,两条路线中 S→3→2→4→t 最短,距离为 9。

所以,本问题具有两条最短路 S→3→5→t 和 S→3→2→4→t,距离为 9,最低运费为 450 元。

在车辆运行中时常会遇到道路交通管制和单行道的情况，这种情况要看该道路是否处在最短路上，如果处在最短路上会对最短路的方案有影响，否则就不会有影响。如在本任务中如果 3→2 间的道路交通管制禁止通行，就可以认为 3 到 2 的道路不存在，则 S→3→2→4→t 最短路的方案就不会存在了。如果 3→2 是单行道，也就是在图中会有 3→2 的箭头标识，则只能从 3→2，不能够从 2→3，所以回程时就不能够走 t→4→2→3→S 这条路线了。

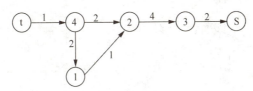

图 6-3　终点 t 开始的解决方法

2. Dijkstra 标号法

该法是 Dijkstra 1959 年提出的，能求出网络的任一点 S 到其他各点的最短路。

在计算过程中，对每一个点 j 都要赋予一个标号，这分为固定标号 P（j）和临时标号 T（j），其含义如下：

P（j）——从始点 S 到 j 的最短路长；

T（j）——从始点 S 到 j 的最短路长的上限。

一个点 j 的标号只能是上述两种标号之一。若为 T 标号，则需要视情况修改，而一旦成为 P 标号，就固定不变了。

开始先给始点 S 标上 P 标号 0，然后检查一切与点 S 相连的边的另一端点 j，修改其 T 标号为位势 V_j，在网络图中的所有 T 标号中选取最小的并把它修改为 P 标号。以后每次都检查刚得到 P 标号的那点，按一定规则修改其一切相连边另一端点的 T 标号，再在网络中的 T 标号中选取最小者，把它改为 P 标号。这样，每次都把至少一个 T 标号点改为 P 标号点，因为网络中共有 n 个节点，所以最多只需要 n-1 次就能把终点 t 改为 P 标号。这样就求得了 S 到 t 的最短路。

采用 Dijkstra 标号法解决过程如图 6-4 所示。

从图中可以看出，该问题有两种可行方案：

S→3→2→4→t；S→3→5→t

两种方案距离都是 9。

同时这种方法也求出了 S 到图中其他各点的最短路和最短距离。到其他各点的最短路如图 6-4 中箭头所示，最短距离就是在各点旁边的方框中标出的数字。

标号法解决问题

1.4 技能训练

使用电子地图解决单车单点问题。

电子地图解决问题

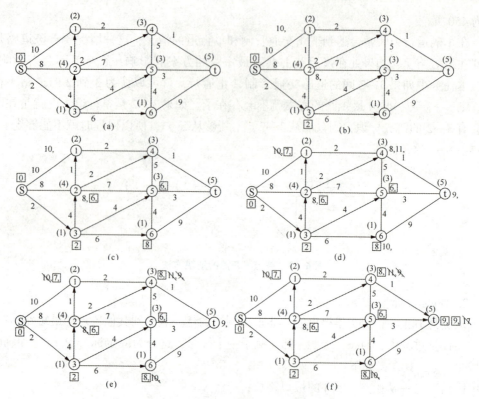

图 6-4 采用 Dijkstra 标号法

一、实训目的

熟悉电子地图的使用方法，能够使用电子地图求两点之间的最短行驶路线。

二、实训材料

装有电子地图或能够联网的计算机。

三、实训步骤

例如，现在有一批商品需要从山东省潍坊市"中百配送中心"运送到最后一份订单"乐福家超市"，请找出最短的配送路线。

大多数的电子地图都提供了强大的路线选择功能。此处用百度地图来解决这个问题。

（1）打开电子地图并输入网址 www.baidu.com，点击地图的位置。

（2）输入要查询的城市。网络在线电子地图大多数能够识别 IP 地址，自动识别你上网地点的所在城市，如果要查询其他城市，可以从查询框输入。

（3）选择驾车，出现地点起始和终止输入框。输入起点和终点，大多数情况下会出现输入地点不准确需要你来做出选择的情况，这时从右侧的选择框中，选择正确的地点，如图 6-5 右侧圈中所示，从客户档案中可以发现，B 点是客户所处地点。

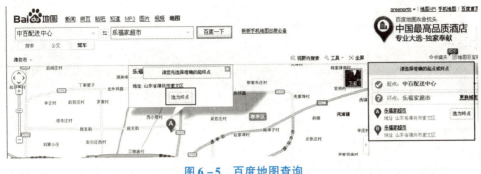

图 6-5 百度地图查询

(4) 输入完成后,"百度一下"得到查询结果,就是相应的最优配送路径,显示在右侧,如图 6-6 所示。

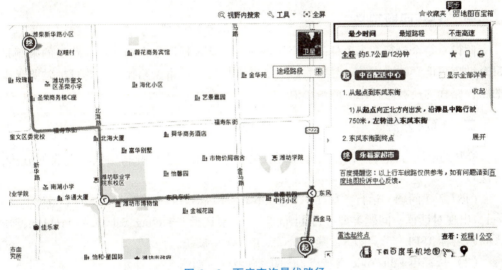

图 6-6 百度查询最优路径

从右侧圈中选择你要求的选项,此处选择"最短路程"。同时还可以选择"不走高速",如果最优配送路径中有高速公路,系统可以重新为你选择新的方案,从而省去高速公路通行费,节省配送成本。

任务 2 单车多点配送的线路优化

2.1 任务导入

仍然采用任务 1 中的网络图,如果要求一辆车从配送中心 S 出发,装满所有客户需要的货品,给所有客户送完货后再回到配送中心,如何运行可使得总的行驶距离最短?

2.2 任务分析

这种送货问题在实际运行中经常会出现，这种配送方法在合理利用车辆吨位、节省运输成本中作用非常大，因此需要掌握这种问题的解决方法。

2.3 相关知识

在实际配送作业中，为了能够充分利用车辆的载重量和吨位，节省运费，经常会将某些客户点的部分货物装载在同一辆车上进行配送作业，送完所有客户点的货物后再回到起点，同时也希望所行走的路径最短，这就是单车多点作业。这种问题称为旅行商问题（Traveling Salesman Problem，TSP）。

一、TSP 问题定义

假设有一个旅行商人要拜访 n 个城市，他必须选择所要走的路径，路经的限制是每个城市只能拜访一次，而且最后要回到原来出发的城市。路径的选择目标是要求走的路径路程为所有路径之中的最小值。

二、解决方法

TSP 的解决方法有多种，大多原理较复杂。此处介绍一种利用软件解决的方法，方法较简单。这种软件就是 WinQSB 软件。

（1）新建问题。运行：程序 \ WinQSB \ Network Modeling，单击 File \ New Problem，出现对话框，问题类型 [Problem Type] 中选 Traveling Salesman Problem，输入问题名称 TSP1，节点数 8，其他默认，单击 OK 按钮。

（2）从菜单 Edit-Node Name，更改节点名称，如图 6-7 所示。

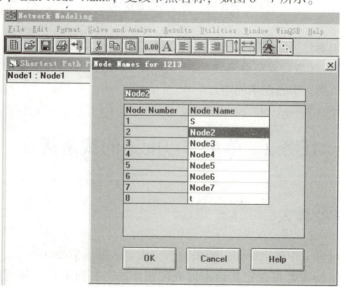

图 6-7　菜单中更改节点名称

（3）在出现的对话框中输入所有有连线的两点间的距离。由于该图没有方向所以是双向的，如 S:1 距离是 10，1:S 距离也同样是 10；如果某些道路有方向，则代表该道路是单行道，只能一个方向有距离，如 S→1，则只有 S:1 是 10，1:S 没有距离，如图 6-8 所示。

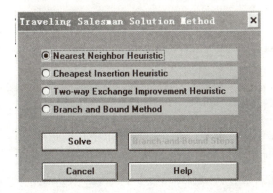

图 6-8 两点间的距离

（4）解决问题。单击求解 [Solve and Analyze]，从中选择求解问题 [Solve the Problem]，这时会出现如图 6-9 所示的选择框，这是要求选择解决 TSP 的计算机算法，不同的算法有可能得到不同的结果。

选择每一种算法，记录每一种算法的结果，选择最小的结果。例如，本任务的最小结果就是 27，在结果 [Results] 中选择图解 [Graphic Solution]，得到图解结果，如图 6-10 所示，这就是最优行驶路径。

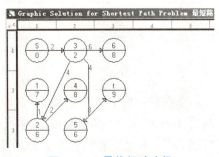

图 6-9 解决问题　　　　　　　图 6-10 最优行驶路径

2.4 技能训练

用电子地图解决单车多点问题。

一、实训任务

使用 Google 电子地图，从山东潍坊"中百配送中心"发货车一辆，不分先后次序给 A 福乐多超市、B 中百超市、C 佳乐家福东店、D 乐福家超市四个客户点送货，制订路径最短的车辆运行方案，并写出车辆运行指导手册。

单车多点——电子地图

二、实训目的

熟悉 Google 电子地图的使用方法，能够使用 Google 地图解决单车多点问题。

三、实训材料

可以上网的电脑。

四、实训步骤

（1）排列所有可能的送货先后次序，给需要送货的客户排序，列出所有的可能性。

（2）从配送中心出发按照任务1中的各种可能送货顺序，分别给每一点送货，并回到配送中心。使用Google地图设计配送路线，并记录各种送货顺序的路径距离。以ABCD的送货顺序为例，具体操作方法如下：

①打开Google地图网页，单击获取路线，选择 🚗 图标，打开搜索页面，如图6-11所示。

图6-11　Google地图搜索页面

②在输入框中输入各地点。在输入框A中输入起点"山东省潍坊市中百配送中心站"，B中输入"福乐多超市"，多次单击添加更多目的地4次，输入C"中百超市"、D"佳乐家"、E"乐福家超市"，最后在F中输入起点"山东省潍坊市中百配送中心站"。

③查询路线。单击查询路线，选择某些点的确切地理位置，如图6-12所示。

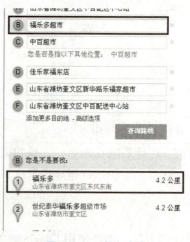

图6-12　查询路线

④更改了所有的点的确切地理位置后,将会在右侧出现查询路线方案,在左侧地图框中出现路线图,如图6-13所示。

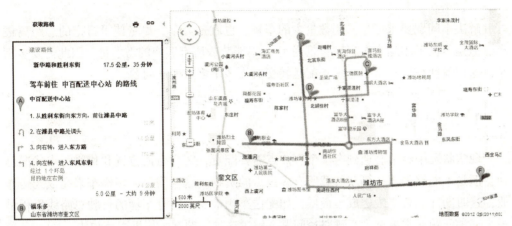

图6-13 查询方案与线路图

(3)根据上一步记录的各种可能送货顺序的路径距离,选择距离最短的方案,该方案就是路径最短的送货车辆运行路线。

(4)根据Google地图对最优方案的描述,写出车辆运行指导手册。

任务3 多车多点配送的线路优化

3.1 任务导入

配送中心A要向B、C、D、E、F、G六个门店配送货物,如图6-14所示,它们之间的距离和每一处的配送货物量见图中标注,配送车辆载重量有2.5吨和4吨两种,请规划总距离最短的配送方案。

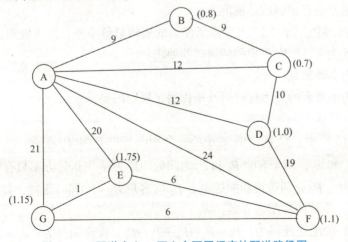

图6-14 配送中心A至六个不同门店的配送路径图

3.2 任务分析

解决本问题要求尽量采用数量少的车辆，也就是大车，尽量使得行走的总距离最小。但是本任务中最大车辆载重量为 4 t，不能装载所有客户的需求量，因此需要多辆车，这样就使得问题从单车多点配送转变成为多车多点配送问题。

3.3 相关知识

现实状况中经常会遇到有多个客户点需要配货，客户点的位置和货物需求状况已知，但是不能够采用一辆车装载所有客户点的货物，这就需要派多辆车来完成配送作业，这时同样也希望配送成本最低，如配送车辆最少，所有车辆的行驶总路线里程最短。这种问题通常被称为车辆路径问题。解决这种问题常采用里程节约法。

一、里程节约法的基本原理

里程节约法

使用里程节约法的基本条件是同一条线路上所有客户的需求量总和不大于一辆车的额定载重量。送货时由这辆车装着所有客户的货物沿着一条精心挑选的最佳线路依次将货物送到各个客户的手中，这样既保证按时按量将用户需要的货物及时送到，又节约了费用，缓解了交通紧张的压力，并减少了运输对环境造成的污染。

1. 里程节约法的基本规定

利用里程节约法确定配送线路的主要出发点是，根据配送方的运输能力及其到客户之间的距离和各客户之间的相对距离，来制定使配送车辆总的周转量达到或接近最小的配送方案。

下面假设：

(1) 配送的是同一种或相类似的货物；

(2) 各用户的位置及需求量已知；

(3) 配送方案有足够的运输能力。

里程节约法制定出的配送方案除了使总的周转量最小外，还应做到：

(1) 方案能满足所有用户的到货时间要求；

(2) 不使车辆超载；

(3) 每辆车每天的总运行时间及里程满足规定的要求。

2. 里程节约法的基本思想

如图 6-15 所示，设 P_0 为配送中心，分别向客户 P_i 和 P_j 送货。P_0 到 P_i 和 P_j 的距离分别为 d_{0i} 和 d_{0j}，两个客户 P_i 和 P_j 之间的距离为 d_{ij}，送货方案只有两种即配送中心 P_0 向客户 P_i、P_j 分别送货和配送中心 P_0 向客户 P_i、P_j 同时送货，如图 6-15 (a) 和 (b) 所示。比较两种配送方案：

方案 (a) 的配送线路为：$P_0 \rightarrow P_i \rightarrow P_0 \rightarrow P_j \rightarrow P_0$，配送距离为：$d_a = 2d_{0i} + 2d_{0j}$；

方案 (b) 的配送线路为：$P_0 \rightarrow P_i \rightarrow P_j \rightarrow P_0$，配送距离为：$d_b = d_{0i} + d_{0j} + d_{ij}$；

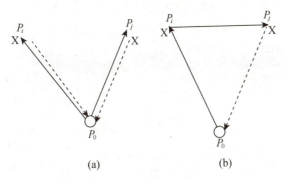

图 6-15 里程节约法原理图

我们用 S_{ij} 表示里程节约量，即方案（b）比方案（a）节约的配送里程：

$$S_{ij} = d_{0i} + d_{0j} - d_{ij}$$

根据里程节约法的基本思想，如果一个配送中心 P_0 分别向 n 个客户 P_j（$j=1, 2, \cdots, n$）配送货物，在汽车载重能力允许的前提下，每辆汽车的配送线路中经过的客户个数越多，里程节约量越大，配送线路越合理。

二、解决方法

（1）计算最短距离。根据配送网络中的已知条件，计算配送中心与客户之间及各客户之间的最短距离，结果如表 6-1 所示。

表 6-1 任意两客户点间的距离表

A						
9	B					
12	9	C				
12	19	10	D			
20	29	32	25	E		
24	33	29	19	6	F	
21	30	33	25	1	6	G

（2）计算节约里程 S_{ij}，结果如表 6-2 所示。

表 6-2 节约里程表

序号	路线	S_{ij}	序号	路线	S_{ij}
1	BC	12	9	CG	0
2	BD	2	10	DE	7
3	BE	0	11	DF	17
4	BF	0	12	DG	8
5	BG	0	13	EF	38
6	CD	14	14	EG	40
7	CE	0	15	FG	39
8	CF	7	16		

(3) 将节约里程 S_{ij} 进行分类,按从大到小的顺序排序,得到表 6-3。

表 6-3 节约里程排序表

序号	路线	S_{ij}	序号	路线	S_{ij}
1	EG	40	6	BC	12
2	FG	39	7	DG	8
3	EF	38	8	CF	7
4	DF	17	9	DE	7
5	CD	14	10	BD	2

(4) 确定配送线路。从分类表中,按节约里程大小顺序组成线路图。
①初始方案:对每一客户分别单独派车送货,原路返回,如图 6-16 所示。
配送线路:6 条
配送距离 S_0:196 km
配送车辆:2.5 吨 ×6

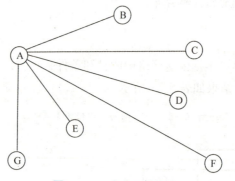

图 6-16 确定配送线路

②修正方案 1:按节约里程 S_{ij} 由大到小的顺序,同时考虑车辆额定载重和各点需求量的关系,将 E、G 连成一条线路,得修正方案 1;配送线路 1:A-E-G-A,剩余客户点单独配送,配送线路 5 条,如图 6-17 所示。

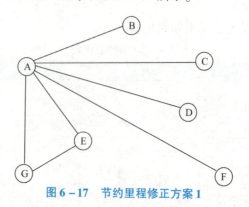

图 6-17 节约里程修正方案 1

节约里程：40 km

配送距离 S_1：196 - 40 = 156（km）

由于 EG 两点需求量之和为 2.9 吨，因此需要 1 辆 4 吨车。

配送车辆：4 吨 ×1 + 2.5 吨 ×4

③修正方案 2：在剩余的 S_{ij} 中，按由大到小的顺序连接 F、G，同时考虑车辆额定载重 4 吨和 F 点的需求量 1.1 吨，可以把 F 点并入线路 1，这时需要 4 吨车 1 辆，得到配送线路 2：A - E - G - F - A，剩余客户点单独配送，配送线路 4 条，如图 6 - 18 所示。

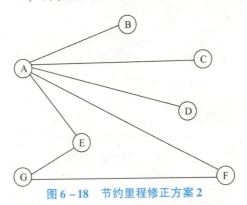

图 6 - 18　节约里程修正方案 2

节约里程：40 + 39 = 79（km）

配送距离 S_2：156 - 39 = 117（km）

配送车辆：4 吨 ×1 + 2.5 吨 ×3

这条线路就是一条有效的配送线路，并且本条线路车辆已经装满，不能够再加入其他客户点了。所以所有与本线路有关联的其他客户点的节约里程都无效了，此处线路 EF、DF、CF、DE 都无效了，不予考虑。

④修正方案 3：在剩余可行的 S_{ij} 中，选择里程节约最大的线路这时找到了 CD，考虑 C、D 两点的需求量之和为 1.7 吨，这时可以采用一辆 2.5 吨车完成两点的配送作业，得到配送线路 3：A - C - D - A。剩余客户点 B 单独配送，配送线路 3 条，如图 6 - 19 所示。

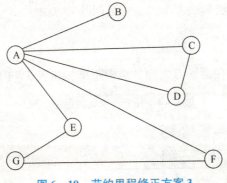

图 6 - 19　节约里程修正方案 3

节约里程：79 + 14 = 93（km）

配送距离 S_3：117 - 14 = 103（km）

配送车辆：4 吨 ×1 + 2.5 吨 ×2

⑤修正方案 4：在剩余可行的 S_{ij} 中，下一个最大的是 BC，也就是 BC 两点同车配送，这时考虑 B 的需求量 0.8 吨，可以考虑将 B 并入线路 3：A – C – D – A，得到线路 4：A – B – C – D – A。这时正好需一辆 2.5 吨的车可以装载 B、C、D 三家客户的货品，配送线路 2 条，如图 6 – 20 所示。

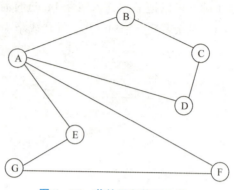

图 6 – 20　节约里程修正方案 4

节约里程：93 + 12 = 105（km）

配送距离 S_4：103 – 12 = 91（km）

配送车辆：4 吨 ×1 + 2.5 吨 ×1

所以，最终配送方案为线路 1：A – E – G – F – A，线路 2：A – B – C – D – A，需要 1 辆 2.5 吨车和 1 辆 4 吨车。

3.4　技能训练

用里程节约法求最优配送方案。

一、实训目的

掌握使用里程节约法解决多车多点配送问题的方法。

二、实训步骤

（1）计算本任务中任意两点之间的最短距离，如表 6 – 4 所示。

表 6 – 4　任意两点间的最短距离

S							
7	1						
6	1	2					
2	5	4	3				
8	2	2	6	4			
6	6	6	4	4	5		
8	10	10	6	8	4	6	
9	3	3	7	1	3	7	t

(2) 计算节约里程，如表 6-5 所示。

表 6-5 节约里程表

1						
12	2					
4	4	3				
13	12	4	4			
7	6	4	10	5		
5	4	4	8	10	6	
13	12	4	16	12	10	t

(3) 节约里程排序，如表 6-6 所示。

表 6-6 节约里程排序表

序号	路线	S_{ij}	序号	路线	S_{ij}
1	4-t	16	12	1-5	7
2	1-4	13	13	2-5	6
3	1-t	13	14	1-6	5
4	1-2	12	15	1-3	4
5	2-4	12	16	2-3	4
6	2-t	12	17	3-4	4
7	5-t	12	18	3-5	4
8	4-5	10	19	3-6	4
9	5-6	10	20	2-6	4
10	6-t	10	21	3-t	4
11	4-6	8			

(4) 安排配送方案。

最终配送方案的结果：S-3-[2]-[1]-2-3-S；S-3-2-[4]-t-[5]-3-S；S-3-[6]-5-[t]-5-3-S；S-3-S 线路中标□的为配送货物的客户点，未标□的为途经客户点。

同步测试

(1) 如图 6-21 所示，求 S 到 t 配送的最短路线和最短距离。

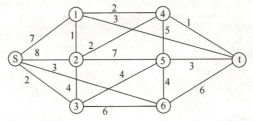

图 6-21 S 到 t 的配送路径图

(2) 如图 6-22 所示，求一辆车从配送中心 1 出发给 2 到 6 各个客户点送货，再回到配送中心的最优配送路线。

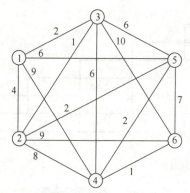

图 6-22　配送中心 1 到 6 的不同配送路径图

(3) 已知配送中心 P_0 向 5 个用户 P_j 配送货物，其配送路线网络、配送中心与用户的距离以及用户之间的距离如图 6-23 所示；图中括号内的数字表示客户的需求量（单位：吨），线路上的数字表示两结点之间的距离，配送中心有 3 台 2 吨卡车和 2 台 4 吨卡车两种车辆可供使用，试利用节约里程法制定最优的配送方案。

案例分析

设配送中心 P_0 向 7 个用户 P_j 配送货物，其配送路线网络、配送中心与用户的距离以及用户之间的距离如图 6-24 所示，图中括号内的数字表示客户的需求量（单位：吨），线路上的数字表示两结点之间的距离（单位：千米），现配送中心有 2 台 4 吨卡车和 2 台 6 吨卡车可供使用。

(1) 试用节约里程法制定最优的配送方案。
(2) 设配送中心在向用户配送货物过程中单位时间平均支出成本为 45 元，假定卡车行驶的平均速度为 25 km/h，试比较优化后的方案比单独向各用户分送可节约多少费用？
(3) 配送货物的运输量是多少？
(4) 配送货物的周转量是多少？

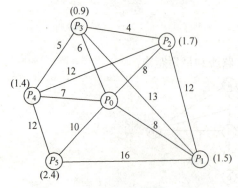

图 6-23　P_0 到 P_5 的配送路径图

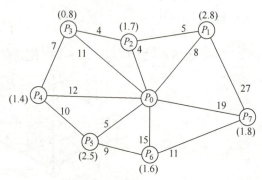

图 6-24　P_0 到 P_7 的不同配送路径图

项目 7
货物配装

- **项目介绍**

货物配装作业是物流企业配送作业过程中的重要环节，配装作业合理与否决定着配送企业车辆利用率和配送成本的高低。该作业首先要根据配送计划制定货物配装决策，分析如何配装才能做到最大程度上的车辆利用；再根据货物配装决策进行实际的装货作业，以节省运力，降低配送成本。

- **知识目标**
1. 掌握配装的概念；
2. 掌握货物配装决策的方法；
3. 掌握货物配装的注意事项。

- **技能目标**
1. 能够根据货物实际制定合理的配装决策；
2. 能够利用软件绘制装箱码货图；
3. 能够根据配装决策完成实际的货物装箱作业。

- **素质目标**

培养分析问题的能力、动手能力。

任务 1 配装决策

1.1 任务导入

配装决策是合理进行配装作业的前提，影响到配送中心的车辆利用率及配送成本的高低，如何进行配装决策，制定配装决策的方法及注意事项有哪些？本任务将重点解决这些问题。

1.2 任务分析

要完成配装决策首先要掌握什么是配装，影响配装的因素和原则；然后掌握货物重量和体积的关系，制定配装决策的方法；最后能够根据货物的实际情况进行配装决策的制定。

1.3 相关知识

一、配装的概念

在单个用户配送数量不能达到车辆的有效运载负荷时,就存在如何集中不同用户的配送货物,进行搭配装载以充分利用运能、运力的问题,这就需要配装。和一般送货不同之处在于它通过配装送货可以大大提高送货水平及降低送货成本,所以,配装也是配送系统中有现代特点的功能要素,也是现代配送不同于以往送货的重要区别之处。

根据配送作业本身的特点,配送工作所需车辆一般为汽车。由于需配送的货物的比重、体积、包装形式各异,所以在装车时既要考虑车辆的额定载重量,又要考虑车辆的容积,使车辆的载重量和容积都能够被充分利用,以提高车辆的利用率,降低配送成本。

影响配装决策的因素

二、影响配装决策的因素

(1) 货物本身的物理、化学特性;
(2) 货物的包装情况;
(3) 车辆的特点;
(4) 配送中心的装载技术和堆码技术;
(5) 配送人员的作业水平;
(6) 客户的要求及其卸货实际情况。

车辆配装的原则

三、车辆配装的原则

(1) 轻重搭配的原则,重不压轻,包装强度差的货物应该放在包装强度好的货物上面;
(2) 大小搭配的原则,大不压小,小的货物放在大的货物上面;
(3) 货物性质搭配原则,密度大的货物和密度小的货物搭配;
(4) 到达同一地点的货物如果适合配装应尽可能一次积载;
(5) 合理堆码的原则;
(6) 不允许超过车辆所额定的最大载重量和最大容积;
(7) 装载易滚动的卷状、桶状货物,垂直摆放;
(8) 货与货之间,货与车辆之间应留有空隙并适当衬垫,防止货损;
(9) 装货完毕,应在门端处采取适当的稳固措施,以防开门卸货时,货物倾倒造成货损;
(10) 先送后装、后送先装的原则;
(11) 外观相近、容易混淆的货物分开装载可以避免差错;
(12) 不要将容易串味的货物混装;
(13) 尽量不将散发粉尘的货物与清洁的货物混装;

(14) 切勿将渗水货物与易受潮货物混装；

(15) 包装不同的货物应分开装载，如板条箱货物不要与纸箱、袋装货物堆放在一起；

(16) 具有尖角或其他突出物的货物应和普通货物分装或用木板隔离，以免破损。

四、货物重量和体积的关系

在车辆配装中，按照货物重量和体积的关系可以将货物分为三种：

(1) 重质货物。货物的重量和体积的比值大于1，这种产品在车辆装载时，货物总重达到额定吨位，但货物体积小于车辆容积。

(2) 轻质货物。货物的重量和体积的比值小于1，这种产品在车辆装载时，货物总体积达到额定容积，但货物总重量小于车辆额定载重。

(3) 均质货物。货物的重量和体积的比值等于1，这种产品在车辆装载时，货物总重达到额定吨位，同时货物总体积也达到车辆容积。

五、配装作业的方法

1. 轻重货物配装方法

在车辆配装中，一般容重大的货物如钢板往往达到车辆载重重量，而对车辆的容积利用率较小；容重小的货物如棉花往往达到车辆的容积利用率，而重量远远没有达到车辆的载重量，单独运输一种货物都会造成车辆利用率的严重浪费，因此可以对这两种商品进行轻重配装，混合运输。

轻重货物配装方法

货物轻重配装是运用轻质货物体积比大、重质货物体积比小的特点，将同一到站或同一路径的轻质与重质货物进行合理的配装，达到充分利用车辆容积和载重量的目的。合理地、有计划地组织轻重配装具有十分重要的意义。通过轻重配装可以很好地节约运力和积累资金，能够以较少的车辆装运较多的货物。

假设配送两种货物：A类货物，重量为 W_A 吨，A类货物单件体积为 V_A m³，B类货物，重量为 W_B 吨，B类货物单件体积为 V_B m³，车辆额定载重量 G 吨，车辆最大容积为 V m³，试计算最佳装配方案。设车辆的最大容积为 $V \times 95\%$。

在既满载又满容的前提下，设货物A装入 x 件，货物B装入 y 件，则

$$x\ V_A + y\ V_B = V \times 95\%$$
$$x\ W_A + y\ W_B = G$$

解联立方程组，求得 x, y 即为配装数值。

在实际活动中，由于求最优解会浪费大量的时间和精力，因此一般更倾向于寻求最优解的近似值，以节约计算时间，提高装车速度。

2. 动态规划方法

动态规划法是20世纪50年代由贝尔曼（R. Bellman）等人提出，用来解决多阶段决策过程问题的一种最优化方法。所谓多阶段决策过程，就是把研究问题分成若干个相互联系的阶段，每个阶段都做出决策，从而使整个过程达到最优化。实际上，动态规划法就是分多阶段进行决策，其基本思路是按时空特点将复杂问题划分

动态规划方法

为相互联系的若干个阶段，在选定系统行进方向之后，逆着这个行进方向，从终点向始点计算，逐次对每个阶段寻找某种决策，使整个过程达到最优，故又称为逆序决策过程。

动态规划法通常可按以下五个步骤进行：

（1）划分阶段。按照问题的时间或空间特征，把问题分为若干个阶段。

（2）确定状态。将问题发展到各个阶段时所处的各种客观情况用不同的状态表示出来。

（3）确定决策并写出状态转移方程。因为决策和状态转移有着天然的联系，状态转移就是根据上一阶段的状态和决策来导出本阶段的状态，所以如果确定了决策，状态转移方程也就可以写出。

（4）寻找边界条件。给出的状态转移方程是一个递推式，需要一个递推的终止条件或边界条件。

（5）进行运算。以本项目为例，假设车辆的额定载重量为 G，额定容积为 V，可用于配送 n 种不同的货物，货物的重量分别为 W_1，W_2，$\cdots$，W_n，每一种货物的体积系数分别为 P_1，P_2，$\cdots$，P_n，设 X_k 表示第 k 种货物的装入件数，则装货问题可表示为

$$F_{max}(X) = \sum_{k=1}^{n} P_k X_k \leq V$$

$$\sum_{k=1}^{n} W_k X_K \leq G$$

$$X_k \geq 0 \quad (k=0,1,2,3,\cdots,n)$$

这类问题可以采用运筹学中的动态规划问题的方法来求解，即把每装入一件货物作为一个阶段，把装货问题转化为动态规划问题。动态规划问题求解过程是从最后一个阶段开始，由后向前倒推，由于装货的先后次序不影响最优解，所以求解过程可以从第一阶段开始，由前向后逐步进行。具体步骤如下：

第一步：装入第 1 种货物 X_1 件，其最大体积为

$$F_1(W) = \max P_1 X_1$$

其中，$0 \leq X_1 \leq [G/W_1]$，方括号表示取整数。

第二步：再装入第 2 种货物 X_2 件，其最大价值为

$$F_1(W) = \max\{P_2 X_2 + F_1(W - W_2 X_2)\}$$

其中，$0 \leq X_1 \leq [G/W_2]$，方括号表示取整数。

……

第 n 步：再装入第 n 种货物 X_n 件，其最大价值为

$$F_n(W) = \max\{P_n X_n + F_n - 1(W - W_n X_n)\}$$

其中，$0 \leq X_n \leq [G/W_n]$，方括号表示取整数。

3. 枚举法

枚举法常被称为穷举法，是指从可能的集合中一一枚举各个元素，用题目给定的约束条件判定哪些是无用的，哪些是有用的，能使命题成立者即为问题的解。

采用枚举法解题的基本思路：

枚举法决策

(1) 确定枚举对象、枚举范围和判定条件。
(2) ——枚举可能的解，验证是否是问题的解。

枚举法因为要列举问题的所有可能的答案，所以它具备以下三个特点：

(1) 得到的结果肯定是正确的。
(2) 可能做了很多的无用功，浪费了宝贵的时间，效率低。
(3) 通常会涉及求极值（如最大、最小、最重等）。

例如：求解方程 $x + 2y + 3z = 10$ 的解，其中 x，y，z 为不小于 0 的整数。解决此问题就可以采用枚举法，解决前先要确定 x，y，z 的取值范围，很容易看出 x 取 [0, 10]，y 取 [0, 5]，z 取 [0, 3]，x，y，z 从以上取值范围中分别取值，代入方程，只要结果是 10 就是符合要求的解。很容易看出共有 11×6×4 种取值可能性，因此手工验证比较麻烦，所以采用计算机算法解决比较容易。

1.4 技能训练

载重量为 8 吨的载货汽车，额定容积为 8 m³，运输四种货物，其重量分别为 3 吨、3 吨、4 吨、5 吨，包装后单件体积分别为 3 m³、3 m³、4 m³、5 m³，如何配装才能充分利用货车的运载能力？

一、实训目的

学会利用动态规划法和枚举法进行配装决策，完成上述配装任务。

二、实训材料

电脑。

三、实训步骤

1. 动态规划方法

解：按照动态规划方法，本项目有四种货物，所以需要分成四个阶段进行求解，计算结果如表 7-1 ~ 表 7-4 所示。

动态规划法实施

表 7-1 第一阶段计算表

W	0	1	2	3	4	5	6	7	8
X_1	0	0	0	1	1	1	2	2	2
$F_1(w)$	0	0	0	3	3	3	6	6	6

表 7-2 第二阶段计算表

W	X_2	$W - W_2 X_2$	$P_2 X_2 + F_1(W - W_2 X_2)$	$F_2(W)$
0	0	0	0 + 0	0
1	0	1	0 + 0	0
2	0	2	0 + 0	0

续表

W	X_2	$W-W_2X_2$	$P_2X_2+F_1(W-W_2X_2)$	$F_2(W)$
3	0	3	0+3=3*	3
	1	0	3+0=3*	
4	0	4	0+3=3*	3
	1	1	3+0=3*	
5	0	5	0+3=3*	3
	1	2	3+0=3*	
6	0	6	0+6=6*	6
	1	3	3+3=6*	
	2	0	6+0=6*	
7	0	7	0+6=6*	6
	1	4	3+3=6*	
	2	1	6+0=6*	
8	0	8	0+6=6*	6
	1	5	3+3=6*	
	2	2	6+0=6*	

表7-3 第三阶段计算表

W	X_3	$W-W_3X_3$	$P_3X_3+F_2(W-W_3X_3)$	$F_3(W)$
0	0	0	0+0=0	0
1	0	1	0+0=0	0
2	0	2	0+0=0	0
3	0	3	0+3=3	3
4	0	4	0+3=3	4
	1	0	4+0=4*	
5	0	5	0+3=3	4
	1	1	4+0=4*	
6	0	6	0+6=6*	6
	1	2	4+0=4	
7	0	7	0+6=6	7
	1	3	4+3=7*	
8	0	8	0+6=6	8
	1	4	4+3=7	
	2	0	8+0=8*	

表7-4 第四阶段计算表

W	X_4	$W-W_4X_4$	$P_4X_4+F_3(W-W_4X_4)$	$F_4(W)$
8	0	8	$0+8=8^*$	8
	1	3	$5+3=8^*$	

注：标 * 的数字代表该数字取得了最大的总体积 $F(W)$。

寻找最优方案的次序与计算顺序相反，由第四阶段向第一阶段进行。

在第四阶段计算表中，载重量最大值 $F_4(W)=8$，对应两组数据，其中，一组中 $X_4=0$，另一组中 $X_4=1$。当 $X_4=1$ 时，即第四种物品装入 1 件。表中第 3 列数字表示其余两种货物的载重量。当 $X_4=1$ 时，其他三种货物载重量为 3；按相反方向，在第三阶段计算表中，查 $W=3$ 时得装载重量最大值 $F_3(W)=3$，对应 $X_3=0$，查表中第 3 列数字，当 $W=3$，$X=0$ 时，其余两类货物装入重量为 3；在第二阶段计算表中，查 $W=3$，$F_2(W)=3$，对应两组数据：$X_2=0$，或 $X_2=1$，其余量为 3 或 0，即其他（第一种货物）装入量为 3 或 0；再查第一阶段计算表，当 $W=3$ 时，对应 $X_1=1$；当 $W=0$ 时，$X_1=0$。

因此得到两组最优解：

(1) $X_1=1$，$X_2=0$，$X_3=0$，$X_4=1$。

(2) $X_1=0$，$X_2=1$，$X_3=0$，$X_4=1$。

装载重量为：$F(X)=1\times3+1\times5=8$

如果在第四阶段计算表中取 $X_4=0$，则其余项 $W-W_4X_4=8$；在第三阶段计算表中，查 $W=8$ 一栏，$F_3(W)=8$ 对应 $X_3=2$，因此得到第三组最优解：

(3) $X_1=0$，$X_2=0$，$X_3=2$，$X_4=0$。

装载重量为：$F(X)=2\times4=8$。

这三组解都能够使得装载重量达到汽车的最大载重量（或最大容置）。

2. 枚举法

(1) 确定枚举范围和判定条件。假设四种货物可能装载件数为 X_1，X_2，X_3，X_4。四种货物必须要满足：

① 车辆额定载重量限制，即 $3X_1+3X_2+4X_3+5X_4 \leq 8$。

② 车辆额定体积限制，即 $3X_1+3X_2+4X_3+5X_4 \leq 8$。

由于限定条件一致，所以只用一个就可以，即 $3X_1+3X_2+4X_3+5X_4 \leq 8$。

从该限定条件和实际情况很容易得出 4 种货物装载件数的取值范围，即枚举范围：X_1 取 [0, 2]，X_2 取 [0, 2]，X_3 取 [0, 2]，X_4 取 [0, 1]。

(2) 进行枚举。假设货物总重量为 W_x，总体积为 V_x，根据四种货物的取值范围，同时考虑判定条件可以进行如表 7-5 所示。

枚举法决策实施

表 7-5 进行枚举

X_1	X_2	X_3	X_4	W_x (V_x)
0	0	0	0	0
0	0	0	1	5
0	0	1	0	4
0	0	2	0	8*
0	1	0	0	3
0	1	0	1	8*
0	1	1	0	7
1	0	0	0	3
1	0	0	1	8*
1	0	1	0	7
1	1	0	0	6
2	0	0	0	6

注：标 * 的数字代表该数字取得了最大的总体积 $F(W)$。

（3）选择最优解。本项目的最优解是货物的总重量或总体积最大的，从上表最后一列可以看出，最大值为 8，其相应解为：

$X_1=0$，$X_2=0$，$X_3=2$，$X_4=0$

$X_1=0$，$X_2=1$，$X_3=0$，$X_4=1$

$X_1=1$，$X_2=0$，$X_3=0$，$X_4=1$

这与采用动态规划的结果相同。

3. 合理选用解决方法

本项目中采用动态规划方法不如采用枚举法简单，这主要是因为货品可装载件数的取值范围问题。从本项目的枚举法可以看出货品的可装载件数比较小，需要考虑的枚举备选方案也较小，本项目中共有 3×3×3×2 = 54（种），但实际符合条件的只有以上 12 种，因此枚举法相对简单。但是如果需要枚举的备选方案较大，则采用枚举法就比较困难了，不如采用动态规划方法简单。如果备选方案数量非常大，就不适合采用手工计算方法了，这时大多会采用计算机算法。计算机算法中动态规划方法就比枚举法具有明显的时间优势了。

任务 2　配装作业

2.1　任务导入

模拟装车

配送中心要把项目 3 的任务中所有的有效订单全部装入一个集装箱，请利用 Loadmaster 软件完成集装箱的装箱积载图。

2.2 任务分析

要完成以上有效订单商品的装箱任务,首先,要了解集装箱的基础知识,掌握集装箱货物的装箱特点和要求;其次,要掌握 Loadmaster 软件的操作;最后,完成集装箱货物装箱码货图。

2.3 相关知识

一、集装箱基本概念

集装箱(Container)是指具有一定强度、刚度和规格,专供周转使用的大型装货容器。使用集装箱转运货物可直接在发货人的仓库装货,运到收货人的仓库卸货,中途更换车、船时,无须将货物从箱内取出换装。

为将集装箱箱数统一计算,国际上把长 20 英尺①的集装箱叫做一个标准箱(TEU),外尺寸为 20 英尺×8 英尺×8 英尺 6 英寸②,内容积为 5.69 m×2.13 m×2.18 m,配货毛重为 17.5 吨,体积为 24~26 m³。

二、集装箱装箱注意事项

集装箱装箱注意事项

1. 箱装货的装箱

(1)对于较重的小型木箱,可采用骑缝装载法,使上面的木箱压在下面两木箱的缝隙上,利用上层木箱的重量限制下层木箱的移动,但最上层的木箱必须加固牢靠。

(2)对于重量较大,体积较小的木箱货,如果装载后其四周均有空隙时必须从四周进行支撑固定。

(3)装载完毕后,如果箱门处尚有较大空隙时必须用木板或木条将木箱总体撑牢,防止运输过程中对箱门的冲击。

(4)对于重心高的木箱,除对其底部加以固定外,还须在其上面用木条撑开空隙。

2. 纸箱货的装箱

(1)装箱顺序是先从箱里向外装或从两侧向中间装。

(2)对于小于 300 mm 的装载空隙,在装载时由于可利用上层货物重量相互压紧,可不必进行特别处理,但最上层则需用填塞的方法来消除空隙。

(3)为了不使下层纸箱受压变形,需要在集装箱的中间层进行衬垫。

(4)装载小型纸箱货时,为防止倒塌,可采用纵横交错的堆装法。

3. 捆包货的装箱

(1)捆包货因重量与体积较大,在装箱时一般采用机械作业。

---

① 1 英尺 = 0.304 8 米。
② 1 英寸 = 0.025 4 米。

（2）捆包货装载时，一般需要用木板对货物进行衬垫，以防止箱底的潮湿对货物产生不利影响。

（3）对于鼓腹型的捆包货，应在箱门处用方木条做成栅栏，用以保护箱门。

4. 袋装货的装箱

（1）对于装砂糖、水泥的纸袋，装粮谷的麻袋，装粉货的布袋等货物，在装箱前箱内应敷设聚氯乙烯薄膜或帆布，防止发生破袋后漏出的货物污损集装箱。

（2）为了防止袋装货因箱顶漏水受潮，应在货物上面进行必要的防水遮盖。

（3）为防止袋与袋之间的滑动，可在袋装货中间插入衬垫板和防滑粗纸。

5. 鼓桶类货物的装箱

装载时要将盖朝上进行堆装，堆装时要加入衬垫以求负荷均匀和鼓桶稳定。对于上层的鼓桶可用绳索将其捆绑在一起，防止发生滚动。

6. 滚筒货和卷盘货的装箱

（1）滚筒货通常要竖装，在侧壁和端壁上要铺设胶合板使其增强受力的能力。装载时从箱端开始，要堆装紧密。货物之间如有空隙，应采用柔软的衬垫等填塞。

（2）卷盘货在水平装载时，要铺满整个箱底。为防止运输中因摇摆产生对箱体四壁的冲撞，必须用若干个坚固的空心木座插在货物和端壁之间，牢固地靠在侧壁中。

7. 长件货的装箱

长件货装箱时对端壁和箱门要特别注意防护，对集装箱两端一定要加以衬垫，货物与集装箱有空隙必须支撑、塞紧。

8. 托盘货的装箱

托盘货主要指纤维板、胶合板、玻璃板、木制和钢制的门框等。这些货物装箱时一般选用开顶式集装箱装载。用集装箱装载托盘货其货物本身要用钢带、布带或收缩性的塑料等固定。

2.4 技能训练

利用 Loadmaster 软件绘制装箱码货图，并在实训室完成货物装箱作业。

一、利用 Loadmaster 软件绘制装箱码货图

1. 实训目的

利用 Loadmaster 软件绘制装箱码货图。

2. 实训材料

能够上网的机房、电脑。

3. 实训步骤

（1）熟悉装箱货物特性，熟悉集装箱装箱要求。

（2）利用网络下载 Loadmaster 软件，并熟悉该软件的使用。

（3）把全班同学每 5 人分成 1 个小组，以小组为单位利用软件分别完成每一份有效订单货物装箱积载图的绘制。

（4）各小组由代表陈述观点，上报码货图，最后形成一份书面报告。

（5）绘制装箱码货图，如图 7 - 1 所示（集装箱为 20 英尺的标准集装箱）。

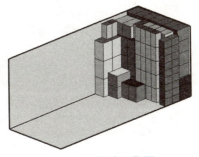

图 7-1 装箱码货图

二、车辆装箱作业

1. 实训目的

掌握货物装车作业的要求和货物装车先后顺序的确定方法,能够绘制车辆积载图,并完成装车作业。

2. 实训材料

一定规格和数量的包装箱,真实的货车或模拟车,单据,米尺或卷尺等。

接前面的任务,完成所有有效订单客户的商品同车发货的车辆积载图,并完成装车作业。

3. 实训步骤

(1) 了解客户订单的基本特点,得知有效客户订单紧急程度相同,可以考虑同车配装。

(2) 用米尺等工具测量并计算三家客户货物的体积和重量,选择车型。

(3) 把全班同学以 5 人为宜分成小组,以小组为单位讨论如何完成有效客户的货物装箱作业。按照先送后装的顺序设计如何完成装车。

(4) 能够绘制货物车辆积载图。

(5) 各组按照货物车辆积载图完成实际的装箱作业实训。练习商品装箱作业操作及其注意事项。

(6) 形成实训总结,教师点评。

同步测试

1. 简述车辆配装理货的注意事项。
2. 简述集装箱装箱的注意事项。

案例分析

额定吨位 20 吨,容积 20 m^3 的厢式货车,需要装载两种货物,重量分别是 3 吨、4 吨,体积分别是 4 m^3、3 m^3,如何配装才能充分利用车辆的运载能力,使车辆的最大运载能力能达到车辆体积的 90%?

项目 8
送达作业

- 项目介绍

送达作业是配送业务的最后一个环节。送达作业是指利用配送车辆在规定的时间内把客户订购的商品从配送中心送到客户手中的作业过程。送达作业的流程一般是划分基本配送区域，车辆配载，暂定配送先后顺序，车辆安排，选择配送线路，确定最终的配送顺序，完成车辆积载、运送，送达服务与交割，费用结算。

- 知识目标
1. 掌握送达作业的基本流程，熟悉影响送达作业质量的因素；
2. 掌握提高送达效率的措施；
3. 掌握送货单的缮制与填写方法。

- 技能目标
1. 能够组织完成送货作业；
2. 能够完成送货作业中问题的处理；
3. 能够正确填写送货单。

- 素质目标

养成全面分析问题的能力。

任务 1　送达作业

1.1　任务导入

送达作业

送达作业是配送业务的最后一个环节，如何合理地进行送达作业，关系到配送作业的成败。那么如何进行送达作业呢？送达作业中有哪些注意事项？本任务将解决这些问题。

1.2　任务分析

要完成送达作业需要先了解送达作业的基本知识，掌握送达作业的基本流程，了解送达作业质量的要素。

1.3 相关知识

一、送达作业的流程及要素

1. 送达作业的流程

所谓送达作业,是指按照客户订单的要求把货物从配送中心按时送达客户指定地点的物流活动。

图8-1所示为送达作业的作业流程。

送达作业的流程

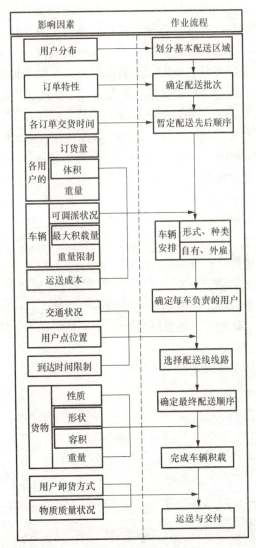

图8-1 送达作业流程

2. 送达作业的要素

(1)划分基本配送区域。为使整个配送有一个可循的基本依据,应首先对客户所在地的具体位置进行系统统计,并将其作业区域进行整体划分,使每一客户囊括在不同的基本配送区域之中,作为下一步决策的基本参考。例如,按行政区域划分或按交通条件划分后,再根据实际情况进行弹性调整。

(2) 确定配送批次。当配送中心的货品差异很大,有必要分开配送时,可以根据货品的特性分批配送,如普通商品与鲜活易腐商品应分开配送、普通商品与危险品应分开配送等。

(3) 暂定配送先后顺序。配送过程中应该根据客户订单的送达时间要求确定初步的配送顺序,为下面的积载做好初步打算。

(4) 车辆安排。配送中心应该安排什么类型的车辆,安排多少,是使用自有车辆,还是外雇车辆?关于这些问题,需要从客户和配送中心双方的角度考虑。首先从客户来说,要考虑客户商品的特性、数量、体积、重量,对车辆的要求,客户卸货点的装载要求等。然后从配送中心来说,要考虑配送中心的现有车辆是否能够满足客户的要求,即使能够充分满足客户的要求,那么使用自有车辆和外雇车辆的成本还要进行比较,保证最大限度上满足客户的要求,还要尽量降低配送中心的成本。

(5) 确定每车负责的用户。做好配送车辆的安排以后,接下来就要考虑车辆的载重量、车型、体积,还要考虑配送路线,为每个客户确定合适的配送车辆。

(6) 选择配送线路。确定了每辆车负责配送的具体客户后,如何以最快的速度完成对货物的配送,即如何选择配送线路短、配送时间短、配送成本低的线路,则需要考虑客户的具体位置、交通状况等。当然,还要考虑客户的具体要求、客户的接货时间、是否交通管制、对车辆有无具体要求等,综合考虑配送线路。

(7) 确定最终配送顺序。做好车辆安排及选择好配送路线之后,依据各车负责配送客户的先后,即可确定最终的配送顺序。

(8) 完成车辆积载。在确定配送顺序后,即可进行货物装车,以什么次序装车,即车辆积载问题。原则上,装车的原则是先送后装,后送先装,但是也要考虑货物的具体特性,货品的重量、体积等,既保证货物万无一失和安全运输,又能最大程度上利用车辆的载重能力和容积。

一般情况下,货物装车可以遵循如下原则:

①轻重搭配的原则。

②大小搭配的原则。

③性质相似的原则。

④到达同一地点的货物尽量一次积载的原则。

⑤确定合理的堆码层次及方法的原则。

⑥不允许超载,装载货物质量分布均匀的原则。

⑦防止货物碰撞、玷污的原则。

(9) 运送与交付。根据运送计划在规定时间内把货物送达指定客户手中,在运送过程中,要注意加强运输车辆的考核与管理。当货物送达客户指定接收地点后,配送中心送达人员应协助客户卸货下车,并放到指定位置,并与收货人员一起清点货物,做好送达完成确认工作,并要求客户在送达单上签字。如果有退货、调货的要求,则应将退货、调货随车带回,并填写相应的退货单。对于"货到付款"的货物,送达人

运输计划的编制

员应先向客户核收运付运费后再交付货物。如果客户要求开箱验货应向其解释运输条款中有关"以外包装完好为交付条件"的规定，请客户先在运单上标注"包装完好、货票相符"，再开箱查验。若货物破损，客户拒收货物，可拉回公司处理；客户愿意收货的，在办理完交付手续后，由送达人员向客户出具"破损记录"，请客户签字后带回公司处理。

（10）费用结算。配送部门的车辆按指定的计划送达客户完成配送工作后，即可通知财务部门进行费用结算，完成此次配送工作。

3. 影响送达作业好坏的因素

（1）送达人员的工作熟练程度和责任心。

（2）运送过程中对货品的保护程度。

（3）送达人员对于配送客户及送达地点的熟悉程度。

二、提高送达作业效率的措施

1. 送达管理的重要性

配送作业管理的困难在于可变因素太多，且很多因素往往相互影响，因而很容易遇到下述问题：

（1）从接收订货到出货非常费时，很多因素难以控制。

（2）配送计划难以制定。

（3）受客户因素、货物因素、交通因素等的影响，配送路线的选择不顺利或不是最优选择。

（4）装卸货时间太长，影响配送时间，配送效率低。

（5）无法按照客户的要求准时交货。

（6）配送业务的评价指标不明确。

（7）送达人员，特别是驾驶员的自身素质、工作状态等影响送达质量。

（8）货物配送、运输过程中的损毁与遗失。

（9）送达费用过高，提高了配送成本，影响配送中心的运营成本。

送达管理的重要性

2. 送达服务要求

送达服务的要求包括以下五个方面。

（1）时效性。时效是客户最重视的因素，因此对配送中心来说，一定要保证在指定的时间内把货物送达客户手中。由于配送是从客户下达订单到送达客户手中的最后一环，一旦在整个物流环节中延误就很难弥补，因此制定良好的配送计划是保证时效的关键。

（2）可靠性。要将物品完好无缺地送达客户手中，需要配送人员高度的责任心和职业素养。这取决于配送人员对于物品的熟悉程度、装货时的细心程度、运输过程中对客户和环境的熟悉程度等。

（3）沟通性。配送人员是直接把货物送达客户手中的人员，配送人员表现出来的态度会给客户留下深刻的印象。因而配送人员要做到与客户的及时沟通，并以良好的服务态度来维护公司的形象，提高客户对公司的忠诚度。

（4）便利性。配送最重要的是要让顾客感觉方便，因而提供客户满意的各种服务

送达服务的要求

是提高客户忠诚度的关键，因此可以开展紧急配送、顺道退货、资源回收等便利活动。

（5）经济性。经济性是配送中心和客户都关注的关键要素，因此要采取合理的措施保证客户满意的同时能够尽量做到成本最低，提高顾客的满意程度。

3. 提高送达效率的措施

为提高送达效率，可采取的措施包括以下五种：

（1）消除交错送达，利用配送中心提高配送效率。如原来工厂到客户的配送变为工厂到配送中心再到客户的配送模式，减少配送次数，提高配送效率。

（2）开展直配、直达。客户可以通过信息网络下订单，配送中心直接向客户送达，减少了依靠中间环节的配送模式，减少了配送路线，降低了存货量，提高了配送效率。

（3）采用标准的包装器具。采用标准的包装器具，如标准托盘等，可以提高装卸搬运效率，降低配送成本，提高送达效率。

（4）建立完善的信息系统。利用完善的信息系统，可以根据货物的送达时间、商品特性、配送中心的车辆情况、顾客要求等制定合理的配送计划，提高送达效率。

（5）均衡配送系统的日配送量。通过与客户的沟通，保持客户配送货物数量的均衡性，可以提高送达效率。

三、送货单的缮制与正确填写

送货单的一般格式如表 8-1 所示。

表 8-1　送货单

送货单号码：

司机姓名：				送货客户：						
封条号码：				送货日期：						
车牌号码：				出货员：						
出货地点：				收货地点：						
序号	商品编码	商品名称	条形码	规格	单位	发货数量/箱		实收数量/箱		备注
						总数	散货	总数	散货	
			合计							
配送中心经理：					客户收货人：					
					收货时间：					

[资料来源：姚城．物流配送中心规划与运作管理．广州：广东经济出版社，2004．]

1.4 技能训练

送达作业实训。

一、实训目的

通过实训,明确送达作业的流程,正确填写送货单。

二、实训材料

电话、可以上网的电脑、送货单。

三、实训步骤

(1) 将学生分为 5 组,1 组扮演配送中心,其他 4 组分别扮演 4 个客户,配送中心分别向 4 位客户进行配送,考虑要想顺利送货和接货的注意事项。表 8-2~表 8-5 分别是四家超市的订单。

表 8-2 福乐多超市采购订单　　订购时间:2018 年 4 月 13 日

序号	商品名称	单价/元	订购数量/箱	金额/元	备注
1	好多多拼图	240	7	1 680	
2	正航 1 500 g 饼干	260	11	2 860	
3	娃哈哈非常饮料	110	6	660	
4	贝帝妙厨妙脆角(大)	420	8	3 360	
	合计	—	32	8 560	

表 8-3 中百超市采购订单　　订购时间:2018 年 4 月 13 日

序号	商品名称	单价/元	订购数量/箱	金额/元	备注
1	贝帝妙厨妙脆角(大)	420	12	5 040	
2	好多多拼图	240	9	2 160	
3	正航 1 500 g 饼干	260	8	2 080	
	合计	—	29	9 280	

表 8-4 佳乐家福东店采购订单　　订购时间:2018 年 4 月 13 日

序号	商品名称	单价/元	订购数量/箱	金额/元	备注
1	达利蛋黄派	180	24	4 320	
2	好多多拼图	240	10	2 400	
3	贝帝妙厨妙脆角(大)	420	8	3 360	
4	正航 1 500 g 饼干	260	8	2 080	
	合计	—	50	12 160	

订购时间：2018 年 4 月 13 日

表 8-5　乐福家超市采购订单

序号	商品名称	单价/元	订购数量/箱	金额/元	备注
1	正航 1 500 g 饼干	260	6	1 560	
2	贝帝妙厨妙脆角（大）	420	9	3 780	
3	好多多拼图	240	4	960	
	合计	—	19	6 300	

（2）每组扮演结束后，分别总结配送中心送货和客户接货需要的流程及其注意事项，并进行总结。

（3）每组填写送货单，并讨论如果货物出现破损或遗失等情况下，送货单应该如何填写。

同步测试

1. 送达服务的要求包括时效性、_____、_____、_____、经济性。
2. 简述送达作业的流程。
3. 简述提高送达效率的措施。

案例分析

百胜物流公司是肯德基、必胜客等的配送物流提供商，百胜物流公司在送达环节方面采取了以下策略：

1. 合理安排运输流程

由于连锁餐饮业餐厅的进货时间是事先约定好的，这就需要配送中心根据餐厅的需要，制作一个类似列车时刻表的主班表，此表是针对连锁餐饮业餐厅的进货时间和路线详细规划制定的。餐厅的销售存在着季节性波动，因此主班表至少有旺季、淡季两套方案。在主班表确定后，就进入每日运输排程，也就是每天审视各条线路的实际货量，根据实际货量对配送线路进行调整，通过对所有线路逐一进行安排，可以减少某些路线的行驶里程，最终提高车辆利用率。

2. 目前城市的交通管制越来越严，卡车只能在夜间时间进入市区

由于连锁餐厅运作时间一般到夜间 24 点结束，如果赶在餐厅下班前送达，车辆的利用率势必非常有限。随之而来的解决办法就是利用餐厅的歇业时间送达。歇业时间送达避开了城市交通高峰时间，既没有顾客的打扰，也没有餐厅的打扰。由于餐厅一般处在繁华阶段，夜间停车也不像白天停车那样有顾忌，可以有充裕的时间进行配送。由于送达窗口拓宽到了下半夜，使卡车可以二次出发，提高了车辆利用率。当然，餐厅歇业时间送达一定要注意安全问题。卡车送达到餐厅，餐厅若没有人员留守收货，一旦发生差错很难分清责任方，因此双方诚信是妥善处理纠纷的关键。

根据以上案例，回答问题：

（1）百胜物流公司的送达管理有哪些策略？

（2）结合实际谈谈如何提高送达效率。

项目 9

退货作业

- **项目介绍**

退货作业是指在完成物流配送活动中,由于配送方或用户方关于配送物品的有关影响因素存在异议而进行的物流活动。该作业首先要分析退货产生的原因,掌握退货处理的流程,明确退货处理的政策。

- **知识目标**
1. 掌握退货产生的原因;
2. 理解退货管理的意义;
3. 掌握退货管理的流程;
4. 理解退货管理的政策。

- **技能目标**
1. 能够分析退货产生的原因;
2. 能够设计退货管理的流程;
3. 能够妥善处理客户退货;
4. 能够正确填写退货单。

- **素质目标**

培养分析问题、处理问题的能力。

任务 1　退货作业

1.1　任务导入

退货作业是配送中心工作的最后一环,是配送中心最主要的逆向物流,直接影响配送中心和供应商的物流成本和经营效益,也是管理中的薄弱环节,相当耗费人力。正确处理退货作业影响到客户的忠诚度和配送中心的成本控制,那么如何控制退货?面对退货该如何处理?又该采取什么样的措施呢?本任务将解决这些问题。

1.2　任务分析

要完成退货作业就必须了解退货作业产生的原因、退货管理的意义、退货作业的流程、退货政策、退货单的填写。

1.3 相关知识

一、退货产生的原因

退货产生的原因

配送中心在配送过程中，当遇到交货中或交付后，由于货物包装破损、质量状况、保质期问题、配送商品与订购商品数量、质量不符等情况时，会产生退货，退货会对配送中心造成不良影响，增加配送中心的成本，降低顾客的信誉度和忠诚度，因此在接到退货时应认真分析原因，妥善处理退货问题。

1. 协议退货

与供应商订有特别协议的季节性商品、代销商品等，如烟花、爆竹等，节后一般会退回剩余货品。

2. 有质量问题的退货

如商品新鲜度不高、商品过期、包装严重破损等，接收单位一般要求退货。

3. 搬运过程中造成的退货

由于包装不良，货物在搬运中受到剧烈振动，造成产品损坏或包装污损的商品，配送中心将予以退回。

4. 商品送错退回

配送商品与订单商品不符，包括包装、数量、质量等方面的问题，都会造成退货。

5. 滞销退货

销售终端的滞销商品一般也会送回配送中心。一种商品是由于已过保质期无法正常销售；另一种商品是包装后还能重新进入流通市场的货品。

二、退货的种类

退货的种类

（1）门店退配送中心。
（2）门店直接向供应商退货。
（3）配送中心向供应商退货。

三、退货管理的意义

1. 退货对配送中心的影响

退货对配送中心最直接的影响就是增加了大量的退货，造成货品积压，增加了配送中心的退货成本，影响了配送中心的正常运转，降低了顾客的忠诚度和信誉度。

2. 退货管理的意义

对退货进行合理的退货管理，制定良好的退货政策，降低退货成本，提高客户的服务水平。同时通过政策的制定，对退货进行严格的检验，避免不必要的退货产生，增加过多的退货成本；同时通过对退货产品的管理，发现产品生产和配送管理过程中的问题，不断改进产品质量和服务水平；同时对不同退货采取不同的处理方式，尽量减少退货；最后，还应积极重新利用退货产品，对于包装问题造成的退货，重新包装，对于质量问题造成的退货，如果质量没有问题，可以重新进入流通市场，降低退货积压，增加流通效率。做好商品的退货工作可以建立良好的企业形象，通过及时进行退货管理，可保证广大客户的利益，提高自身的亲和力，建立良好的企业形象。做好商品退货管理工作还可以提高资源的利用率。

四、退货作业流程

退货作业流程如图 9-1 所示。

退货作业流程

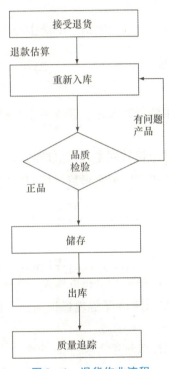

图 9-1　退货作业流程

退货作业流程包括以下四个环节。

（1）客户退货时填写"退货申请单"，客户服务部门就退货问题与客户进行沟通，确认退货原因，开具"退货单"，作为客户退货、财务结算、运输交接、仓库接受退货等的依据。

（2）仓库在收到客户退货时，应根据"退货单"尽快清点，如有异议应以书面形式提出。

（3）仓库应将退入仓库的货品，按其退货原因，分别存放、标识。对属供应商造成的不合格品应与采购部门联系，催促供应商提回。对属于配送中心造成的原因，如能修复则修复后重新包装进入流通环节，如不能修复及时汇总上报进行处理。

（4）登记入账。对于已发货品和退回的货品，要及时登记入账，并向各部门及时报送材料。

五、退货处理方法

退货处理方法

1. 无条件重新发货

对于因为配送中心发货错误造成的退货,应该由配送中心重新调整后发货,中间造成的费用应该由配送中心承担。

2. 运输单位赔偿

对于运输单位造成的退货,如果运输单位是配送中心内部部门,由内部按照相应政策处理;如果运输单位是外包人员,则要运输单位承担所有损失。

3. 收取费用,重新发货

对于客户原因造成的退货,如客户申请,配送中心可以重新发货,但产生的费用应该由客户承担。

六、退货处理政策

退货处理政策

(1)配送中心应该制定退货处理规定,建立一定的程序对退货进行处理、检查等事项。

(2)高层管理部门和人员应该共同参与回收产品的一切活动。

(3)配送中心应该选派人员专门负责退货事件的处理,专人管理,更好地应对退货事项。

(4)配送中心应制定一些预防措施。一旦发生退货事件造成法律诉讼事件,则应积极应对,降低损失。

(5)一旦退货,应该立即重新发货,减少客户抱怨,降低不良损失。

(6)立即修改会计账目,以免收款或付款错误,造成不必要的麻烦。

(7)如果有保险公司理赔,应该保留现场证据,立刻通知保险公司,尽量减少损失。

(8)分析退货原因,为以后改进留下参考。

七、退货处理原则

退货处理原则

1. 责任原则

商品发生退换货问题,首先要明确产生问题的责任方是谁,是配送中心配送产生的问题,还是客户使用产生的问题。

2. 费用原则

退换货的商品在退货过程中会耗费一定的人力、物力、财力,因此除非是配送中心的原因造成费用由配送中心承担,其他由于客户的原因造成的退货费用应该由客户承担。

3. 条件原则

为了更好地做好退货管理,配送中心应该决定接受哪种程度的退货,或者在何种情况下接受退货,并要有时间规定,如"七天内退换货"等。

4. 凭证原则

配送中心应规定客户凭何种凭证作为退换货商品的证明,并说明该凭证得以有效使用的方法。

5. 计价原则

退换货的计价原则与购物价格不同。配送中心应对退换货的作价方法进行说明，通常是按客户购进价与现行价的最低价进行结算。

八、商品退货的清点

1. 数量清点

退货数量的清点一般采取"先卸后验"的办法进行数量清点。注意清点商品的细数，货品有无损伤等。

2. 质量检验

对于退回的商品可以首先进行初检，如在验收流质商品时，检查包装外表有无污渍，若有污渍，开箱检查；在验收香水、花露水等商品时，可以闻一闻，判断商品气味是否正常；在验收针织品等怕湿物品时，可检查外包装是否有水渍；注意商品的出厂日期和有效期；在验收易碎商品时，摇动一下，若听到破碎声音，应开箱检查，明确责任。商品初检后，可以再通过物理、化学、微生物检验等办法进一步明确商品的质量。

3. 包装检验

包装检验主要是检验商品的内外包装是否完好、标识是否清晰、条码是否清楚等。

九、商品退货的会计流程

商品退货的会计流程如图9-2所示。

商品退货的
会计流程

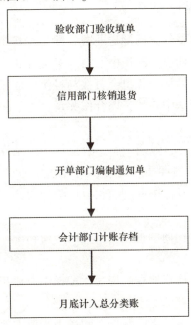

图9-2 商品退货的会计流程

1. 验收部门验收填单

客户退回货品后,销售部门将"销货退回单"送至配送中心的品质检验部门,验收部门据此将进行退回商品的数量和质量清点验收,填制验收单两联,第二联验收单号码顺序存档,第一联送交信用部门核销退回。

2. 信用部门核销退货

信用部门收到验收单后,根据验收部门的报告核准销货退回,并在验收单上签名,以示负责;同时将核准后的验收单送至开单部门。

3. 开单部门编制通知单

开单部门接到信用部门转来的验收单后,编制"贷项通知单"(贷项通知单的内容主要包括货品编号、货品名称、货品规格型号、货主编号、货主名称、数量、单位、单价及金额等信息)一式三份,第一联连同核准后的验收单送至财务会计部门,编制应收账款明细账,贷记应收账款;第二联送达客户,通知客户销货退回已核准并记入账册;第三联依"贷项通知单"号码顺序存档。

4. 会计部门计账存档

配送中心的财务会计部门,在收到开单部门转来的"贷项通知单"第一联及已核准的验收单后,经核对正确无误,于"应收账款明细账"中贷入客户明细,于"存贷明细账"中贷入退货数量,以保证"应收账款余额"和"存款余额"正确无误,并将贷项通知单及核准后验收单存档。

5. 月底计入总分类账

为了加强退换货的账目管理,配送中心财务部门每月月底记录总账的人员都要从开单部门取出存档的贷项通知单,核对其编号顺序无误后,加总一笔过入总分类账。

十、经销商的理赔退返管理

经销商的理赔退返管理

对于配送中心而言,数量较大的配送业务一般是配送中心直接面对客户,但是对于每次配送数量较少的客户而言,配送中心会与各类经销商联系,由经销商代为向客户进行配送,同样客户的退换货业务也会直接与经销商联系,如何才能很好地保障经销商利益,维护经销商和配送中心的长期合作关系,对于配送中心来说至关重要。

1. 理赔费用

对于易发生退换货的商品,配送中心一般会给予经销商不同额度的理赔费用和赔偿金,这主要取决于经销商的性质、规模、与配送中心的长期合作关系,商品的性质、数量、风险状况等。一般合作程度越长、风险越大的经销商,理赔费用越高。

2. 理赔原则

(1)及时原则。针对经销商的退换货要及时了解情况,分析原因,及时处理,争取客户满意。

(2)效益原则。针对退换货造成的损失,配送中心要积极寻找解决对策,争取最大程度降低双方的损失。

(3)关系原则。在处理退换货问题上,配送中心要本着合作至上的原则,注意维护双方的合作关系。

3. 退赔处理

对于经销商退回的商品，如果属于维修期内，免费维修；超出维修期，收取零件费用和维修费用；如果属于经销商的原因造成的损失，由经销商承担；如果商品无法修复，则要对商品按照流程进行退货。

4. 定期结算理赔费用

根据退赔商品的数量、品种、期限对经销商进行定期理赔费用结算，维护与经销商的长期合作关系。

十一、退货单的缮制与填写

退货单的一般格式如表 9-1 所示。

表 9-1　退货单

品名	物品编号	退货量	实收量	退货原因			
				不适用	品质差	订单取消	其他
备注							

登账：　　　　　　点收：　　　　　　主管：　　　　　　退货人：

1.4　技能训练

退货作业流程训练。

一、实训目的

掌握退货作业流程，熟悉退货作业。

二、实训材料

电话、传真机（或复印机）、可以上网的电脑。

三、实训步骤

（1）将学生分为 5 组，1 组扮演配送中心，其他 4 组分别扮演 4 个客户，配送中心分别向 4 位客户进行配送，配送中出现以下退换货情况，如表 9-2～表 9-5 所示。

表 9-2　福乐多超市送货单　　　　　送货时间：2018 年 4 月 13 日

序号	商品名称	单价/元	订购数量/箱	金额/元	备注
1	好多多拼图	240	7	1 680	正航 1 500 g 饼干损坏 2 箱
2	正航 1 500 g 饼干	260	11	2 860	
3	娃哈哈非常饮料	110	6	660	
4	贝帝妙厨妙脆角（大）	420	8	3 360	
	合计	—	32	8 560	

表 9-3　中百超市送货单　　　　　　　　　送货时间：2018 年 4 月 13 日

序号	商品名称	单价/元	订购数量/箱	金额/元	备注
1	贝帝妙厨妙脆角（大）	420	12	5 040	好多多拼图送货10箱，实际订购9箱
2	好多多拼图	240	9	2 160	
3	正航 1 500 g 饼干	260	8	2 080	
	合计	—	29	9 280	

表 9-4　佳乐家福东店采购订单　　　　　　　送货时间：2018 年 4 月 13 日

序号	商品名称	单价/元	订购数量/箱	金额/元	备注
1	达利蛋黄派	180	24	4 320	达利蛋黄派送货型号不符
2	好多多拼图	240	10	2 400	
3	贝帝妙厨妙脆角（大）	420	8	3 360	
4	正航 1 500 g 饼干	260	8	2 080	
	合计	—	50	12 160	

表 9-5　乐福家超市采购订单　　　　　　　订购时间：2018 年 4 月 13 日

序号	商品名称	单价/元	订购数量/箱	金额/元	备注
1	正航 1 500 g 饼干	260	6	1 560	贝帝妙厨妙脆角（大）3箱超保质期
2	贝帝妙厨妙脆角（大）	420	9	3 780	
3	好多多拼图	240	4	960	
	合计	—	19	6 300	

（2）分组扮演配送中心和客户处理退货情况。
（3）完成以后两组互换角色。
（4）讨论退货流程及其注意事项，并最后形成一份书面报告。

同步测试

1. 退货产生的原因：协议退货、_____、_____、_____、滞销退货等。
2. 退货处理原则有责任原则、_____、_____、_____、计价原则。
3. 商品退货清点的内容有_____。
   A. 商品数量　　　B. 商品质量　　　C. 商品包装　　　D. 商品细数
4. 简述退货作业的流程。
5. 在退货问题上怎样处理好与经销商的关系？

案例分析

A公司规定只有由本公司出售并具有经签字准许退货证明的商品才能接受退货。除了由于本公司原因造成的退货,其他退货至少要加收15%的退货费用,用于弥补配送中心造成的损失。如果退货是由于A公司造成的,那么费用由A公司承担。退货总是按照原批发价和现行价就低的原则进行计价结算。申请退货必须在开出发票日两月之内提出。

(1) A公司的规定使用了哪些退货原则?
(2) A公司接受退货的商品有哪些?

项目 10
配送成本与绩效分析

- 项目介绍

每一项物流业务都要做成本与绩效的分析和核算,成本的分析能够帮助企业发现其成本来源,并有助于降低成本;绩效分析能够帮助企业分析各个作业环节的效率,从而为企业改进作业模式、提高企业作业效率提供依据。

- 知识目标

1. 掌握配送成本的控制方法和策略,了解配送成本的构成和特征;
2. 掌握配送绩效评价的指标体系核算方法。

- 技能目标

1. 能够对配送成本进行分析,找出影响因素和降低途径;
2. 能够对配送作业绩效进行评价。

- 素质目标

养成以成本和绩效考核评价配送作业任务的习惯。

任务 1　配送成本分析

连锁配送的缺货成本核算

1.1　任务导入

核算本项目配送作业中所产生的所有成本,并分析配送成本产生的原因,提出降低配送成本的方法。

1.2　任务分析

要完成本任务首先要分析本任务中涉及了哪些配送成本,这些成本产生的原因有哪些,成本的控制方法有哪些。

1.3　相关知识

一、配送成本的概念及特征

1. 配送成本的概念

配送成本是指在配送活动的备货、储存、分拣、配货、配装、送货等环节所发生的各项费用的总和,是配送过程中所消耗的各种活劳动和物化劳动的货币表现。配送过程中所发生的包装、装卸搬运、储存、流通加工等各个活动中的费用都计作配送成本。

2. 配送成本的特征

（1）**配送成本与服务水平密切相关**。在一定范围内,配送成本与服务水平呈正相关,即配送成本越高,服务水平也越高；配送成本越低,服务水平也越低。

配送的目的是以尽可能低的配送成本来实现较高的配送服务。配送服务与服务成本之间存在以下关系：

配送成本的特征

①配送服务不变,降低成本。如以合理的车辆配载、合理的配送路线来降低配送的成本等。

②成本不变,提高服务水平。如人工费不变、水电等公益费不变,提高服务水平。

③配送服务水平和成本均提高。

④成本降低,服务水平提高。如配送模式重建（如共同配送）、配送中心直接从供应商采购配送等。

（2）**配送成本的隐蔽性**。有人把物流成本比作冰山的一角,就是因为物流费用只有一小部分被我们发现,有很多还没有被意识到,如配送成本中的备货费用、人工费用等归入销售费用和管理费用而没有配送费用栏,存在隐蔽性。

（3）**配送成本的二律背反**。二律背反是指对于同一资源的两个方面处于互相矛盾的关系中,想要较多地满足其中一个方面,必然使另一个方面的目的受到损失。如尽量减少库存节点,从而使配送距离变化,运输费用增大；减少库存,从而增加补货频率,运输次数增加；包装高档,费用增大,而破损减少。

（4）**配送成本削减的乘法效应**。假设配送成本占销售额的10%,销售利润为1%。如配送成本为100元,而销售额为1 000元,如配送成本降低1元,则可增加1元的利润,相当于销售额增加了100元。即配送成本降为99元,就可获得销售额提升为1 100元相同的利润。

（5）**专业设备的无通用性**。当设备不具有通用性时,成本会增加。比如,当国际运输中采用托盘,而托盘没有采用统一标准,则在运输过程中会很不方便,会增加搬运、装卸、包装等费用。

二、配送成本的构成

配送成本包括配送运输费用、分拣费用、配装费用及流通加工费用等。

1. 配送运输费用

配送运输费用主要包括在配送运输过程中发生的车辆费用和营运间接费用,可分为直接费用和间接费用。

配送成本的构成

（1）**直接费用**。直接费用包括工资、职工福利费、燃料费、轮胎费、修理费、大修费、折旧费、车船使用税费、行车事故损失费及其他费用。

（2）**间接费用**。间接费用包括管理人员的工资及福利费,配送运输部门为组织运输生产活动所发生的管理费用及业务费用,配送运输部门使用固定资产的折旧费、修理的费用，其他费用。

2. 分拣费用

分拣费用主要包括在配送分拣过程中发生的分拣人工费用及分拣设备费用，可分为直接费用和间接费用。

（1）直接费用。直接费用主要包括工资、职工福利费、修理费、折旧费和其他费用。

（2）间接费用。间接费用是指配送分拣管理部门为管理和组织分拣生产，需要由分拣成本负担的各项管理费用和业务费用。

3. 配装费用

配装费用主要包括配装环节发生的材料费用、人工费用等，可分为直接费用和间接费用。

（1）直接费用。直接费用主要包括工资、职工福利费、材料费、辅助材料费和其他费用。

（2）间接费用。间接费用指配装管理部门为管理和组织配装生产所发生的各项费用，需要由配装成本负担的各项管理费用和业务费用。

4. 流通加工费用

流通加工费用主要包括流通加工环节发生的设备使用费用、折旧费、材料费和人工搬运费用及其他一些费用。

三、配送成本的影响因素

配送成本是各种作业活动的费用总和，它的大小主要与下面五个因素有关。

1. 时间

配送时间持续的后果是占用了配送中心，耗用了配送中心的固定成本。而这种成本往往表现为机会成本，使得配送中心不能提供其他配送服务获得收入或在其他配送服务上增加成本。

2. 距离

距离是构成配送运输成本的主要内容。距离越远，也就意味着运输成本增高，同时造成运输设备增加、送货员增加等。

3. 配送物的数量和重量

数量和重量的增加虽说会使配送作业量增大，但大批量的作业往往使配送效率提高，同时配送的数量和重量是委托人获得价格折扣的理由。

4. 货物种类及作业过程

不同种类的货物配送难度不同，对配送作业要求不同，承担的责任也不一样，因而对成本会产生较大幅度的影响。采用原包装配送的成本支出显然要比配装配送要低，因而不同的配送作业过程，直接影响配送成本。

5. 外部成本

配送经营时或需要使用到配送企业以外的资源，比如，当地的起吊设备租赁市场具有垄断性，则配送企业就需要租用起吊设备从而增加成本支出。如当地的路桥普遍收费且无管制，则必然使配送成本居高不下。

四、配送成本的控制

1. 配送成本控制方法

进行配送成本核算的最终目的是实现对配送成本的控制,一般来说,配送成本的控制应从以下五方面进行:

配送成本的控制方法

(1) 加强配送的计划性。在配送活动中临时配送、紧急配送或无计划的随时配送都会大幅增加配送成本。为了加强配送的计划性需要建立客户的配送申报制度。在实际工作中,应针对商品的特性制定不同的配送申请和配送制度。

(2) 确定合理的配送路线。确定配送路线的方法很多,既可采用方案评价法,拟定多种方案,以使用的车辆数、司机数、油量、行车的难易度、装卸车的难易度及送货的准时性等作为评价指标,对各个方案进行比较,从中选出最佳方案;又可以采用数学模型进行定量分析。无论采用何种方法都必须考虑以下条件:

①满足所有客户对商品品种、规格和数量的要求;
②满足所有客户对货物发到时间范围的要求;
③在交通管理部门允许通行的时间内送货;
④各配送路线的商品量不得超过车辆容积及额定载重量;
⑤在配送中心现有运力及可支配运力的范围之内配送。

(3) 进行合理的车辆配载。各客户的需求情况不同,所需商品也不完全一致。这些商品不仅包装形态、储运性质不一,而且密度差别较大。实行轻重配装,既能使车辆满载,又能充分利用车辆的有效体积,会大大降低运输费用。

(4) 建立计算机管理系统。在物流作业中分拣、配货要占全部劳动的60%,而且容易发生差错。如果在拣货配货中运用计算机管理系统和条码技术,就可使拣货快速、准确,配货简单、高效,从而提高生产效率,节省劳动力,降低物流成本。

(5) 实行责任中心管理。在配送实施过程中明确各部门的责任,给每个部门下达明确的配送成本控制目标或是给每个部门一定的成本包干费用,使得各部门能够认真执行成本控制措施,从而达到成本控制目标。

2. 配送成本控制策略

对配送成本的控制就是要在满足一定的顾客服务水平的前提下,尽可能地降低配送成本或是在一定的服务水平下使配送成本最小。一般来说,要想在一定的服务水平下使配送成本最小可以考虑以下五种策略:

配送成本的控制策略

(1) 混合策略。混合策略是指配送业务一部分由企业自身完成。这种策略的基本思想是:由于产品品种多变、规格不一和销量不等等情况,采用纯策略的配送方式超出一定程度,不仅不能取得规模效益,反而还会造成规模不经济。而采用混合策略来合理安排企业自身完成的配送和外包给第三方物流完成的配送,能使配送成本最低。

(2) 差异化策略。差异化策略的基本思想是:产品特征不同,顾客服务水平也不同。当企业拥有多种产品线时不能对所有产品都按同一标准的顾客服务水平来配送,而应按产品的特点、销售水平来设置不同的库存、不同的运输方式以及不同的储存地点。

(3) 合并策略。合并策略包含两个层次：一个是配送方法上的合并；另一个是共同配送。

①配送方法上的合并。企业在安排车辆完成配送任务时，充分利用车辆的容积和载重量，做到满载满装，是降低成本的重要途径。

②共同配送。共同配送是一种产权层次上的共享，也称集中协作配送。它是几个企业联合集小量为大量共同利用同一配送设施的配送方式。其标准运作形式是：在中心机构的统一指挥和调度下，各配送主体以经营活动（或以资产为纽带）联合行动，在较大的地域内协调运作，共同对某一个或某几个客户提供系列化的配送服务。

(4) 延迟策略。延迟策略的基本思想是：对产品的外观、形状及生产、组装、配送应尽可能推迟到接到顾客订单后再确定。一旦接到订单就要快速反应，因此采用延迟策略的一个基本前提是信息传递要非常快。

一般来说，实施延迟策略的企业应具备以下三个基本条件：

①产品特征，即生产技术非常成熟，模块化程度高，产品价值密度大，有特定的外形，产品特征易于表述，定制后可改变产品的容积或重量；

②生产技术特征，即模块化产品设计、设备智能化程度高、定制工艺与基本工艺差别不大；

③市场特征，即产品生命周期短、销售波动性大、价格竞争激烈、市场变化大、产品的提前期短。

实施延迟策略常采用两种方式：生产延迟（或称形成延迟）和物流延迟（或称时间延迟），而配送中往往存在着加工活动，所以实施配送延迟策略既可采用形成延迟方式，也可采用时间延迟方式。具体操作时常常发生在诸如贴标签（形成延迟）、包装（形成延迟）、装配（形成延迟）和发送（时间延迟）等领域。

(5) 标准化策略。标准化策略就是尽量减少因品种多变而导致的附加配送成本，尽可能多地采用标准零部件、模块化产品。采用标准化策略要求厂家从产品设计开始就要站在消费者的立场去考虑怎样节省配送成本，而不要等到产品定型生产出来了才考虑采用什么技巧降低配送成本。

1.4 技能训练

配送成本分析。

一、实训目的

熟练掌握配送成本分析的方法和流程，能够提出降低配送成本的手段。

二、实训材料

项目任务单、纸、笔、计算器。

三、实训步骤

(1) 各小组根据《项目任务单》中的任务，分析讨论作业成本的构成和如何核算其中的成本。

(2) 根据讨论的结果核算各项成本，并求配送作业成本的总和。将配送成本核算过程和结果写在《项目任务单》中。

(3) 各小组讨论如何降低配送成本，并提出降低配送成本的手段，将结果写在《项目任务单》中。

(4) 根据以上核算和讨论的结果总结一份有关配送作业成本的任务书面报告。

任务2 配送绩效分析

2.1 任务导入

下面是某配送中心4月份的作业统计指标值，如表10-1所示，通过分析这些指标完成4月份的绩效指标评价表，如表10-2所示。

表10-1 某配送中心4月份统计指标值

序号	统计指标	指标值	序号	统计指标	指标值
1	配送中心总面积	4万 m²	30	延迟交货量	100 吨
2	储区面积	1万 m²	31	缺货量	2 吨
3	总容积	20万 m³	32	出货品短缺量	2 吨
4	可供保管面积	6 000 m²	33	12 h 内发货的订单数	30 份
5	货架储位数	3万个	34	月平均拣货人员数	20 人
6	月台数	20 个	35	平均每天拣货时间	4 h
7	装卸设备	20 台	36	划分拣货区域个数	10 个
8	高峰时等待装卸车辆数	40 辆	37	平均每订单商品笔数	9 笔
9	固定资产总额	300 万元	38	每笔平均商品件数	30 件
10	平均员工人数	60 人	39	商品总品种项数	200 种
11	平均作业人员数	54 人	40	共计拣货批次数	150 批次
12	新员工数	10 人	41	误拣商品笔数	5 笔
13	临时工人数	20 人	42	拣货成本	5 000 元
14	离职人员数	3 人	43	月均配送人员数	20 人
15	储存商品种数	1万种	44	配送人员平均每天工作时数	8 h
16	月平均存货总体积	10万 m³	45	完成配送总距离	20 000 km
17	总出货体积	3万 m³	46	空驶里程	3 000 km
18	进出货车次装卸停留总用时	300 h	47	配送时间	300 h
19	进货量	2万吨	48	发车车次数	300 次
20	总出货量	1.5万吨	49	延误车次数	21 次
21	进货总用时	100 h	50	用车数量	21 辆
22	出货总用时	350 h	51	车辆配送成本	21 000 元
23	库存管理费用	1万元	52	售出产品采购成本	24 万元
24	呆废料	20 m³	53	采购误差量	2 吨

续表

序号	统计指标	指标值	序号	统计指标	指标值
25	客户数量	30 家	54	采购不合格量	2 吨
26	完成订单总数	210 份	55	采购延误量	2 吨
27	营业额	30 万元	56	月营业支出总费用	28 万元
28	延期交货订单数	2 份	57	月加班时数	210 h
29	延迟交货订单数	5 份			

表 10-2　某配送中心 4 月份绩效指标表

序号	绩效指标	指标值	序号	绩效指标	指标值
1	月台使用率		23	每订单投入拣货成本	
2	月台高峰率		24	拣误率	
3	每人次处理进（出）货量		25	人均配送量/距离/重量/车次	
4	进出货时间率		26	每车周转率	
5	每台进/出货设备每天的装卸货量		27	每车配送距离/数量	
6	每台进/出货设备每小时的装卸货量		28	空驶率	
7	储位容积利用率		29	车辆开动率	
8	平均每品项所占储位数		30	平均速度	
9	库存周转率		31	配送成本比率	
10	库存管理费率		32	每吨/车次/公里配送成本	
11	呆废料率		33	延误率	
12	订单延迟率		34	出货品成本占营业额比率	
13	订单货件延迟率		35	进货数量误差/次品/延误率	
14	货物速交率		36	配送中心单位面积效益	
15	缺货率		37	人均生产量	
16	短缺率		38	人均生产率	
17	拣货时间率		39	间接工比率	
18	每人次拣货品项数、件数、体积数		40	设备投资效益	
19	拣货责任品项数		41	人均装备率	
20	拣货品项移动距离		42	产出投入平衡	
21	批量拣货时间		43	每天营业额	
22	每批量的订单数、品项数、拣货次数		44	营业支出占营业额比例	

2.2　任务分析

要完成以上任务必须熟悉各种核算指标的指标体系及核算方法，熟练掌握绩效核算的步骤和流程。

2.3 相关知识

配送绩效分析与评价就是运用科学、规范的评价方法,对企业一定经营时期配送活动的经营业绩和效率进行定量及定性分析,获得有关任务完成水平、取得效益、付出代价的信息,进而在管理活动中利用这些信息不断控制和修正工作的一个持续的动态管理过程。

一、绩效评价的原则

1. 客观公正的评价原则

绩效评价应当根据明确规定的考评标准,针对客观考评资料进行评价,尽量避免渗入主观性和感情色彩。

绩效评价的原则

2. 全面系统的评价原则

在评价系统的设计上要全面,能够综合反映整个配送作业系统的真实运作情况;在评价数据的统计上要全面,能够获得完成整个配送作业评价的所有数据,为上级决策提供全面的数据资料。

3. 经常化、制度化的评价原则

绩效分析评价能够反映一次配送作业的基本状况,也能够反映某一个时期配送作业的基本状况。为了能够获得系统全面的配送作业评价数据,必须将配送作业绩效分析作为一种管理制度持续推行,并根据评价信息提出配送作业改进方案。配送绩效评价应该形成一种定期评价的形式,如月度绩效分析、季度绩效分析、年度绩效分析等。

4. 反馈与修改的评价原则

绩效评价分析的结果要及时发布给相关部门,相关部门要根据绩效评价的结果,及时对比自己部门的运行情况,从而发现绩效分析评价方法存在的问题,及时对绩效分析结果提出修改意见,反馈给绩效分析部门,对绩效分析结果或绩效分析方法进行修改,以提高绩效分析的客观性和合理性。各部门要发现部门运行中存在的问题,并提出改进措施以提高部门的绩效水平,从而全面提高企业的运作水平。

5. 目标与激励的评价原则

在绩效评价之前要给各部门制定绩效控制目标,每一阶段的绩效分析评价结果要及时通知给各部门并公开,对已经完成绩效控制目标的部门给予奖励,对没有完成的部门给予处罚。

二、绩效评价的步骤

配送绩效评价是一项复杂的系统工作,必须明确要求按照评价规则有计划、有组织、按步骤进行才能够保证绩效评价工作顺利进行,并取得客观准确的评价效果。

1. 确定评价工作实施机构

在评价过程中,为了保证评价结果客观公正及评价过程顺利进行,需要成立专门的评价实施机构。通常有两种方法:一是由评价组织机构直接组织实施评价,评价组织机构负责成立评价工作组,选聘有关专家组成专家咨询组;二是委托社会中介机构

绩效评价的步骤

实施评价，先选择中介机构，并签订评价委托书，然后由中介机构成立评价工作组和专家咨询组。

2. 确定评价指标体系

评价指标体系是配送绩效评价工作的基础，评价方案的制定、材料的收集整理与计算分析都围绕着指标体系进行。对配送活动的成效进行度量与分析，从而判断工作的存在价值，形成客观准确的评价结论，必须先确定配送作业绩效评价标准。评价标准一般包括客户服务水平、配送成本、配送效率和配送质量四个方面的指标体系。

3. 制定评价工作方案

配送绩效的评价工作方案是由评价工作组制定的工作安排，由评价组织机构批准后，开始组织实施，并送专家咨询，内容包括评价对象、评价目的、评价依据、评价项目负责人、评价工作人员、时间安排、评价方法和标准、准备评价资料及有关工作要求等。

4. 收集并整理基础资料和数据

根据评价工作方案的要求及评分的需要收集、核实、整理基础资料和数据，包括评价方法、评价准则、连续三年的会计决算报表及有关统计数据和定性评价的基础资料，制作各种调查表，分发给调查对象，并提出填写要求，然后及时收回并对数据进行分类登记。

5. 进行计算分析、评价计分

计算分析与评价计分是评价过程的关键步骤，企业配送的经营绩效主要就是由一系列指标反映出来的，因此，在进行配送经营绩效评价中应根据企业配送绩效评价的指标体系计算出相应的指标值，然后对指标值进行综合分析评价，并形成综合评价结果。

6. 形成评价结论

将配送绩效的综合评价结果与同行业相当规模的企业的配送绩效进行比较分析；也可以与企业自身的历史综合评价结果进行比较分析或选择行业内先进水平的组织或企业中的标杆进行对比分析。通过对企业配送绩效进行深入、细致的分析判断，形成综合评价结论，并听取企业有关方面负责人的意见，进行适当修正和调整，使评价结论能够更加客观、准确、全面地反映企业配送活动的实际情况。

7. 撰写评价报告

评价结论形成以后，评价工作人员要撰写配送企业配送绩效评价报告。评价报告的主要内容包括评价结果、评价分析、评价结论及相关附件等，送专家咨询组征求意见。完成报告后经评价项目主持人签字，报送评价组织机构审核认定，如果是委托中介机构进行评价，需要加盖中介机构公章方能生效。

8. 评价工作总结

评价项目完成后，工作组应该进行工作总结，需将评价工作背景、时间地点、基本情况、评价结果、工作中的问题及措施、工作建议等形成书面材料，建立评价工作档案同时报送企业备案。

三、配送绩效评价指标体系

1. 配送绩效评价要素

配送绩效评价主要包括以下八个要素：

(1) 设施；

(2) 设备；

(3) 人员；

(4) 订单效益；

(5) 作业时间；

(6) 作业规划与管理水平；

(7) 成本率；

(8) 质量水平。

2. 配送绩效评价指标体系

(1) **进出货作业绩效评价指标**。进货作业包括把物品从货车上将货物卸下、开箱、检查其数量和质量，然后将有关信息书面化等一系列工作；出货作业是将拣取分类完成的货品做好出货检验后，根据各个车辆或配送路线将货品运至出货准备区，而后装车配送的物流活动；其绩效评价指标如表10-3所示。

进出货作业绩效评价指标

表10-3 进出货作业指标体系

指标	公式
月台使用率	进（出）货车次装卸停留总时间/（月台数·工作天数·每日工作时数）
月台高峰率	高峰车数/月台数
每人次处理进（出）货量	进（出）货量/（进（出）货人员数·工作天数·每日工作时数）
进出货时间率	进出货时间/每日工作时数
每台进（出）货设备每天的装卸货量	（出货量＋进货量）/（装卸设备数·工作天数）
每台进（出）货设备每小时的装卸货量	每台进（出）货设备每天的装卸货量/每日工作时数

(2) **储存作业绩效评价指标**。储存作业指对存货或物品做妥善保管，充分利用仓库空间，注重库存控制，减少资金占用，降低保管成本，减少积压、过期、变质物品的物流活动。

在管理方面要求善于利用仓库空间，有效利用配送中心每一平方米面积；加强存货管理，保证存货可得性，降低存货的缺货率；防止存货过多而占用资源和资金。衡量储存作业的主要指标如表10-4所示。

储存作业绩效评价指标

表10-4 衡量储存作业指标体系

指标	公式
储位容积利用率	存货总体积/储位总容积
平均每品项所占储位数	货架总储位数/总品项数
库存周转率	出货量/平均库存量或营业额/平均库存金额
库存管理费率	库存管理费用/平均库存量
呆废料率	呆废料件数/平均库存量

(3) **盘点作业绩效评价指标**。经常定期或不定期做检查，及早发现问题以免造成

日后出货的更大的损失，这是盘点的目的。在盘点作业中，以盘点过程中所发现的存货数量不符的情况作为评估重点。其评价指标具体如表10-5所示。

表10-5　盘点作业评价指标体系

指标	公式
盘点数量误差率	盘点误差数量/盘点总数量
盘点品项误差率	盘点误差品项数/盘点总品项数
平均盘差品金额	盘点误差金额/盘点误差量

（4）订单处理作业绩效评价指标。由接到客户订单开始到着手准备拣货之间的作业阶段，包括订单资料确认、存货查询、单据处理等。其主要评价指标如表10-6所示。

订单处理作业绩效评价指标

表10-6　订单处理作业评价指标体系

指标	公式
订单延迟率	延迟交货订单数/订单数量
订单货件延迟率	延迟交货量/出货量
货物速交率	12 h 内的发货订单/订单数量
缺货率	缺货数/出货量
短缺率	出货品短缺量/出货量

（5）拣货作业绩效评价指标。拣货作业是配送作业的中心环节，依据顾客的订货要求或配送中心的作业计划，准确、迅速地将商品从其储位或其他区域拣取出来的作业过程，拣货时间、拣货策略及拣货的精确度影响出货品质。现阶段国内的现实情况是除极少自动化程度较高的配送中心外，大多数是靠人工配合简单机械化设备的劳动力密集作业，耗费成本较多。其主要评价指标如表10-7所示。

拣货作业绩效评价指标

表10-7　拣货作业评价指标体系

指标	公式
拣货时间率	每天拣货时数/每天工作时数
每人次拣货品项数、件数、体积数	拣货总笔数(件数或体积数)/(拣货人数·每天拣货时数·工作天数)
拣货责任品项数	总品项数/拣货区域数
拣货品项移动距离	拣货移动距离/订单总笔数
批量拣货时间	每日拣货时间·工作天数/拣货分批次数
每批量的订单数、品项数、拣货次数	订单数量/拣货分批次数
每订单投入拣货成本	拣货成本/订单数量
拣误率	拣错笔数/拣货单位的总件数

（6）配送作业绩效评价指标。配送是从配送中心将货品送达客户处的活动。适量的配送人员、适合的配送车辆、最佳的送货路线相结合才能有效地配送。其主要评价指标如表10-8所示。

配送作业绩效评价指标

表 10-8 配送作业评价指标体系

指标	公式
人均配送量、距离、重量、车次	配送量、距离、重量、车次/配送人数
每车周转率	配送总距离·总吨数/配送车辆总数
每车配送距离（数量）	配送总距离（总数量）/配送车辆总数
空驶率	空车行走距离/配送总距离
车辆开动率	配送总车次/（车辆数量·工作天数）
平均速度	配送总距离/配送总时间
配送成本比率	车辆配送成本/物流总费用
每吨、车次、公里配送成本	车辆配送成本/总吨、车次、里程
延误率	配送延误车次/总配送车次

（7）采购作业绩效评价指标。由于出库使库存量减少，当库存量下降到一定点时，应立即进货补充库存，采用何种订购方式、供应商信用、货品品质是进货作业的重要环节。其主要评价指标如表 10-9 所示。

表 10-9 采购作业评价指标体系

指标	公式
出货品成本占营业额比率	出货品采购成本/营业额
进货数量误差、次品、延误率	进货误差、次品、延误量/进货量

采购与其他绩效评价指标

（8）其他评估指标绩效评价指标。其他评估指标主要包括配送中心资产营运、财务效益、人员等的评估。其评价指标体系如表 10-10 所示。

表 10-10 其他评估指标体系

指标	公式
配送中心单位面积效益	营业额/建筑总面积
人均生产量	出货量/企业总人数
人均生产率	营业额/企业总人数
间接工比率	作业人数/（企业人数－作业人数）
设备投资效益	营业额/固定资产总额
人均装备率	固定资产总额/企业总人数
产出投入平衡	出货量/进货量
每天营业额	营业额/工作天数
营业支出占营业额比例	营业支出/营业额

四、配送绩效评价指标的分析

1. 作业绩效评价分析方法

（1）比较分析法。比较分析是对两个或几个有关的可比数据进行对比，揭示差异和矛盾。比较是分析的最基本方法，没有比较分析就无法开始。比较分析法主要进行

作业绩效评价分析法

以下两方面的比较。

①按比较对象（和谁比）分类；

②按比较内容（比什么）分类。

(2) 功效系数法。功效系数法是指根据多目标规则原理将所要考核的各项指标分别对照不同分类和分档的标准值，通过功效函数转化为可以度量计分的方法，是配送中心绩效评价的基本方法，主要用于配送中心定量指标的计算分析。

(3) 综合分析判断法。综合分析判断法是指综合考虑影响配送中心绩效的各种潜在的或非计量的因素，参照评议参考标准，对评议指标进行印象比较分析判断的方法，主要用于定性分析。

2. 作业绩效评价指标的分析

指标分析的步骤包括：

（1）判断数据的好坏；

（2）发现问题点；

（3）确定问题；

（4）查找原因；

（5）寻找解决方法。

3. 作业绩效评价问题的改善

（1）在所有问题点中决定亟待解决的问题；

（2）收集有关事实，决定改善目标；

（3）分析事实，检讨改善方法；

（4）拟订改善计划；

（5）试行改善；

（6）评价试行实施结果，并使之标准化；

（7）制定管理标准，执行标准。

作业绩效指标分析与问题改善

2.4 技能训练

配送绩效分析。

一、实训目的

熟悉配送绩效分析的方法和流程，能够完成配送绩效的核算。

二、实训步骤

（1）各小组根据任务导入中的任务，分析根据已知数据可以进行核算的配送绩效有哪些，如何进行核算，核算的公式是什么。

（2）各小组分组进行配送绩效的分析和核算。

（3）核算完成后形成一份配送绩效核算结果报告。

（4）各小组分派代表陈述所核算的绩效有哪些，结果是什么，小组之间进行对比。

同步测试

1. 配送成本包括_____费用、_____费用、配装费及流通加工费用等。
2. 配送成本的控制策略主要有混合策略、_____策略、_____策略、延迟策略、标准化策略。
3. 配送的目的是以尽可能低的配送成本来实现较高的配送服务。下列属于配送服务与服务成本之间存在的关系的是_____。
   A. 配送服务不变，降低成本　　B. 成本不变，提高服务水平
   C. 配送服务水平和成本均提高　　D. 成本降低，服务水平提高
4. 配送成本是各种作业活动的费用，下面属于影响配送成本因素的是_____。
   A. 时间　　　　　　　　　　B. 距离
   C. 配送物的数量和质量　　　　D. 货物种类和作业过程
5. 下列不属于配送绩效评价要素的是_____。
   A. 设施　　　　　　　　　　B. 设备
   C. 人员　　　　　　　　　　D. 速度
6. 配送成本的特征有哪些？
7. 配送成本控制的方法有哪些？
8. 配送绩效评价的原则有哪些？

案例分析

某配送中心配送人员考核内容分为配送前考核、配送中考核、配送后考核三部分。A、B 两个部门的配送指标数值如表 10-11 所示，计算 A、B 两个部门的配送绩效。

表 10-11 配送人员考核内容及考核指标

考核内容	权重/%	权重/%	评估指标	A 部门/%	B 部门/%
配送前	30	30	分拣准确率	80	90
配送前	30	30	紧急订单响应率	50	70
配送前	30	40	按时发货率	90	90
配送中	50	25	配送延误率	5	10
配送中	50	20	货物破损率	5	2
配送中	50	20	货物差错率	10	5
配送中	50	20	货物丢失率	8	4
配送中	50	15	签收单返回率	96	95
配送后	20	30	通知及时率	95	96
配送后	20	30	投诉处理率	85	90
配送后	20	40	客户满意度	85	90

情境二

快递物流企业的配送作业

项目 11
快递物流企业的配送作业

- 项目介绍

快递企业的配送作业注重配送作业的时效性和可靠性,其作业要求效率高、速度快,其作业对象属于多品种、少批量的货品类型,其分拣作业主要按照货品的流向进行,其分拣作业环节是快递企业独特的作业环节。

快递物流

- 知识目标
1. 掌握快件收派的流程和基本要求;
2. 掌握快件处理的流程和基本要求。

- 技能目标
1. 能够模拟完成快件的收派流程;
2. 能够根据不同的快件发件信息完成快件的分拣;
3. 能够完成快件的信息比对工作,找出问题快件。

- 素质目标
1. 树立客户至上的意识;
2. 养成认真仔细处理问题的习惯。

任务 1　快件收派

1.1　任务导入

快递企业的作业在配送时效性上要求比较高,在配送作业中需要直接面向发件人进行收件,直接面向收件人进行派件,对于快件收派服务要求较高。因此如何进行快件的收派,快件收派中需要注意哪些问题,如何提高配送作业的服务质量,就是本任务需要解决的问题。

1.2　任务分析

要完成上述任务,需要明确快件收派作业的流程有哪些,快件收派作业的基本要求有哪些,快件收派应该如何进行。这就是本任务需要掌握的相关知识。

1.3 相关知识

一、快件收寄

1. 收寄流程

快件收寄流程

收寄流程包括验视、包装、运单填写和款项交接等环节，是指业务员从客户处收取快件的全过程的活动，可分为上门揽收和网点收寄两种方式。

上门揽收是指业务员接收到客户寄件需求信息后，在约定时间内到达客户处收取快件，并将快件统一带回快递企业收寄处理点，完成运单（详情单）、快件、款项交接的全过程。

网点收寄是指客户主动前往快递企业的收寄处理点寄递快件，收寄处理点的业务员接收、查验客户需要寄递的快件，指导客户完成快件包装和运单填写，并完成运单（详情单）、快件、款项交接的全过程。

（1）上门揽收。上门揽收的流程如表 11-1 所示。

表 11-1 上门揽收流程

序号	工作项目	工作内容
1	收件准备	准备好需要的设备、物料、单证等
2	接收信息	接收客户寄件需求信息。接收方式有快递企业客服人员通知，客户直接致电，网上下单
3	核对信息	检查客户寄件需求信息。客户地址超出业务员的服务范围或信息有误，需及时反馈给客服人员或客户
4	上门收件	在约定时间到客户指定地点收取快件
5	验视快件	识别快件的重量和规格是否符合规定。超出规定则建议客户将快件分成多件寄递，不同意则礼貌地拒绝收寄
6	检查已填运单	客户运单如事先已经填好，对填写内容进行检查
	指导客户填写运单	客户尚未填写运单，正确指导客户完整填写运单内容
7	告知阅读运单条款	告知客户阅读运单背面条款
8	包装快件	指导或协助客户使用规范包装物料和填充物品包装快件，使快件符合运输的要求，保证寄递物品安全
9	称重计费	对包装完好的快件进行称重，计算快件资费，将计费重量及资费分别填写在运单的相应位置
10	收取资费	确认快件资费的支付方和支付方式
11	指导客户签字	指导客户在确认运单填写内容后，用正楷字在客户签字栏签全名
12	粘贴运单及标识	按照粘贴规范，将运单、标识等粘贴在快件的相应位置
13	快件运回	将收取的快件在规定的时间内运回收寄处理点
14	交件交单	复查快件包装和运单（留底单）内容，确认无问题后交给收寄处理点的相应工作人员
15	交款	将当天收取的款项交给收寄处理点的相应工作人员

（2）网点收寄。网点收寄的流程如表 11-2 所示。

表 11-2　网点收寄流程

序号	工作项目	工作内容
1	收件准备	准备好需要的设备、物料、单证等
2	客户引导	引导到达收寄处理点的客户到寄件柜台（窗口）前寄件
3	验视快件	识别快件的重量和规格是否符合规定。超出规定则建议客户将快件分成多件寄递，不同意则礼貌地拒绝接收
		验视寄递物品内件是否属于禁止或限制寄递的物品。属于禁止寄递或超出限制寄递要求则礼貌地拒绝接收，并及时向公司相关部门报告违法禁寄物品情况
4	检查已填运单	客户运单如事先已经填好，对填写内容进行检查
	指导客户填写运单	客户尚未填写运单，正确指导客户完整填写运单内容
5	告知阅读运单条款	告知客户阅读运单背面条款
6	包装快件	指导或协助客户使用规范包装物料和填充物品包装快件，使快件符合运输的要求，保证寄递物品安全
7	称重计费	对包装完好的快件进行称重，计算快件资费，将计费重量及资费分别填写在运单的相应位置
8	收取资费	确认快件资费的支付方和支付方式
9	指导客户签字	指导客户在确认运单填写内容后，用正楷字在客户签字栏签全名
10	粘贴运单及标识	按照粘贴规范，将运单、标识等粘贴在快件的相应位置
11	交件交单	复查快件包装和运单（留底单）内容，确认无问题后交给收寄处理点的相应工作人员
12	交款	将当天收取的款项交给收寄处理点的相应工作人员

2. 快件收验

业务员在收取客户的寄递物品时，必须查验寄递物品内件，并核实寄递物品内容与运单填写内容是否一致。

快件收验

1）寄递物品验视

确保客户交寄的物品符合国家法律法规规定的寄递要求，且确认客户在运单上申报的物品数量和物品名称准确。

（1）寄递物品性质，检查寄递物品是否属于禁限寄品。如发现禁限寄疑似品应请客户提供物品性质的相关证明，客户无法提供相关证明或相关证明无法证实物品性质的为非禁限寄物品，则可委婉地谢绝客户，表示此件不能收取。

（2）检查寄递物品的实际数量，确保实际数量与运单上注明的数量保持一致。如运单上没有写快件的数量，则与客户当面确认快件的数量。

（3）识别寄递物品的名称，运单上的寄递物品名称与实际寄递物品名称保持一致。

2）寄递物品内包装验视

（1）验视寄递物品是否有内包装，如有内包装，检查内包装是否完好。

（2）验视寄递物品内包装是否适合运输，如果不适合运输，需对快件进行外包装，保证快件在运输途中的安全以及不被污损。

3. 运单填写与费用结算

1）完成运单填写

称重计费完毕后，需将快件的重量和资费写在运单相应位置内，业务员需要在相应栏目内写上工号或名字。

运单填写和费用结算

2）客户签署运单

（1）**手工签字**。业务员应该礼貌地请客户在寄件人签署栏用正楷字写上寄件人的全名和寄件日期。如客户的签名无法清晰辨认，则业务员应该再次询问寄件人的全名，并用正楷字在客户签名旁边注上寄件人的全名。

快递物流运单

（2）**盖章签署**。如寄件人选择用盖章替代签字，则请寄件人在运单的寄件人签署栏盖上代表寄件人身份的印章，同时在日期栏写上具体的寄件日期。此时需要注意以下两方面：

①每一联运单都必须在寄件人签署栏盖章，且是同一个章，即确保每一联运单的盖章保持一致。如盖章内容不清晰，业务员应该询问寄件人的全名，并用正楷字在盖章旁边注上寄件人的全名。

②如果客户的印章带有日期，可以不填写寄件日期；如果印章不带日期，则需要请客户填写日期。

3）营业款结算

营业款结算是指业务员完成快件服务费用的计算后，根据计算结果向客户收取相应金额的现金或支票。

业务员收取快件时须与客户共同确认营业款的支付方，并在运单上明确标注是**寄付、到付，还是第三方付**，作为收取营业款的依据。由于营业款的支付方可以是寄方、到方或第三方，支付方式可以分为现结和记账两种，因此营业款的结算方式具体可包括**寄付现结、到付现结、寄付记账、到付记账、第三方记账五种**。下面从支付方式的角度来介绍各种结算方式。

（1）现结。现结是指在收取或派送快件时，客户在收派现场将营业款支付给业务员的一种支付方式。现结支付包括寄付现结和到付现结两种结算方式。客户可选择现金支付或支票支付。由于单票快件的营业款额通常不会太高，现场支付主要以现金支付为主。

①寄付现结指的是寄件人在完成交寄快件后，在寄件现场把营业款支付给业务员的一种结算方式。

②到付现结指的是收件人验视快件外包装无误后，对于到付的快件，在派件现场把营业款交给业务员的一种结算方式。

（2）记账。记账是指快递企业与客户达成协议，在一个规定的付款周期内结算营业款的一种支付方式。快递企业给每一个记账客户一个记账账号，在账号中记录客户每一次快递服务所产生的费用（包括寄付、到付和第三方付所产生的费用），作为营业款结算的依据。付款周期可以是每周、每月、每季度、每年结算一次。记账包括寄付记账、到付记账和第三方记账三种结算方式。

①寄付记账是指寄件人（个人或企业）与快递企业达成协议，快递企业赋予其一个记账账号，寄件人在约定的付款周期内支付营业款。

②到付记账是指收件人（个人或企业）与快递企业达成协议，快递企业赋予其一个记账账号，收件人在约定的付款周期内支付营业款。

③第三方记账是指寄件人和收件人之外的第三人（个人或企业）与快递企业达成协议，快递企业赋予其一个记账账号，第三方在约定的付款周期内支付营业款。第三方支付营业款的情况比较复杂，须由寄件人或收件人与第三方客户达成协议，第三方客户同意代寄方和收方支付该费用。由于第三方支付营业款采取记账方式，业务员在收取此类快件时，须注意核对第三方客户的付款信息。

4. 快件和费用交接

1）快件交接

（1）快件交接准备，需要做好以下两个方面的工作。

①复核快件和运单。快件在运回营业网点的过程中，由于运输颠簸可能会使快件或运单受损，在交接快件和运单之前须对快件和运单进行复核，确保快件和运单的完好且两者相符。检查的内容主要包括核对数量、检查外包装是否牢固、检查运单填写是否完整、运单粘贴是否牢固等。

快件和费用交接

②登单。登单是指业务员收取快件之后，须在固定的清单样式上登记快件信息。登记快件信息的清单叫做收寄清单。登记的内容包括快件的运单号、重量、付款方式、目的地、日期时间以及业务员的姓名或工号等。收寄清单的制作方法主要有手工抄写和电脑系统打印两种。登单时要求字迹工整、信息完整准确。

（2）当面交接。业务员与处理人员交接快件和运单时须当面交接。交接双方共同确认快件和运单信息无误。如出现问题可现场解决或将快件和运单退回给业务员处理，便于明确双方责任。

（3）交接签字。交接双方在确认快件和运单信息无误之后，需要在收寄清单或特定的交接表格上，对交接信息双方进行签字确认。

（4）运单与快件一起交接。由于快件与运单是一一对应的关系即一票快件对应着一张运单。快件和运单（快递企业收件存根联）须同时交接，便于处理人员对运单和快件进行对比，及时发现运单或快件遗失的问题。

2）费用交接

营业款交接主要指业务员与快递企业指定的收款员之间的交接，即业务员把当天或当班次收取的营业款移交给快递企业指定的收款员。这里的营业款主要包括散单营业款、月结营业款等。其中散单指当面结清的营业款，月结为定期结算的营业款。

交接营业款时须使用规定的票据和结算凭证，即业务员将营业款交给收款员时，收款时业务员须出示相应的收款账单或结算凭证；款项移交后，收款员开具相应的票据证明营业款已经移交。

二、快件派送

1. 派送流程

派送流程是指业务员将快件交给客户，并在规定的时间内完成后续处理的过程。

快件派送方式

快件派送分为按址派送和网点自取两种方式。

（1）**按址派送**，是指业务员从接收需要派送的快件开始，在规定的时间内到达客户处，将快件交给客户并由客户在运单上签收后，在规定的时间内将运单的派件存根联、收取的到付营业款以及无法派送的快件统一带回派送处理点，完成运单、快件、款项交接的全过程。

（2）**网点自取**，是指客户上门至快件所在的派送处理点自取快件，业务员将快件交由客户签收后，在规定的时间内完成运单、款项交接的全过程。

在快件派送的两种方式中按址派送是目前快递服务的主流形式，此处只介绍按址派送流程，如表11-3所示。

表11-3 按址派送流程

序号	工作项目	工作内容
1	派前准备	准备好使用的运输工具、操作设备、格式单证等
2	快件交接	网点快件处理人员和业务员进行快件交接
3	检查快件	检查快件状况是否符合要求，并在派件清单中签字确认
4	快件登单	将接收的快件录入派发单
5	快件排序	按照快件派送原则确定快件派送的先后顺序，给快件排序
6	送件上门	快递业务员将快件派送到客户处
7	核实身份	核实客户的有效证件和收件人是否一致
8	提示客户检查快件	指导客户检查快件的质量状况
9	确认付款方式	确认快件的付款方式是到付还是预付
10	收取资费及代收款	业务员收取可能发生的相关资费，需要代收货款的代收货款
11	指导客户签收	指导客户在正确的位置，以正确的方法签收快件
12	信息上传	将客户签收的快件信息及时通过终端上传系统
13	返回派送处理点	派送完毕后返回快件派送处理点
14	运单及未派送快件的交接	将运单及无法送达又无法联系到收件员的快件交给后续部门处理
15	信息录入	将运单及快件处理信息及时录入系统
16	交款	将后付费快件款项及代收款项交给财务部门

2. 派送准备

1）设备工具准备

派送前需要准备好派送使用的各种工具和设备，检查其状态是否良好，如交通工具、各种单证、签字笔、称量工具、捆扎绳和胶带等包装工具等，以保证派送过程的顺利进行。

2）快件交接

（1）核对交接快件的数量。根据交接清单逐件核对总数是否与实物数量相符，核对一票多件快件的件数与运单注明件数是否相符，核对代收货款快件的件数和保价快件的件数与实物是否相符。如不相符，需要立即向处理人员反馈，并由双方再次确认交接件数。

（2）检查交接快件的状况，主要包括以下四点：

①检查快件包装是否完好，封口胶纸是否正常，有无撕毁重新粘贴痕迹。

②查看是否有液体渗漏情况。

③检查快件运单是否脱落、湿损、破损，运单信息是否清晰明了。

④检查快件收件人是否清楚具体，地址是否在自己派送区域内。

（3）交接签字。派送网点处理人员将快件交接给业务员，经业务员对快件进行核对、检查无误后，由交接双方在相应的派件清单中签字确认。

3. 派送设计

为安全、高效、准确地完成快件派送，需要结合快件派送路线及快件时效要求，将本次需要派送的快件按照准确、及时的原则进行整理、排列，应遵循如下原则：

快件派送设计

1）根据快件性质排序

对有特殊要求的快件优先排序，如对时限要求高的快件、客户明确要求在规定时间内派送的快件、二次派送的快件；保价快件一般具有高价值、易碎、对客户有较高重要性等特点，若随身携带的时间越长，遗失或破损的概率越大，对于客户、快递企业以及业务员而言，都存在较大的风险，因此为了降低风险，对于此部分快件可优先派送。

2）根据快件时效性排序

先送时效性要求较高的快件，后送时效性要求较低的快件。

3）根据派送距离排序

由近及远进行派送，不仅可以减少劳动强度，也可节省派送总时间。

4）根据快件大小排序

先大件后小件，减轻派送劳动强度。

三、派送

1. 送达客户

（1）快件派送前，业务员应致电客户并询问客户的具体地址和客户地址处是否有人签收快件。

快件派送流程

（2）快件派送前，若有代收货款业务快件，结算方式为现金结算金额较大，则需提前通知客户，告知客户应付金额，提醒客户准备应付款项。

（3）业务员将快件派送到客户处，为了快件的安全，防止他人冒领，应在核实客户身份后派送。业务员应该要求查看收件人的有效证件，并核实客户名称与运单上填写的内容是否一致。如果客户没有随身携带有效证件，业务员应根据运单上收件人的电话号码与客户联系，确认收件人。

（4）业务员将快件派送到客户处，如果客户不在，业务员必须根据运单记载的收件人电话，及时与收方客户取得联系。

2. 指导客户验收快件

（1）收方客户身份无误，业务员应在将快件递交给收方客户的同时提醒客户对快件外包装的完好性进行检查。如果是一票多件快件，需提醒客户清点快件件数，快件的实际件数须与单上所填写的件数一致。

（2）如因快件外包装破损或其他原因客户拒绝签收快件，收派员应礼貌地向客户做解释工作，并收回快件。同时请客户在快递运单等有效单据上注明拒收原因和时间，并签字。

（3）客户签收快件。客户签收快件时可以采用手工签字或盖章的形式。采用手工签字时要求业务员指导客户用正楷字写上收件人的全名，如客户的签名无法清晰辨认，业务员应该再次询问收件人的全名并用正楷字在客户签名旁边注上收件人的全名，任何时候业务员都不得替代客户签字。采用盖章的形式时，注意每一联运单都必须在收件人签署栏盖章，且是同一个章，即确保每一联运单的盖章保持一致。

3. 到付款和代收款结算

1）到付款的概念

到付是指快件寄件人与收件人达成共识，由收件人支付快递服务费用的一种付款方式。收件人所支付的快递服务费用称作到付款。到付款是寄件人寄件时与快递公司共同认可的费用，收件人完成快件外包装查验后，按照运单上注明的费用支付即可，不需要再次称重计费。

2）到付款结算

到付款结算主要有以下三种方式：

（1）到付现结是指收件人验视快件外包装无误后，对于到付的快件在派件现场把到付款交业务员的一种支付方式。由于快递到付款的数额不会特别大，到付现结是最常用的到付款结算方式。

（2）到付记账是指由收件方客户（个人或企业）与快递公司达成协议，快递公司赋予客户一个记账账号，客户在约定的付款周期内支付到付款。到付记账的客户通常都是快递企业大客户或长时间合作的客户，客户与快递企业之间的信用度都很高。

（3）第三方支付是指收件人本人不支付快件到付款，经收件人与第三方（付款方）共确认后，由第三方支付快件到付款项。采取这种支付方式时业务员应确认第三方同意按时支付或已经支付到付款后，方可将快件交给收件人。日常业务中第三方支付的方式不太常见，只有快递企业大客户或长时间合作客户，彼此交易频繁，信用度高的情况下才会使用。

3）代收货款服务需注意的问题

（1）提前电话核实客户信息。代收货款快件派送前，须先电话预约客户，确认客户身份、地址、派送时间，并请客户准备好相应货款，可以使用现金或支票。

（2）注意财务风险控制。快件派送时如需代收货款金额较高或代收货款快件较多，管理人员应调配其他人员协助快件派送，确保快件和代收货款的安全。

（3）核实收件人身份。派送代收货款快件时必须查看收件人的有效证件，确认收件人的身份。如由代收人签收快件，则须在运单上写明代收人的有效证件号码。

（4）提醒收件人查验快件。如由于寄递物品质量不符合要求，或者寄递物品不是收件人所需要的物品，客户拒绝支付代收货款，业务员应在第一时间将异常情况上报给快递企业的相关负责人。

四、后续处理

1. 录入、处理派送信息

派送信息录入是指快件派送完毕后,将运单号码、派件时间、派件业务员名称、收件人签名等内容真实、完整、及时地录入快递企业的信息系统。信息录入完毕后,要立刻上传,与快递企业的网络信息系统对接,使寄件人及收件人可以凭运单号码查询快件的派送情况。

2. 移交无法派送的快件

对于由于收件人地址欠详细、客户拒收、客户不在、客户搬迁、逾期不领、海关不准进口等各种原因,快递业务员最终无法派送到客户的快件,需要移交给后续处理部门作出相应处理。

3. 移交到付款和其他代收款

对于到付款和其他代收款,业务员在派送完毕返回快递企业后,要及时移交给财务部门,移交相关款项时,必须当天当面上交给相关部门的负责人,移交后必须交款签字。

1.4 技能训练

快件收派。

一、实训目的

熟悉快件收派作业流程。

二、实训材料

快递单据(可以用复印件)、笔。

三、实训步骤

(1) 两人一组,一人模拟以家乡地址给自己发送一件快件;另一人模拟快递业务员,完成货品的收件流程。

(2) 收件完毕后,另一人再扮演收件人,模拟完成快件配送作业流程。

(3) 做完后,两组互换角色。

任务 2 快件处理

2.1 任务导入

快件处理的作业对象属于多品种少批量产品,其分拣作业主要以快件流向为依据,其处理要求时间短、速度快,因此如何进行快件处理作业就是本任务需要解决的问题。

2.2 任务分析

要了解快递企业如何进行快件处理作业，最主要的是要了解快递企业快件处理作业的流程和注意事项，这就是本任务需要掌握的理论知识。

2.3 相关知识

一、快件接收

快件接收是快件处理的重要环节之一。快件处理在快递服务全过程中主要具有集散作用、控制作用和协同作用。快件处理作业流程主要由总包到站接收、卸载总包、拆解总包、快件分拣、制作清单、总包封装、装载车辆、车辆施封等环节组成。

到件验收

1. 到件验收

1) 交接流程

（1）引导快件运输车辆安全停靠到指定的交接场地。

（2）核对快件运输车辆牌号，查看押运送件人员身份。

（3）检查快件运输车辆送件人员提交的交接单内容填写是否有误。

（4）核对到站快件运输车辆的发出站、到达站/终点站、到达（开车）时间，并在交接单上注明实际到达时间。

（5）检查车辆封志是否完好，卫星定位系统记录是否正常。

（6）核对总包数量与交接单载明信息是否一致。

（7）检查总包是否有破损等异常现象。

（8）交接结束时，在快件交接单上签名盖章。

2) 总包卸载

总包卸载就是将总包从运输车辆中卸下，在总包卸载作业中要注意以下卸载作业要求：

（1）在车辆停稳后进行卸载作业，进出车厢使用防护扶手，避免摔伤。

（2）着装规范，防护用品佩戴齐全，避免身体受到伤害。

（3）卸载体积偏大、偏重的总包，应双人或多人协同作业及使用设备。

（4）卸载快件如有内件物品破损并渗漏出疑似有毒、剧毒、不明化工原料，必须使用专用防护工具和用品或防护设备进行隔离，不得用身体直接触摸或鼻嗅。

（5）注意堆码重量不得超过设备材质和承载的限定要求，堆码宽度应小于底板尺寸。

总包拆解

2. 总包拆解

总包拆解就是开拆接收的进站总包，将快件由总包转换为散件。

1) 总包拆解流程

（1）验视总包路向，并检查快件总包封装规格，对误发的总包不能拆解，应剔除出来交作业主管处理。

(2) 扫描总包包牌条码信息。扫描不成功或无条码的，手工键入总包信息。

　　(3) 拆解铅封，剪断容器封口封志的扎绳，不要损伤其他部分；保持包牌在绳扣上不脱落。拆解塑料封扣时，剪口应在拴有包牌一面的扣齿处，以保证包牌不脱落。

　　(4) 倒出快件后，应利用三角倒袋法或翻袋法检查总包空袋内有无遗留快件。

　　(5) 检查由容器内拆出的封发清单所填写内容是否正确，并将快件封发清单整齐存放。

　　(6) 逐件扫描快件条码，并与封发清单进行信息比对，同时验视快件规格。

　　(7) 拆出的破损、水湿、油污、内件散落等快件以及不符规格的快件，应及时交作业主管处理。

　　(8) 区分手工分拣和机械分拣快件，将需要机械分拣的快件运单向上，顺序摆放。

　　(9) 超大、超重等不宜机械分拣的快件和破损、易碎物品快件要单独处理。

　　(10) 拆解结束时，检查作业场地有无遗留快件和未拆解的总包。

2）总包拆解注意事项

　　(1) 如有易碎快件，必须轻拿轻放，小心地从容器中取出。

　　(2) 拆出的破损、水湿、油污、内件散落等快件以及不符规格的快件，应及时交作业主管处理。

　　(3) 区分手工分拣和机械分拣快件，将需要机械分拣的快件运单向上，顺序摆放。

　　(4) 超大、超重等不宜机械分拣的快件和破损、易碎物品快件要单独处理。

　　(5) 如果快件总包内有保价快件、优先快件，应检视快件包装，将运单填写内装物品名称与清单相核对，单独封发处理。

　　(6) 拆解结束，注意拆解实际件数（拆解系统统计），与系统信息进行比对。

3）单据的归档

　　在快件接收环节的单据主要有总包路单和封发清单。这些单据是企业内部各处理环节之间责任划分的重要资料，也是内部查询跟踪快件的重要依据。对于这些单据应妥善保管，在每天处理过程结束后送交档案管理部门。

　　(1) 在作业结束后，要按单据种类、编号顺序、日期、作业班次、进出站方向及车次、航班、铁路等发运类别进行整理，整理后加上封皮装订成册。

　　(2) 装订成册后，在封皮上注明种类名称、起止编号、起止日期、作业班次等信息，并由经手人签字或盖章。

　　(3) 业务单据的整理、传递、管理要专人、专管。

　　(4) 以作业班次为单位，每日将上一日的单据送交档案室保管。

二、快件分拣

　　快件分拣是指快件处理人员按照快递详情单送达地址，将相关的快件分别汇集到规定的区域的处理过程。快件分拣是快件处理过程中的重要环节。分拣的准确性与效率决定了快件能否按预计的时限、合理的路线及有效的运输方式进行中转。

1. 直封和中转

快件分拣分为<u>快件直封和中转两种</u>基本方式。快件直封就是快件分拣中心按快件的寄达地点把快件封发给到达城市分拣中心的一种分拣方式。快件中转就是快件分拣中心把寄达地点的快件封发给相关的中途分拣中心经再次分拣处理,然后封发给寄达城市分拣中心的一种分拣方式。

快件分拣
注意事项

2. 注意事项

1)信件类快件

快递企业<u>一般采用人工分拣方式</u>。按照收件人的地址(或邮政编码、电话区号、航空代码等)将文件类快件分别放入分拣道口内或分拣筐内。对文件类快件进行分拣时需注意:

(1)分拣时操作人员站位距分拣格口的距离要适当,一般在 60~70 cm。

(2)一次取件数量在 20 件左右。快件凌乱不齐时,取件时顺势墩齐。

(3)采用右手投格时,用左手托住快件的右上角,左臂拖住快件的左下角,或左手拖住快件左下角,拇指捻件,右手投入并用中指轻弹入格。左手投格时的操作相反。

(4)分拣后的快件,保持运单一面向上并方向一致。

(5)分拣出的其他非本分拣区域的快件应及时互相交换。

2)包裹类快件

对于包裹类快件,快递企业<u>一般采用人机结合的分拣方式</u>。利用输送机(主要有皮带输送机、链板输送机、滚筒输送机等)将快件传送到分拣格口,处理人员按照收件人的地址(或邮政编码、电话区号、航空代码等),及时、准确地拣取快件,将快件从输送机上搬下。对包裹类快件进行分拣时需注意:

(1)快件在输送机上传送时,应注意详情单一面向上,平稳放置。快件不宜放到输送带边缘处,防止快件在传送时掉落。

(2)超大、超重等快件不允许上输送机传送。

(3)取件时,对于较轻快件,双手抓(托)住快件两侧;对于较重快件,双手托住底部或抓牢两侧的抓握位,贴近身体顺快件运动方向拣取。

(4)对于错分的快件应及时放回输送机传送,当班次分拣结束时还应去快件溢流口查找是否有漏分快件。

三、快件封发

快件总包
建立

1. 总包建立

总包是指将寄往同一寄达地(或同一转运中心)的多个快件集中装入的容器或包(袋),其具有封扎袋口或封裹牢固形成一体的特点,便于运输和交接。总包应附带<u>封发清单写明内装件数及总包号码</u>。快件总包的建立在快件操作流程中是非常重要的一个环节,是决定快件操作质量的关键环节之一。

1)快件总包的到装

总包的建立需要以下五道工序:

(1)<u>快件的登单</u>。建立快件总包首先要登列封发清单。登单方式一般分为手工登单和扫描登单。手工登单要选择合适的清单规格，准确填写登单日期、清单号码、原寄地、寄达地；扫描登单即使用条码设备扫描快件条码自动生成封发清单，包含信息与手工登单相同。登单时要注意以下三点：

①快件检查。分拣后的快件，封发登单时要确认分拣无误。有误分的快件按规定另行处理。

②快件登单。快件检查无误，按登单要求缮制封发清单。特别注意，有撤回、易碎、液体、限时等特殊要求的快件应在相关栏分别注明。

③逐件比对。登单完毕后将清单与快件实物进行比对，以防漏登、错登、重复登录或结数错误。如有需要修改的，在清单上划销更改信息，经手人应签字或盖章。

(2) 快件的装袋操作。总包的封装是将发往同一寄达地或中转站的快件和对应的清单，集中规范地放置在袋或容器中，使用专用工具封扎、封闭袋口或容器开口，并拴挂包牌或标签的过程。

(3) 包牌（包签）的填写。包牌填写时注意信息要准确、全面，要求特殊作业总包要使用规定包牌。

①总包包牌应包含总包号码、原寄地、寄达地等信息。在指定位置准确填写快件总包重量、件数或票数。

②有特殊要求的快件（如优先快件和保价快件），总包按要求注明优先、保价等特殊信息。

③包牌禁止涂改，如有错填要更换新包牌并重新填写。

(4) 封袋。其主要步骤为：

①查核：封装快件时必须施行快件、清单、包牌三核对。

②封扎袋口：使用专用或特制的工具材料封扎袋口，尽量靠近快件捆扎。使用带条码的塑料封志时，要使条码处于易扫描位置。

③拴挂包牌：封装袋装好后，要在扎绳的绳扣上或塑料签圈上垂直拴挂快件包牌。发航空运递的总包要加挂航空包牌，对有特殊要求的快件加挂相应的包牌。

④封袋：包牌挂上后，要封紧袋口。根据材料不同，封口方式各不相同，以收紧袋口使内件不晃动为宜。

⑤封装结束，检查作业场地及周围有无遗漏快件及未封装快件。

(5) 上传数据、资料存档。每一班封发作业操作结束后，应用操作系统处理快件信息，要及时将业务数据按规定处理并上传，相关资料分类存档。下一接收站接收到件预告，提前做好准备工作。其他相关部门若需要相关数据也可直接到数据库提取。

2) 总包路单的制作

总包封装完成后按发运的路由线路制作总包路单。总包路单可起到明确交接责任的作用，使交接过程具有可追溯性。

(1) 总包路单的概念。总包路单是记录快件总包的封发日期、接收日期、封发路由、总包数量和种类、总包总重量、原寄地、寄达地等详细信息，用于运输各个环节交接的单据。使用总包路单可明确责任，使交接过程有凭有依。电子总包路单也可起到预告到货信息的作用，方便下一站提前做好接收准备。

(2) 总包路单的填制。总包路单的制作分为手工制作、系统扫描制作两种。此处只介绍手工制作方式，要求如下：

①快件总包封装完成后，进入发运环节。禁止不登总包路单发运。

②总包路单栏：总包路单要按一定规律编列顺序号，不要重号或越号。如发生重号或越号，要在备注里注明，并通知接收站修改后存档。

③号码栏和重量栏：数字要清晰规范，字母要易于辨认，号码与相关包牌一致。

④始发站与终到站要按规定填写清晰准确，号码与包牌一致。

⑤总包路单要逐格逐袋登录。有特殊操作要求的总包要在备注栏中批注。

⑥每一类发运方式，总包路单的总袋数和总重量要统计准确；将所有总包路单汇总，可合计出本班次封发总包总件数和总重量。

⑦总包路单应按规定份数填制。

⑧交接完毕，留存总包路单整理存档。

2. 总包装车发运

快件总包装车发运

总包装车发运指发运人员根据发运计划及时、准确地将总包装载到指定的运输工具上，并与运输人员交接发运的过程。

1）出站快件交接

出站快件交接内容如下：

①指挥或引导车辆安全停靠指定的交接点、交接台、交接场地。

②交接双方共同办理交换。

快件装卸搬运

③核对交接的总包数是否与交接单填写票数相符，所交总包单件规格是否符合要求。

④快件的装载配重和堆码是否符合车辆安全运行标准。

⑤出站快件交接单的发出站、到达站或终到站、车辆牌号、驾驶员或押运员等的填写是否规范。

⑥交接结束双方签名或盖章，在交接单上加注实际开车时间。

2）车辆封志建立

建立车辆封志的操作步骤如下：

①总包装载结束后，由车辆的押运人员或驾驶员将车门关闭。

②场地负责人将车辆封志加封在车门指定位置，车辆押运人员或驾驶员监督车辆施封过程。

③将塑料条码封条尾部插入车辆锁孔中，再穿入条码封条顶部的扣眼中，用力收紧，并检查施封是否完好。

④将施封的条形码号登记在出站快件的交接单上。

⑤车辆押运人员或驾驶员与场地负责人在交接单上签字确认。

2.4 技能训练

快件处理模拟实训。

一、实训目的

熟悉快件处理作业流程。

二、实训步骤

（1）先把全班同学分成 8 组。每人给自己家发一份快递，填好 EMS 快递单。

（2）把快递单分组汇总。

（3）各组将快递单按方向粗分，分别发给各分拨中心或完成同城快递。

各分拨中心如下：

（1组）省城：济南。

（2组）鲁西北：德州。覆盖聊城、德州、滨州、东营四市和济南市的商河、济阳两县，淄博的高青、桓台两县。

（3组）鲁中：淄博。覆盖泰安、莱芜、潍坊三市，济南，淄博大部。

（4组）鲁南：临沂。覆盖菏泽、枣庄、济宁、临沂、日照五市。

（5组）半岛：青岛。覆盖烟台、威海、青岛三市。

（4）各分拨中心将订单细分给各地市。

（1组）济南。

（2组）聊城、德州。

（3组）滨州、东营两市和济南市的商河、济阳两县，淄博的高青、桓台两县。

（4组）泰安、莱芜。

（5组）潍坊、淄博。

（6组）菏泽、枣庄、济宁。

（7组）临沂、日照、外省。

（8组）烟台、威海、青岛。

（5）各地市分公司完成送货，给收件人签收。

同步测试

1. 快件收寄作业可分为上门揽收和_____两种方式。
2. 营业款的支付方可以是寄方、到方或_____。
3. 营业款的结算方式具体可包括_____、到付现结、_____、到付记账、_____五种。
4. 快件派送分为_____和网点自取两种方式。
5. 下列属于快件处理作业流程的是_____。
   A. 总包到站接收　　　B. 卸载总包　　　C. 拆解总包
   D. 快件分拣　　　　　E. 车辆施封
6. 派送排序的原则有哪些？
7. 总包的建立需要经过哪几道工序？

案例分析

2013 年 11 月 19 日，车音公司委托中通速递徐汇中部公司速递 7 个快递件，徐汇中部公司的业务员任某办理了该业务。其中一份寄到杭州的快递，内件只说明记载为"配件"。件数、重量、资费、保价费均为空白。

两天后，杭州收件人向车音公司表示未收到快件。车音公司便向中通公司杭州天目山服务点查询，经查询后确认这份快件丢失。车音公司遂向公安机关报案，称丢失的快递件为 20 台苹果 iPhone 5 手机，价值 13 万元。由于多次与中通公司交涉未果，车音公司把中通公司诉至法院，要求赔偿其 13 万元并支付公证费 2 200 元。有证据表明，车音公司这已经是第二次跟中通公司合作并发生快递业务合同关系。

根据以上案例分析该公司的诉讼请求是否会获得法院支持，并陈述理由。

情境三

冷链物流企业的配送作业

项目 12
冷链物流企业的配送作业

- **项目介绍**

冷链配送作业属于特殊的配送作业形式，其作业对象由于具有严格的温度限制，使得其配送作业过程具有特殊性。由于货品不同，其温度限制也不尽相同，从而使得其作业过程更加复杂。

京东冷链
物流

- **知识目标**
1. 掌握冷链配送作业的基本知识；
2. 掌握冷链配送作业的基本流程。
- **技能目标**

能够根据客户订购冷链货品的基本性质和供货要求，作出货品供货方案。

- **素质目标**
1. 培养全面分析问题的能力；
2. 养成从不同渠道搜集资料的习惯和提高能力。

任务 1　冷链物流企业的配送作业

1.1　任务导入

世贸国际酒店本月 25 日向市冷链配送中心订购了下月所需的一批产品，要求下月每天按当日订单供货，具体品种及数量有：伊利纯牛奶 1×227 mL×18 包百利包 1 000 箱，伊利优酸乳（原味）1×250 mL×24 盒共 500 箱，香菜 100 kg，保鲜生姜 300 kg，保鲜洋葱 3 000 kg，红富士苹果 2 000 kg，莱阳梨 1 000 kg，速冻带鱼 2 000 kg，速冻海虾 3 000 kg，冷鲜猪肉 5 000 kg，冷鲜牛肉 4 000 kg。请设计市冷链物流配送中心下月的供货配送流程。

1.2　任务分析

本批货物总批量大，但是要求供货批次多、批量小，并且要求当日及时供货，因此需要检索库存，估计下月的供货能力，对于库存不足的产品要及时采购入库以保证供给。从产品的类型来看，光明液态奶和伊利优酸乳属于奶制品，香菜、生姜、洋葱、红富士苹果、莱阳梨属于果蔬类，鲜海虾、鲜带鱼属于水产品，鲜猪肉、鲜牛肉属于肉类,每一类对于储存和配送要求基本一致,因此同类型产品可以采用类似的储配方法。对于每一种类型的产品要根据其特性,采用不同的流通加工和包装作业方法,使用不同的配送车辆进行配送作业。

1.3 相关知识

一、冷链物流

1. 冷链物流

冷链物流

冷链物流(Cold Chain Logistics)泛指冷藏冷冻类食品在生产、贮藏运输、销售过程中到消费前的各个环节中始终处于规定的低温环境,以保证食品质量,减少食品损耗的一项系统工程。它是随着科学技术的进步、制冷技术的发展而建立起来的,是以冷冻工艺学为基础、以制冷技术为手段的低温物流过程。冷链物流的要求比较高,相应的管理和资金方面的投入也比普通的常温物流要大。

图12-1所示的是以冷链运输为主要环节的冷链物流供应链概念图。

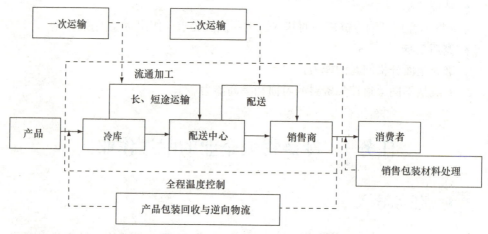

图12-1 冷藏物流供应链概念图

2. 冷链物流应遵循的原则

(1)储运过程应遵循3T原则。"3T原则"是指产品最终质量取决于在冷链中贮藏和流通时间(Time)、温度(Temperature)和产品耐藏性(Tolerance)。"3T原则"指出了冷藏食品品质保持所允许的时间和产品温度之间存在的关系。由于冷藏食品在流通中因时间—温度的经历而引起的品质降低的累积和不可逆性,因此对不同的产品品种和不同的品质要求,有相应的产品温度控制和贮藏时间的技术经济指标。如果把相同的冻结食品分别放在-20℃和-30℃的冷库中,则放在-20℃的冻结食品其品质下降速度要比-30℃的快得多。

(2)加工过程应遵循3C、3P原则。"3C原则"是指冷却(Chilling)、清洁(Clean)、小心(Care)。也就是说要保证产品的清洁,不受污染;要使产品尽快冷却下来或快速冻结,尽快地进入所要求的低温状态;在操作的全过程中要小心谨慎,避免产品受任何伤害。"3P 原则"是指原料（Products）、加工工艺（Processing）、包装（Package）。要求被加工的原料一定是品质新鲜、不受污染的产品；采用合理的加工工艺；成品必须具有既符合健康卫生规范又不污染环境的包装。

二、冷链配送中心的流通加工作业

冷链配送中心的食品流通加工作业是配送作业的增值性业务。它能起到满足用户多样化的需求、保护商品、提高配送效率以及促进销售的作用，主要有以下四种类型：

冷链配送中心的流通加工作业和配送形式

1. 冷冻加工

为解决鲜肉、鲜鱼在流通中保鲜及搬运装卸的问题，宜采取低温冷冻方式进行加工，这种方式也用于某些液体食品、货品等。

2. 分选加工

农副产品规格、质量离散情况较大，为获得一定规格的产品，采取人工或机械分选的方式加工称为分选加工，广泛用于果类、瓜类、谷物、棉毛原料等的加工。

3. 精制加工

农、牧、副、渔等产品的精制加工是在产地或销售地设置加工点进行的，大大方便了购买者，而且还可以对加工的淘汰物进行综合利用。比如，鱼类的精制加工所剔除的内脏可以制成某些药物或饲料，鱼鳞可以制成高级黏合剂，头尾可以制鱼粉等；蔬菜的加工剩余物可以制饲料、肥料等。

4. 分装加工

许多生鲜食品零售起点较低，而为保证高效输送出厂，包装则较大，也有一些采用集装运输方式运达销售地区。这样为了便于销售，在销售地区就要按所要求的零售起点进行新的包装，即大包装改小包装、散装改小包装、运输包装改销售包装等。这种方式即为分装加工。

三、食品冷链物流配送模式

食品的种类很多，其形状各异，又都有保质、保鲜期。因此，食品配送有三种配送模式。

1. 无储存工序的配送模式

第一种模式是在进货工序之后紧接分拣和配货等工序，中间不存在储存工序，即货物（食品）组织到以后基本上不存放，很快进行分拣、配货、配装，然后快速送货，如图 12-2 所示。通常保质期短且保鲜要求较高的食品（如点心类食品、肉制品、水产等）基本上都按照上述流程进行配送。

图 12-2 无储存工序的食品配送模式

2. 有储存工序的配送模式

第二种流程模式是在进货作业后安插储存工序，然后依次进行配货和配装等作业。通常保质期较长的食品主要按照上述流程进行配送。其操作程序是大量货物组织进来以后，先要进行储存、保管，然后根据用户订单进行分拣、配货、配装，待车辆满载以后，随即向各个用户送货，如图12-3所示。

图 12-3 有储存工序的食品配送模式

3. 有加工工序的配送模式

第三种流程模式是带有加工工序的配送模式。实际操作情况大体上是这样的：大量货物集中到仓库或场地以后，先进行初加工，然后依次衔接储存、分拣、配货、配装和送货等工序，如图12-4所示。

图 12-4 有加工工序的食品配送模式

鲜菜、鲜果、鲜肉和水产品等保质期短的货物配送经常选用上述包含有加工工序的食品配送模式。食品配送特别要强调速度和保质期。因此一般都采用定时配送、即时配送等形式进行供货。

四、冷链物流作业流程

冷链物流接单备货策略

1. 接单备货

冷链物流配送接单作业与其他类型的物流配送作业基本类似，接收订单后同样需要根据订单信息进行库存检索，对于缺货商品也需要进行采购以保证供应。本项目中由于订单是一张总订单，供货要求按日订单供货，供货期较长，因此对于某些产品即使库存充足也需要进行采购，对于各类产品的备货策略如下：

1）奶制品

伊利纯牛奶 1×227 mL $\times 18$ 包百利包保质期一般为30天，伊利优酸乳（原味）保质期一般为6个月，对于这两种奶制品应该采取不同的备货策略。在食品库存管理中超出保质期 $1/3$ 的产品将不能够入库，在库商品超出保质期 $2/3$ 的商品就应该及时处理。由于百利包纯牛奶的保质期相对较短，因此不能够采取大批量进货的策略，按照保质期的要求，每周进货一次较为合适。伊利优酸乳（原味）保质期一般为6个月，因此可以一次采购完所有的需求量500箱，从而增加规模折扣优势，降低采购成本，购进后在常温库储存即可。

2）果蔬类食品

果蔬类中香菜、生姜总需求量较小，洋葱、红富士苹果、莱阳梨需求量较大，但是这几类商品在常温常湿状态下储存时间较短，在必要包装条件下大约可以储存一周左右，还能保持质量变化不大。而大批量采购长期储存需要特殊的温湿度条件，储存成本较高，因此不适宜大批量集中采购，储存分批次供货，因此果蔬类商品也适合采用每周进货一次的备货策略。

3）水产品

速冻带鱼、速冻海虾由于需求量较大，并且都是速冻产品，储存条件一致，可以采用大批量一次性采购完成，再以冷藏库储存、分批次供货的方式进行备货。

4）冷鲜肉

冷鲜肉要求储运温度0℃～4℃，储存时间可达一周以上，采用最新的储存技术可达15天以上，而不会产生质量变化。冷鲜猪肉、冷鲜牛肉需求量较大，并且储运条件一致，可以采用相同的备货方法，考虑到冷鲜肉的保质期，因此采用每周采购一次，采购后冷藏库储存的备货策略。

2. 流通加工和包装

冷链物流的流通加工和包装形式较为复杂，方法较多，不同类型的产品、不同的储配条件所采用的流通加工和包装形式各异，但是本项目中的奶制品，由于其本身具有集储运和销售于一体的外包装，并且是产成品，因此不需要进行额外的流通加工和包装，其他三种产品的流通加工和包装方法如下：

流通加工和包装方法

1）果蔬类食品

果蔬类商品种类繁多，流通加工及包装方法多种多样。蔬菜类食品的流通加工主要进行摘除烂叶和根、清洗蔬菜本身的泥土等作业。如本项目中香菜是绿叶类蔬菜，在采购入库前就需要进行摘除烂叶的作业，对于地下块茎类蔬菜如生姜、土豆等在出库配送前需要进行清洗作业。包装作业需要根据不同商品的特性和客户的要求进行。本项目中香菜属于绿叶类蔬菜，极易脱水，因此需要将香菜装入乙烯袋中，并扎紧袋口，放置于合适温度下储存，出库配送时可以继续使用储存时的包装或按照客户要求重新包装。生姜和洋葱本身性状不易脱水和腐烂，因此在储存中对包装的要求不高，只要储存温度合适就可以无包装堆存，但要注意通风散热，如果客户需要包装，可以按照客户的要求进行包装，即生姜用乙烯袋包装，洋葱用大网眼编织袋包装。

优质红富士苹果和莱阳梨本身大多带有包装，如果带有包装可以不用再做储存和配送环节的包装。如果没有包装就需要重新包装，包装时需要将果实逐个用纸或防震乙烯套袋包裹，包纸可以减少水果的水分蒸发，使其不易萎缩，而且纸张又有隔热作用，能阻止果温的剧变。另外，包纸可减少腐烂的蔓延，减少机械损伤以及降低水果的呼吸强度。包装用纸不宜过硬或过薄，要有足够的大小，使果实完全被包住。为了减少果品的腐烂和防止霉菌的繁殖，可采用经化学处理过的包装纸。例如，用浸过硫酸铜或碳酸铜溶液的包装纸，对防止青霉菌的活动有一定效果。用浸过碘液的纸包水果效果更好。又如用浸过联苯的纸包柑橘，可减少腐果率。用蜡纸或经矿物油处理过的纸包苹果，不仅可减少水分损失，还可预防一种生理病——烫伤病的发生。

包裹完的水果应放入纸箱或果筐等容器中，所有包装容器内最好有衬纸，以减小果蔬的擦伤。果实装入容器时要仔细排列，使互相紧挨着，不晃动也不会挤压。尤其是莱阳梨等果柄较长的水果装箱或装筐时应特别注意，勿将果柄压在周围的果实上以免在储配过程中碰破其他水果的果皮。为了避免在搬运时或在运输途中摇动和摩擦，减少摔碰磕压的损耗，可在果实周围空隙加些填充物。对于苹果、梨等，这样处理在寒冷地区运输时还有防冻作用。填充物应干燥、不吸水、无臭气、质轻，如纸条、锯屑、刨花等均可。总之果蔬的包装，应符合科学、经济、牢固、美观、适销的原则。

2）水产品

水产品的流通加工作业主要是将产品进行清洗、去除内脏、分割作业，但是本项目中带鱼和海虾都不需要进行这些作业。包装作业主要进行装袋、装箱作业，例如，将带鱼按照数量和品级的要求进行装袋作业，将海虾进行装箱作业，进入低温库储存，在拣货之后，配送之前为了方便销售和运输再将带鱼装箱，海虾直接带箱配送。冷链物流中水产品的包装作业主要作用是利于储运和销售。

3）冷鲜肉

冷鲜肉由于在采购之前已经在加工处理车间进行了基本的流通加工处理，这种加工处理作业主要是将肉剔除筋膜，去掉不利于销售的部分，根据销售的需求分割为不同类型的肉，如将猪肉分割为前肘肉、后肘肉、里脊肉、五花肉等。因此在冷链物流配送中心所进行的主要流通加工处理形式主要是进行分割处理，即将大块的肉分割为小块，以便于进行配送作业。

冷鲜肉的包装形式主要有如下三种：

（1）简单包装。这种包装方法比较简单，主要是将肉品装入单层聚乙烯薄膜袋中，或者仅仅用单层聚乙烯薄膜包裹在肉品的表面即可，主要作用是防止水分蒸发和阻止部分细菌的侵入。对于不需要储存较长时间的肉品最好采用这种方式，成本较低。本项目中由于用户是酒店并且是当日供货、当日使用，如果客户没有特殊要求，最好采用这种包装方法。

（2）真空包装。这种方法是将鲜肉包装中的氧气脱除，与有氧气进入的包装相比有较长的保存期，能抑制微生物引起的变质，但肉的颜色会变得较暗并略呈紫红色。打开包装时，肉的表面重新获得氧气，颜色重新转化为氧合肌红蛋白的鲜红色。真空包装的货架期猪肉 30 天左右，牛肉 80 天左右。但这种包装需要特殊的真空包装机械设备，对包装材料要求也较高，无疑增加了包装成本。

（3）气调包装。这种方法是将包装袋中充入氮气或二氧化碳。这种方法能保持肉的氧合肌红蛋白颜色鲜红，气调包装的货架期猪肉大约 14 天。

3. 配送

在客户的当日订单下达以后就可以组织货物的配送作业了，各种产品的配送作业方法及要求如下：

1）奶制品

先来了解鲜奶配送需要注意的问题。牛奶的配送是牛奶品生产上重要的一环，配送不妥，往往会造成很大的损失，甚至无法进行生产。如用汽车或其他交通工具配送时必须注意下列四点：

（1）防止配送途中温度升高。特别在夏季，配送途中往往温度很快升高，因此配送时间最好安排在夜间或早晨或用隔热材料遮盖奶桶。

（2）保持清洁。配送时所用的容器必须保持清洁卫生，并加以严格杀菌。奶桶盖应有特殊的闭锁扣，盖内应有橡皮衬垫，不要用布块、油纸、纸张等作奶桶的衬垫物。因为布块可成为带菌的媒介物，用油纸或其他物作衬垫时不仅带菌而且不容易把奶桶盖严。此外更不允许用麦秆、稻草、青草或树叶等作衬垫。

（3）防止震荡。容器内必须装满并盖严，以防止震荡。

冷链物流
配送要求

(4) 快速配送。严格执行责任制，按路程计算时间，尽量缩短中途停留时间，以免鲜牛奶变质。

本项目中奶制品属于常温液态奶，配送要求稍低于鲜牛奶，但是也需要使用冷藏车配送，车内温度最好在 0 ℃ ~4 ℃，车内保持卫生清洁，货物在车厢内合理堆码，快速完成配送作业。

2）果蔬类品

（1）装车。果蔬类品的装车相关要点如下。

①装车堆码方式。新鲜果蔬的装车方法属于留间隙的堆码法。按所留间隙的方式及程度不同，又可以分为以下三种。

a. "品"字形装车法。该法是奇数层与偶数层货件交错骑缝装载，装后呈现出"品"字形状，适用于箱装货物。由于只能在货件的纵向形成通风道，因此在高温季节要求冷却或通风，而在寒冷季节则要求加温。该法适用于有强制循环装置的机械冷藏车。

b. "井"字形装车法。"井"字形装车法灵活多样，各层货物纵横交错。实际装载时，根据车辆的有效装载尺寸以及货件的包装规格，具体确定纵向或横向的放置件数。"井"字形装车法可使空气在每个井字孔之间上下流通，基本能够保证空气流通无阻。该法装载的货物较为牢靠，装载量也较大。

c. 筐口对装法。这种装载法主要用于用竹筐等包装件。竹筐在制作时，由于本身就留有空隙，因此不必再留有专门的通风空隙。筐口对装法有多种方式。总体来说，筐口对装法能够保证货物间的空气流通。

②堆码应遵循的原则有以下三项。

a. 货物间留有适当的间隙，以使车内空气能顺利流通。

b. 每件货物都不能直接与车辆的底板和壁板相接触。

c. 货物不能紧靠机械冷藏车的出风口或加冰冷藏车的冰箱挡板，以免导致低温伤害。就冷藏车配送而言，必须使车内温度保持均匀，同时保证每件货物都可以接触冷空气。就保温配送车而言，则应使货堆中部与产品周围的温度保持适中，应避免由于温度控制不好而导致货堆中心的呼吸热量散发不出来，而周围的产品又可能产生冷害等情况。

③装车包括以下注意事项。

新鲜果蔬配送时，堆码与装卸是必不可少并且非常重要的环节。在堆码前要对配送工具进行清洗，必要时还应进行消毒杀菌，并应尽量避免与其他不同性质的货物混装。合理的堆码除了应减少配送过程中的振动外，还应有利于保持产品内部良好的通风环境及车厢内部均衡的温度。

当必须同时装载货件大小不一的纸箱时，堆码时应将大而重的纸箱放置于车厢底层。此外，还应留有平行通道以便空气在货堆间流通。

堆码完毕后，最后一排包装箱与车厢后门之间应用支撑架隔开，同时货堆还应加固绑牢，以免在配送过程中造成货件间的相对运动引起产品的震动。同时还可避免货件间的运动影响货堆间的空气流通，以及产品运达目的地后，打开后门时掉下的包装箱对工人可能造成的伤害。因此可以根据实际需要，通过安装一个简单的木制支架就可以解决这个问题。

在实际生产中,由于受货物批量的限制,往往很难做到同一车辆中仅装载同一品名的货物。不同品名的货物能否混装,主要遵循以下四项原则。

a. 不同储运温度的果蔬不能混装。

b. 产生大量乙烯的果蔬不能和对乙烯敏感的果蔬混装。

c. 适宜相对湿度差异较大的果蔬不能混装。

d. 具有异常气味的果蔬不能与其他果蔬混装。

本项目中结合前面所述产品的适宜储存温度及实际情况,可以安排香菜、红富士苹果和莱阳梨同车配送,并且可以同车搭配本项目中的常温液态奶;生姜和洋葱两种商品同车配送。

(2) 配送过程管理。果蔬产品在配送过程,承运单位要对所配送的产品进行控制和管理,最大限度地维护和保证果蔬配送所需要的条件,减少损失。不同的配送方式和配送工具,在配送过程中的管理不尽相同,但总的来说,要注意以下四个方面。

①防止新鲜果蔬在配送途中受冻。原产于温带地区的苹果、梨、葡萄、核果类、猕猴桃、甘蓝、胡萝卜、洋葱、蒜薹等果蔬适宜储运温度在 0 ℃ 左右。而原产于热带和亚热带地区的果蔬对低温比较敏感,应在较高的温度下配送,如香蕉配送适温为 12 ℃ ~ 14 ℃,番茄(绿熟)、辣椒、黄瓜等配送温度为 10 ℃ 左右,低于 10 ℃ 就会导致冷害发生。冬季配送果蔬等应有草帘、棉被等保温防冻措施。

②防止配送中温度的波动。要尽量维持配送过程中恒定的适温,防止温度的波动。配送过程中温度的波动频繁或过大都对保持产品质量不利。新鲜果蔬的呼吸作用涉及多种酶的反应。在生理温度范围内,这些反应的速度随着温度的升高以指数规律增大,可以用温度系数 Q_{10} 来表示。Q_{10} 在 0 ℃ ~ 10 ℃ 范围内较高,最高可大于 7 ℃;而温度在 10 ℃ 以上时可降到 2 ℃ ~ 3 ℃。所以在较低的温度下,温度每波动 1 ℃,对新鲜果蔬造成的品质影响要比较高温度下严重。

③保证好配送工具内的温度和湿度。在配送过程中,要严格控制好不同果蔬对配送温度和湿度的要求。按照相关规定,每隔一定的时间对温度进行检查。如冷藏汽车配送果蔬时,要定期检查冷藏汽车上的温度计,如果温度过高,要及时开启制冷机。

④在配送过程中。要坚持"安全、快速、经济、准确"的配送四原则,确保配送工具的技术状况良好,准时到达目的地。当配送过程中发生机械事故或交通事故时,要及时采取补救措施,如转车过货等。

(3) 卸车。产品运达目的地后,首要工作就是要尽快卸车。我国目前卸车方式大多以人工为主。无论是机械卸车还是人工卸车,都应避免粗放、野蛮的操作。可以使用斜面卸车,一定要使斜面足够宽且牢固,能同时承受货物和装卸工人的重量。也可以通过一个可以折叠的坚固的梯子来帮助卸车。果蔬产品卸车完成后,要及时入库,以防止长时间在室外由于温度过高而腐烂。

3)水产品

先来了解活体海鲜水产品的配送方法。活体海鲜水产品的配送方法,以干法和湿法两类为主,归纳起来大致有以下五种。

(1) 干运。干运又称无水配送法,它是将水冷却到使鱼虾暂停生命活动的温度,然后脱水配送,到达目的地后,再将鱼虾放入水中,它们会重新苏醒过来。在脱水状态下,其生命可维持 24 h 以上。这种配送法不仅使鱼虾的鲜活度大大提高,而且可以节省运费,是一种较理想的配送方法。如日本对虾、梭子蟹、龙虾等用木楞纸箱或泡沫箱配送。

(2) 淋水配送。此方法适用于贻贝、扇贝、文蛤、牡蛎、青蟹等,配送途中要定时观察并喷淋海水。

(3) 帆布桶配送。采用粗帆布缝制成帆布桶,其底部多数为正方形,少数为圆形,其长度与高度可据配送数量与车辆体积而定,一般是 0.8~1.2 m。支撑后涂刷石蜡,用铁架支撑,装运的数量可根据鱼虾个体大小、水温高低、配送时间长短等条件而定,一般每吨水可装成鱼 100 kg 左右。用普通车辆配送即可,途中采取换水的方法以补充氧气。所换水的水质一定要事先处理好,以免发生意外。

(4) 塑料袋包装配送。先把活鱼虾消毒,在塑料袋中装入配备好的水,再将鱼虾按不同规格和数量装入,然后挤掉袋中的空气,并灌入适量氧气,用橡皮圈束紧袋口。然后将塑料袋装入纸箱中,每箱可装 1~2 袋,最好用泡沫箱装,夏天气温高时,可在箱内放一小袋冰块降温。此法目前在世界各地广泛采用,安全系数大。

(5) 冷冻配送。采用专用冷冻配送箱装运活鱼。一般配送箱为保证绝热性采用 20 cm 厚的聚氨酯板,用不锈钢制成骨架,注入大约 100 L 海水和 90 L 淡水,再将体积相当于 800 L 的鱼和 90 L 的冰放入箱中。在封闭箱口前,再加入 30 L 冰即可。

本项目中由于是冻品配送,不能采用以上方法,但操作较为简单。配送前按照当日订单的要求组织拣货,拣出的货品先要进行称重,然后进行必要的配送包装,本项目中的带鱼可以采用纸箱包装,为了降低成本也可以采用可回收的冷藏周转箱,直接将冷库中用乙烯袋包装的带鱼装入即可;海虾可以直接用冷藏周转箱配送。由于是冻品配送,对配送车辆的要求较高。车厢内必须保持卫生整洁,符合国家检疫要求;配送中车厢内温度应该保持在 -18 ℃ 或更低,厢体在装载前必须预冷到 10 ℃ 或更低,并装有能记录车厢内不同位置温度的仪表,并且能在驾驶室内看到温度数值;产品装卸搬运或进出冷库要迅速,防止产品融化;产品在配送途中允许升温到 -15 ℃,但是交货后必须尽快降至 -18 ℃。由于水产品腥味较重,一般不能够与其他产品同车配送,以免与其他产品串味,影响其他类型产品的品质,但是可以将不同客户的产品同车配送,以提高车辆利用率。产品配送完成后,可以随车带回上次配送时所用的可回收周转箱。

4) 冷鲜肉

如果肉在配送中卫生管理不够完善,会受到细菌污染,极大地影响肉的保存性。初期就受到较多污染的肉,即使在 0 ℃ 的温度条件下,也会出现细菌繁殖。所以需要长时间进行配送的肉,应注意以下五点。

(1) 装卸方法。对于配送的胴体肉(1/2 或 1/4 胴体),必须用防腐支架装置,以悬挂式配送,其高度以鲜肉不接触车厢底为宜。分割肉应避免高层垛起,最好库内有货架或使用集装箱,并且留有一定空间,以便于冷气顺畅流通。堆码要求紧密,不仅可以提高配送工具容积的利用率,而且可以减少与空气的接触面,降低能耗。配送车、船的装卸应尽可能使用机械,装运应简便快速,尽量缩短交运时间。

（2）配送车辆的内表面以及可能与肉品接触的部分必须用防腐材料制成，从而避免改变肉品的理化特性或危害人体健康。内表面必须光滑，易于清洗和消毒。

（3）配送车辆的装卸应尽可能使用机械，装运应简便快速，尽量缩短交运时间。

（4）配送途中，车辆内应保持 0 ℃~4 ℃ 的温度、80%~90% 的湿度。

（5）配备适当的装置，防止肉品与昆虫、灰尘接触，且要防水。

配送车辆在整个配送过程中必须保持一定的温度要求，并且凡是配送肉品的车辆，不得用于配送活的动物或其他可能影响肉品质量或污染肉品的产品，不得同车配送其他产品，即使是头、蹄、胃，如果未经浸烫、剥皮、脱毛，也不得同车配送。肉品不得用不清洁或未经消毒的车辆配送，因此本项目中冷鲜肉的配送应该采用专门的车辆单独进行，但是可以与其他客户的肉品同车配送。发货前必须确定配送车辆及搬运条件是否符合卫生要求，并签发配送检疫证明。

1.4 技能训练

某超市配送中心本周需要为下属 3 家连锁超市配送产品，各种产品总需求量预测如下：鲜鸡蛋 3 000 kg，雨润烟熏火腿 500 g/根共 2 000 根，三全凌汤圆 500 g/袋共 500 袋，芝麻、黑芝麻、豆沙、黑糯米各 1 000 袋；净菜：油菜 5 000 kg、生菜 2 000 kg。配送要求每天配送，请根据各种产品的特性，分组讨论如何完成供货，并写出供货方案报告。

一、实训目的

熟悉冷链物流的作业流程和注意事项，能够根据产品的特性组织冷链物流的运作。

二、实训材料

安装 Office 办公自动化系统的计算机。

三、实训步骤

（1）分组讨论任务实施过程和各种产品的冷链特性。
（2）上网搜集上述各种产品的冷链过程特点和要求。
（3）根据搜集资料情况，再讨论确定冷链物流方案。
（4）根据搜集的资料和讨论结果写出供货方案报告，提交报告，并派代表陈述。

同步测试

1. 冷链物流运作过程中，应遵循的 3T 原则是产品最终质量取决于在冷链中贮藏和流通的_____、_____、_____。
2. 冷链产品加工过程中应遵循的 3C 原则是指_____、_____、_____。
3. 冷链配送中心的流通加工作业有_____、_____、_____、_____。
4. 果蔬产品配送作业过程中需要做好哪几方面的工作？

5. 下列属于水产品配送的方式有（　　）。
   A. 干运　　　　　　　　B. 淋水配送　　　　　　C. 帆布桶配送
   D. 塑料袋包装配送　　　E. 冷冻配送

案例分析

联合利华：高标准冷饮乳品物流运作攻略

联合利华生产冰淇淋已有很长的历史，是世界上最大的冰淇淋生产商之一。1993 年，和路雪北京工厂建成投产，这是中国最为现代化的冰淇淋工厂，生产品牌有梦龙、可爱多、百乐宝。1996 年，和路雪在上海附近的太仓市建成第二家工厂，在广州建成一座大型冷库。作为世界最重要的冷饮制造商之一，联合利华和路雪冰淇淋在冷链管理上保持了先进的水平。那么联合利华和路雪是如何保持冷链管理的高水平呢？

1. 冷饮乳品冷链架构解析

冷链是特殊的物流形态，对温度的控制其实就是对产品品质的控制手段之一。

目前，冷链环节主要是产品从工厂生产线下来进入与工厂相连的成品冷库，接着是成品的运输配送。运输配送有几个环节，产品先通过干线运输到区域的配送中心，再配送到客户或经销商的冷库，然后由经销商或客户负责配送到门店，最后再从门店到消费者的手中。

目前联合利华冷链在全国有多个配送中心，按东南西北的区域分布，有的地区大一些便设有 2~3 个配送中心。配送中心没有严格的配送半径，一般半径在 500~1 000 km 内。具体操作上，联合利华的冷链物流基本上都聘请专业的冷藏物流公司来运作。

联合利华和路雪物流除了国内配送，还有相当量的出口物流运作。虽然出口冷冻产品的物流费用很高，但相对来说，进口国的生产成本还是比中国工厂生产并运输过去的总成本要高，出口的总费用还是节省，只是运输时间长一些。

在仓储运输上，为了保证产品品质，联合利华有自己比较严格的规范和要求。

首先对仓储运输的温度有要求。每家冷冻企业对冷链的控制温度都不一样，联合利华要求的温度比较低，工厂成品冷库的温度达到 -26 ℃。出了工厂冷库后，因为现在市场上大部分的冷库基础设施都是按照 -18 ℃ 设置的，要达到更低的温度比较难。在冷库储存时还好，运输过程中有时还达不到 -18 ℃，如铁路冷藏车，能达到 -18 ℃ 就算很好的状况了。究其原因，首先是制冷设施的硬件资源不够好，再者跟运营成本的上升压力有关，温度设定得越低，越费能源，而能源价格又在不断上涨。对于那些温度达不到要求的冷库和车辆，联合利华不考虑使用。

其次，联合利华对冷链整个链条有控制，这主要体现在冷链的衔接上。产品暴露在常温下是不允许的。在把产品从冷库搬运到冷藏车上时，会经过一个过渡房，这个过渡房的温度没有冷库那么低，但也在零度以下。装车时，冷藏车和过渡房门之间有门封连接，形成隔绝外界的封闭通道，使得产品的移动过程没有暴露在常温的空间。

虽然这样的操作在工厂冷库和配送中心都没有问题，但是越往终端就越难做到，特别是在配送至零售门店的过程中，一般是由经销商或批发商负责再往下配送。由于条件限制，经销商或批发商的冷库一般很小，而且只有一扇门进出货，当把产品卸货至其冷库时，产品常常会裸露在常温下。现在对终端配送，生产企业只能是要求客户尽量减少产品暴露在常温中的时间。

2. 冷链控制难点攻略

所谓的难点首先就是对温度的监控。温度的控制是冷链最重要的一环，能否控制好温度将直接影响产品质量，因为冷饮最忌讳化了之后再冻上，那样口感变得完全不一样，简直是两种产品。

控制温度首先是要规范冷链物流运作。产品在冷库一般没问题，出了冷库到冷藏车上温度会高一点，但只要严格按规范操作都没有问题。最怕的是不按规矩操作，以前遇到过这种情况，运输商承诺运输时温度可以达到-18℃，但是为了节省成本，他们的冷藏车出了冷库门后就关掉制冷机，这时车内温度不会马上升高，但会一点一点升高，如从-18℃到-10℃，再到-5℃，这时有一些冷饮已经开始化了。车辆在到达目的地前他们再打开制冷机，变软或化掉的冷饮慢慢又冻上，这时候的产品品质已经不一样了。这样的运输商是不能考虑使用的。

现在有很多高科技手段帮助杜绝了这类违规操作。如温控仪的使用，温控仪放到车厢里打开就能连续不断地记录温度，到达地点后把温控仪连接到电脑上就能看到温度的变化曲线图，以此监控温度的变化范围。现在联合利华要求运输商所提供的冷藏车都必须配备温控仪，并且温控仪所记录的温度变化曲线图也是考核运输商的一个关键绩效指标。

另外，控制温度也受制于硬件条件。硬件条件不好，操作再规范也没用。新的冷库和冷藏车都可以达到要求的温度，旧冷库和旧车辆比较难，尤其是铁路的冷藏车。现在运行的很多铁路冷藏车还是国家多年前投放使用的，比较陈旧，想有效控制温度有点困难。海运冷藏使用的是集装箱，集装箱在货船上通电制冷，只要货船的电路系统不出问题，冷藏集装箱一般不会出问题。

除温度控制外，另一个难点就是针对第三方物流商的管理。对于怎么管理好第三方物流商，各个企业有各种不同的方法，有效的做法是给第三方物流商设定好一些关键的绩效指标，即KPI，然后定期监控。如果绩效指标没有达到，就应该和物流商一起分析原因，指出有哪些改进措施，然后再去监控。如果达到要求，证明这些改进措施是有效的。

一旦选定了某家第三方物流商，那么双方便结成了合作伙伴关系，会尽力相互提供各自所需要的帮助，使得第三方物流商与客户一起共同发展。比如，完善的物流运作流程很重要，一般来说第三方物流商都有操作流程，关键是这个操作流程能细化到哪一步。有的第三方物流商不错，有细化并且量化的操作标准，某些物流商没有很细的操作流程，也不知道该怎么细化流程。这时双方会共同分析、相互协助，发挥各自在冷链物流运作上的经验，共同建立起细化的操作流程。

在选择第三方物流商时，可以有不同的方式。可以从一家供应商那里租赁冷库，但将冷库交给另一家专门从事冷库管理的第三方来管理，然后再找一家专门负责运输的第三方。有的第三方物流商实力比较强，自己有冷库，管理能力也不错，还有自己的车队，这样的第三方也是一种选择。选择后者可以让管理轻松很多，但是因为整条冷链都在一家第三方那里，风险会很大，一旦出现问题，就是一大堆的问题；而前者做法虽然管理复杂，但相对地能分摊风险。

目前，虽然现在在冷链的前端做得很好，但是末端断链仍会影响消费者最终拿到的产品品质。然而对于联合利华和路雪来说，由于在全国有众多销售点，想依靠自己的力量建设终端配送体系来有效控制末端冷链是非常庞大的工程，实际操作起来很困难，所以还是要依靠经销商和客户来控制末端冷链以最终提供给消费者优质产品。

根据以上案例分析联合利华和路雪如何保持冷链管理的高水平。

情境四

生产物流企业的配送作业

项目 13
生产物流企业的配送作业

- 项目介绍

企业生产物流是指原材料、燃料、外购件投入生产后，经过下料、发料、运送到各个加工点和存储点，以在制品的形态，从一个生产单位（仓库）流入另一个生产单位（仓库），按照规定的生产工艺过程进行加工、储存的全部生产过程。因此，生产物流的形式和规模取决于生产的类型、规模、方式和生产的专业化与协作化水平。

- 知识目标

通过调查了解生产企业物流作业流程，并掌握其与其他作业流程的区别。

- 技能目标

能通过参观和听取企业老师的讲授，总结作业流程及其与其他流程的区别，并能发现流程的不足，具备发现问题、解决问题的能力。

- 素质目标

1. 培养学生团队合作能力、与他人相处的能力和遵守工作规章制度的纪律性；
2. 养成良好的发现问题、解决问题的能力。

任务 1　生产物流企业的配送作业

1.1　任务导入

参观一家生产物流企业，了解其产品及生产方式的基本情况及其生产物流配送作业流程，通过分组讨论，总结生产物流企业的配送作业流程及存在的问题，并提出改进措施，最后形成一份生产物流企业的配送作业调查报告。

1.2　任务分析

本项目的主要任务是参观生产物流企业并完成相关调查报告，需要先了解生产物流的基本知识，尤其是生产物流作业流程组织和生产企业作业流程优化的知识。

1.3 相关知识

一、生产物流基本理论

企业的生产从原材料的采购进厂开始,经过一道道工序加工成半成品,然后组装成产成品,运至成品库存放或直接送给用户,始终离不开物料的流动,其生产物流系统如图 13-1 所示。

生产物流概念和特点

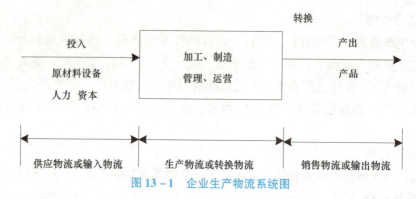

图 13-1 企业生产物流系统图

生产物流是指与生产流程同步,从原材料购进开始直至产成品发送为止的全过程的物流活动。企业物流是指在企业生产经营过程中,物品从原材料供应,经过生产加工,到产成品销售,及伴随生产消费过程所产生的废旧物资的回收和再利用的完整循环活动。企业内部物料按照一定的工艺流程要求,借助一定的搬运手段和工具从一个工位流入另一个工位,就形成了企业的生产物流。生产物流具有以下五个特点:

1. 伴生性

企业生产物流往往伴随加工活动而发生,具有极强的伴生性,是生产过程中的一个组成部分或一个伴生部分,这决定了企业物流很难与生产过程分开而形成独立的系统。

在总体的伴生性同时,企业生产物流中也确有与生产工艺过程可分的局部物流活动,这些局部物流活动有本身的界限和运动规律,当前企业物流的研究大多针对这些局部物流活动而言。这些局部物流活动主要是:仓库的储存活动、接货物流活动、车间或分厂之间的运输活动等。

2. 集合性

生产物流是由原材料采购、生产制造、产成品销售以及环境保护和废弃物处理等活动组成的一个供、产、销、环保四位一体的集合体。

3. 适应性

在复杂的外部环境包围中,为使企业物流系统运行正常,必须有很强的适应能力。

4. 服务性

企业生产物流围绕企业的生产活动而展开,它的产出是服务而不是产品。企业生产物流和社会物流的一个最本质不同之处，也即企业物流最本质的特点，不是实现时间价值和空间价值的经济活动，而是实现加工附加价值的经济活动。所以，虽然物流空间、时间价值潜力不高，但加工附加价值却很高。

5. 可控性

企业生产物流是一种工艺过程性物流，受生产工艺、车间布局、生产设备、生产方式和流程等的影响。一旦企业生产工艺、生产装备及生产流程确定，企业物流也因而成了一种稳定性的物流，物流便成了工艺流程的重要组成部分。由于这种稳定性，企业物流的可控性、计划性便很强，一旦进入这一物流过程，选择性及可变性很小。对物流的改进只能通过对工艺流程的优化，这方面和随机性很强的社会物流有很大的不同。

一般来说，影响生产物流的因素主要有以下四个方面：

(1) 生产工艺——对生产物流有不同要求和限制；

(2) 生产类型——影响生产物流的构成和比例；

(3) 生产规模——影响物流量大小；

(4) 专业化和协作化水平——影响生产物流的构成与管理。

二、企业生产物流

1. 企业生产物流的构成

一般来说，企业生产物流由以下五个方面构成。

(1) 供应物流：是企业为组织生产所需要的各种物资供应而进行的物流活动。

(2) 生产物流：是指企业按生产流程的要求，组织和安排物资在各生产环节之间进行的内部物流。

(3) 销售物流：是企业为实现产品销售，组织产品送达用户或市场供应点的外部物流。

(4) 回收物流：是指不合格物品的返修、退货以及周转使用的包装容器从需方返回到供方所形成的物品实体流动。

(5) 废弃物流：是将经济活动中失去原有使用价值的物品，根据实际需要进行收集、分类、加工、包装、搬运、储存等，并分送到专门处理场所时所形成的物品实体流动。

2. 企业生产物流的类型

1) 从物料流向的角度分

(1) 项目型生产物流。在固定式生产中，当物料进入生产场地后，几乎处于停止的"凝固"状态。

企业生产物流类型

项目型生产物流具有以下几个特点：物料采购量大，供应商多；原材料、在制品占用大，无产成品占用；物流在加工场地的方向不确定，加工变化极大；物料需求与具体产品存在一一对应的相关需求。此类型生产物流管理的重点在于按照项目的生命周期对每阶段所需的物料在质量、费用及时间进度等方面进行严格的计划和控制。

(2) 连续型生产物流。在流程式生产中，物料均匀、连续地流动，不能中断。

连续型生产物流具有以下两个特点：生产出的产品和使用的设备、工艺流程固定且标准化；工序之间几乎没有在制品储存。此类型生产物流管理的重点在于保证连续供应物料和确保每一生产环节的正常运行。

（3）离散型生产物流。加工装配式生产中，产品生产的投入要素由许多可分离的零部件构成，各个零部件的加工过程彼此独立。

离散型生产物流的特点为：制成的零件通过部件装配和总装配最后成为产品；生产工艺离散；各环节之间要求有一定的在制品储备。此类型生产物流管理的重点在于在保证及时供料及零件、部件的加工质量的基础上，准确控制零部件的生产进度，缩短生命周期。

2）从物料流经的区域和功能角度分

工厂内部物流

（1）工厂间物流。工厂间物流是指大型企业各专业车间的运输物流或独立工厂与材料、配件供应厂之间的物流。此类型生产物流管理的重点在于进行企业内部供应链管理，合理布局生产单位，确定合理的协作计划，运用信息技术建立数据库。

（2）工序间物流。工序间物流是指车间内部和车间、仓库之间各工序、工位上的物流。此类型生产物流管理的重点在于进行仓库合理布局，确定合理的库存量，配置设备与人员，建立搬运作业流程、储存制度等。

企业生产物流特征

3. 企业生产物流的特征

1）单件小批量生产的物流特征

（1）制造过程中，外部物流较难控制。

（2）生产过程原材料、在制品占用大，几乎无产成品占用。

（3）物流在加工场地的方向不确定，加工路线变化极大，工序之间的物流联系不规律。

（4）生产的重复程度低。

（5）产品设计和工艺设计存在低重复性。

2）成批轮番生产的物流特征

（1）制定生产频率，采用混流生产。

（2）以物料需求计划（MRP）实现物料的外部独立需求与内部从属需求之间的平衡，以准时生产制（JIT）实现客户个性化特征对生产过程中物料、零部件、成品的拉动需求。

（3）物料的消耗定额容易准确制定。

（4）对制造过程中物料的供应商有较强的选择要求。

3）大量流水生产的物流特征

（1）物料需求的外部独立性和内部相关性易于计划和控制。

（2）物料的消耗定额容易并适宜准确制定。

（3）制造过程中物料采购的供应商比较固定，外部物流相对较容易控制。

（4）强调采购、生产、销售物流各功能的系统化。

4）大规模定制生产的物流特征

（1）将客户订单分离点（CODP）尽可能向生产过程的下游移动，减少为满足客户订单中的特殊需求而在设计、制造及装配等环节中增加的各种费用。

（2）在时间维度优化方面，关键是有效地推迟客户订单分离点。

（3）在空间维度优化方面，关键是有效地扩大相似零件、部件和产品的标准化范围，并充分利用这些零件、部件和产品中存在的相似性。

（4）对装配流水线有更高的柔性要求，从而实现传统大批量生产和定制生产的有机结合。

（5）促使物流必须有一个坚实的基础——订单信息化、工艺过程管理自动化与物流配送网络化。

（6）创建可定制的产品与服务非常关键。

（7）真正体现出基于时间竞争的物流速度效益。

（8）生产品种的多样性和规模化制造，要求物料的供应商、零部件的制造商以及成品的销售商之间的选择是全球化、网络化的。

三、企业生产物流的组织形式

1. 生产物流的空间组织

目标在于缩短物料在工艺流程中的移动距离。一般有三种专业化组织形式：工艺专业化；对象专业化；成组工艺。

企业生产物流的空间组织

1）工艺专业化形式

按工艺专业化形式组织生产物流，也称工艺原则或功能生产物流体系，是按加工工艺的特点划分生产单位。特点为同类型的设备、同工种的工人、同一加工方法，完成产品某一工艺过程加工，如图13-2所示。

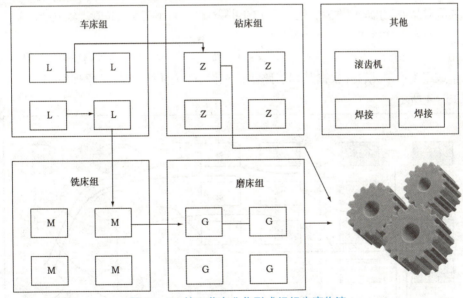

图13-2 按工艺专业化形式组织生产物流

适用范围：企业生产规模不大，生产专业化程度低，产品品种不稳定，或单件小批量生产。按工艺专业化形式组织生产物流对产品品种的变化和加工顺序的变化适应能力强，生产系统的可靠性较高，工艺及设备管理也较方便。但是物流次数及路线复杂，协调难度大。

2）对象专业化形式

按对象专业化形式组织生产物流，也叫产品专业化原则或流水线，即把生产设备、辅助设备按生产对象的加工路线组织起来，如图13-3所示。

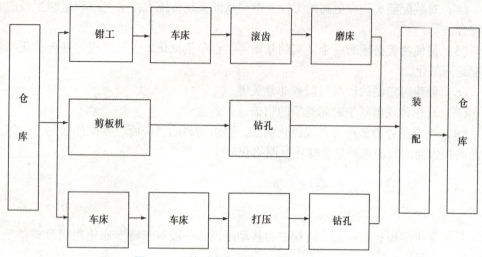

图 13-3　按对象专业化形式组织生产物流

适用范围：企业专业方向已经确定，产品品种比较稳定，生产类型属于大量、大批生产，设备比较齐全并能有充分负荷。按对象专业化形式组织生产物流可减少运输次数，缩短运输路线；协作关系简单，从而简化了生产管理；在制品少，生产周期短。然而，此种生产物流对品种变化适应性差，生产系统的可靠性低，且工艺及设备管理较复杂。

3）成组工艺形式

组织生产物流，结合上述两种形式特点，按成组技术原理，把具有相似性的零件分成一个成组生产单元，并根据其加工路线组织设备，运用组成技术原理组织生产物流，如图 13-4 所示。

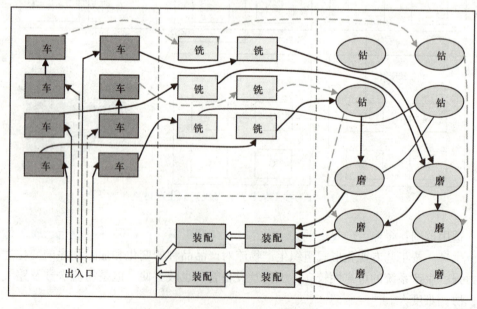

(a)

图 13-4　运用成组技术前后对比

(a) 运用组成技术之前

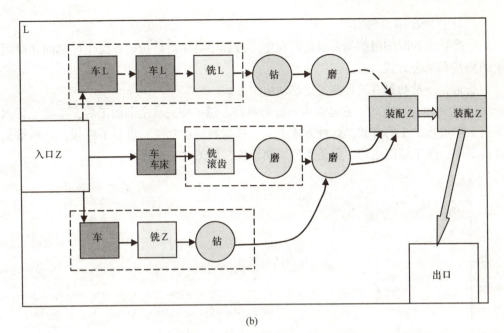

图13-4 运用成组技术前后对比（续）

(b) 运用组成技术之后

按成组工艺形式组织生产物流可简化零件的加工流程，减少物流迂回路线；在满足品种变化的基础上有一定的批量生产，具有柔性和适应性。但需要较高的生产控制水平；若单元间流程不平衡，需中间储存，增加了物料搬运；班组成员需掌握所有作业技能，难度增大；减少了使用专用设备的机会。

三种空间组织生产物流形式的选择主要取决于系统中产品品种的多少和产量的大小，如图13-5所示。

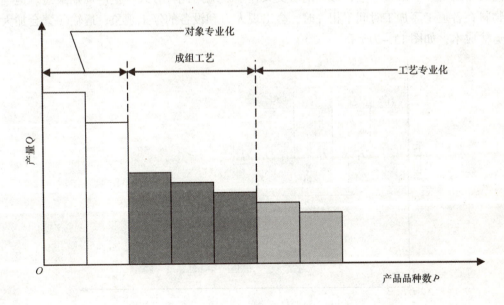

图13-5 三种生产物流形式的选择

企业生产物流的时间组织

2. 生产物流的时间组织

生产物流的时间组织指一批物料在生产过程中各生产单位、各道工序之间在时间上的衔接和结合方式。

通常，一批物料有三种典型的移动组织方式。

(1) 顺序移动方式：它是指当一批物料在上道工序完成全部加工后，整批地转到下道工序进行加工的方式。此种方式中，一批物料连续加工，设备不停顿，物料整批转换工序，便于组织生产，但是生产周期较长，如图 13-6 所示。

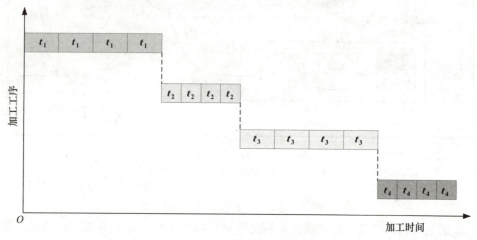

图 13-6　顺序移动方式

$$加工周期\ T_{顺} = n \sum_{i=1}^{m} t_i$$

(2) 平行移动方式：它是指一批物料投入后，在前道工序加工一个物料后，立即送到后道工序去继续加工，形成前后交叉作业。应用此种方式，生产周期最短。但当物料在各道工序加工时间不相等时，会出现人力和设备的停工现象；运输频繁会加大运输成本，如图 13-7 所示。

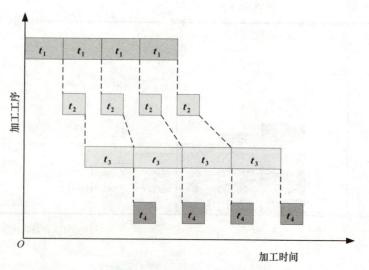

图 13-7　平行移动方式

$$加工周期\ T_{平} = \sum_{i=1}^{m} t_i + (n-1)\max(t_1,\cdots,t_m)$$

（3）平行顺序移动方式：它是指每批物料在每一道工序上连续加工没有停顿，且物料在各道工序的加工尽可能做到平行。这样既考虑了在相邻工序上加工时间尽量重合，又保持了该批物料在工序上的顺序加工，如图 13-8 所示。

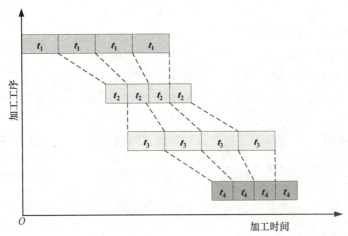

图 13-8　平行顺序移动方式

$$加工周期\ T_{平顺} = n\sum_{i=1}^{m} t_i - (n-1)\sum_{j=1}^{m-1}\min(t_j, t_{j+1})$$

四、生产物流系统设计的基本原则

1. 最小移动距离

尽量缩短物料及各种零部件的移动距离，使各类活动能够紧密衔接，合理地进行工厂的布局，避免迂回和交叉。

生产物流设计的原则

2. 综合性

生产物流系统设计应站在全局的立场，考虑工厂的长远发展，不仅考虑物流系统各功能之间的协调发展，同时还要考虑规模、能力、质量、管理等的需要。

3. 集装单元化

采用集装单元的方式，开展装卸、搬运、保管、运输等活动。

1.4　技能训练

参观一家生产物流企业，了解其产品及生产方式基本情况及其生产物流配送作业流程，通过分组讨论，总结生产物流企业的配送作业流程及存在的问题，并提出改进措施，最后形成一份生产物流企业的配送作业调查报告。

一、实训目的

通过参观和听取企业老师的讲授总结作业流程及其与其他流程的区别，并能发现本流程的不足，具备发现问题、解决问题的能力。

二、实训材料

安装 Office 办公自动化系统的计算机、纸、笔。

三、实训步骤

（1）学习生产物流的基本知识。
（2）任课教师联系一家生产物流企业。
（3）参观企业前分小组讨论需要调查和问询的内容，以利于书写调查报告。
（4）参观该企业，请企业专业人员讲解企业的基本情况和生产物流组织及流程情况。
（5）各小组根据参观情况及提前做好的调查问题，参观企业生产车间和物流作业情况，并向企业专业人员调查。
（6）书写调查报告。
（7）做好课件，分小组陈述报告内容，其他小组听取报告，并提出自己的意见。
（8）修改完善报告并提交。

物流配送实务
项目任务单

_____班_____组

成员：_____
_____

一、订单处理

组长：_____

1. 配送中心某日接收到如下订单，共五个客户，每个客户订货情况如项目表1~项目表5所示。

项目表1　福乐多超市采购订单　　　订购时间：2018年4月13日

序号	商品名称	单价/元	订购数量/箱	金额/元	备注
1	好多多拼图	240	7	1 680	
2	正航1 500 g饼干	260	11	2 860	
3	娃哈哈非常饮料	110	6	660	
4	贝帝妙厨妙脆角（大）	420	8	3 360	
	合计	—	32	8 560	

项目表2　中百超市采购订单　　　订购时间：2018年4月13日

序号	商品名称	单价/元	订购数量/箱	金额/元	备注
1	贝帝妙厨妙脆角（大）	420	12	5 040	
2	好多多拼图	240	9	2 160	
3	正航1 500 g饼干	260	8	2 080	
	合计	—	29	9 280	

项目表3　朝阳超市采购订单　　　订购时间：2018年4月13日

序号	商品名称	单价/元	订购数量/箱	金额/元	备注
1	正航1 500 g饼干	260	20	5 200	
2	贝帝妙厨妙脆角（大）	420	50	21 000	
	合计	—	70	26 200	

项目表4　佳乐家福东店采购订单　　　订购时间：2018年4月13日

序号	商品名称	单价/元	订购数量/箱	金额/元	备注
1	达利蛋黄派	180	24	4 320	
2	好多多拼图	240	10	2 400	
3	贝帝妙厨妙脆角（大）	420	8	3 360	
4	正航1 500 g饼干	260	8	2 080	
	合计	—	50	12 160	

项目表 5 乐福家超市采购订单　　　　订购时间：2018 年 4 月 13 日

序号	商品名称	单价/元	订购数量/箱	金额/元	备注
1	正航 1 500 g 饼干	260	6	1 560	
2	贝帝妙厨妙脆角（大）	420	9	3 780	
3	好多多拼图	240	4	960	
	合计	—	19	6 300	

请讨论并陈述分别通过电话、传真机（或复印机）、电子邮件三种方式，发送与接收订单时应注意的问题，三种订单传输方式的优缺点，填入项目表 6 的空白处。

项目表 6 三种订单传输方式优缺点比较

2. 所涉及订单的需求商属于配送中心的老客户，配送中心根据与这些客户以往的业务往来建立了客户档案，如项目表 7～项目表 11 所示。请根据客户档案所提供的信息，对于以上五份订单进行有效性分析，确定哪些订单是无效订单。

项目表 7 福乐多超市客户档案表

	注册资金	3 600 万		年营业额	1 000 万	
资信情况	满意度	☑高　□较高　□一般		忠诚度	□高　☑较高　□一般	
	客户类型	□一般　☑潜力　□关键		客户级别	B	
	信用截止期限	2019 年 3 月 31 日		信用额度	150 万	
	去年交易总额	256 万		应收账款	125 万	
金融状况	资金状况	☑充足　□紧张		□短缺　□危险		
	付款态度	□爽快　☑尚可		□拖延　□欠款		

项目表 8　中百超市客户档案表

资信情况	注册资金	2 000 万			年营业额	3 000 万		
	满意度	☑高	□较高	□一般	忠诚度	☑高	□较高	□一般
	客户类型	□一般	□潜力	☑关键	客户级别	A		
	信用截止期限	2021 年 12 月 31 日			信用额度	180 万		
	去年交易总额	526 万			应收账款	152.5 万		
金融状况	资金状况	☑充足	□紧张	□短缺	□危险			
	付款态度	☑爽快	□尚可	□拖延	□欠款			

项目表 9　朝阳超市客户档案表

资信情况	注册资金	200 万			年营业额	50 万		
	满意度	☑高	□较高	□一般	忠诚度	□高	□较高	☑一般
	客户类型	☑一般	□潜力	□关键	客户级别	B		
	信用截止期限	2018 年 12 月 31 日			信用额度	10 万		
	去年交易总额	78 万			应收账款	9.8 万		
金融状况	资金状况	☑充足	□紧张	□短缺	□危险			
	付款态度	☑爽快	□尚可	□拖延	□欠款			

项目表 10　佳乐家超市客户档案表

资信情况	注册资金	1 200 万			年营业额	2 000 万		
	满意度	☑高	□较高	□一般	忠诚度	☑高	□较高	□一般
	客户类型	母公司			客户级别	A		
	信用截止期限	—			信用额度	200 万		
	去年交易总额	1 562 万			应收账款	199.5 万		
金融状况	资金状况	☑充足	□紧张	□短缺	□危险			
	付款态度	☑爽快	□尚可	□拖延	□欠款			

项目表 11　乐福家超市客户档案表

资信情况	注册资金	100 万			年营业额	80 万		
	满意度	□高	☑较高	□一般	忠诚度	□高	□较高	☑一般
	客户类型	☑一般	□潜力	□关键	客户级别	B		
	信用截止期限	2018 年 5 月 31 日			信用额度	6 万		
	去年交易总额	56 万			应收账款	4.2 万		
金融状况	资金状况	☑充足	□紧张	□短缺	□危险			
	付款态度	☑爽快	□尚可	□拖延	□欠款			

将订单有效性及理由填入项目表12中。

项目表12　订单有效性及理由

3. 将所有订单中的商品合并，生成一张合并订单，填入项目表13中。

项目表13　合并订单

二、进货与储存

1. 已知资料：

（1）配送中心接收到入库任务单，货物信息如项目表14所示。

项目表14 入库任务单

入库任务单编号：R10062301　　　　　　　　　　　　　　　　　　　　计划入库时间：到货当日

序号	商品名称	包装规格（长×宽×高）/mm×mm×mm	单价/（元·箱）	重量/kg	入库数量/箱	最大堆码层数
1	娃哈哈非常饮料	600×400×380	110	21	10	2
2	贝帝妙厨妙脆角（大）	400×250×270	420	35	36	5
3	正航1 500 g饼干	500×400×320	260	16	30	4
4	达利蛋黄派	460×240×230	180	30	24	4
5	好多多拼图	330×240×240	240	35	60	6
6	汇源果肉饮料汁	600×330×330	300	16	18	3

（2）托盘参考尺寸：L1200×W1000×H150。

（3）仓库货架存储信息如项目图1所示，货架2排2列3层；货位参考尺寸：L2300×W900×H1350双货位（标准货位）；货位条码编制规则为库区、排、列、层4号定位法，如01030101，代表的信息是1号库区第3排第1列第1层。

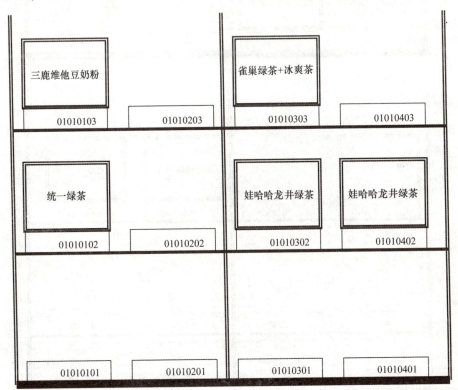

项目图1 货架存储信息图

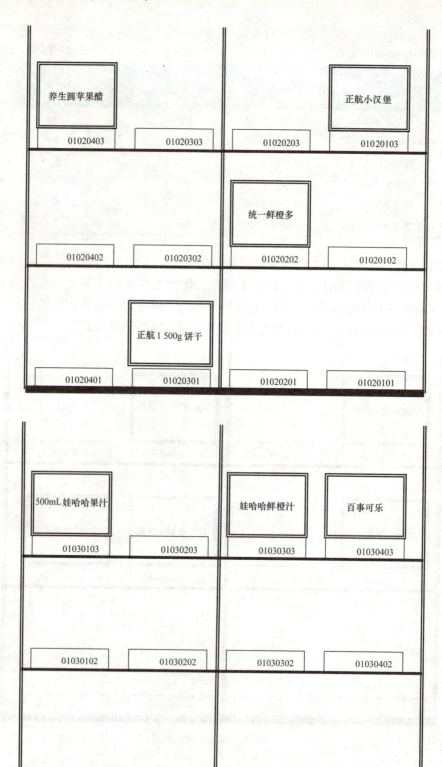

项目图1 货架存储信息图（续）

2. 计算每种入库商品，托盘使用最少的托盘码货方案，并绘制出最优托盘码货方案。托盘码货方案要求遵循如下规定并至少包含下列信息：

(1) 画出托盘码放的奇数层俯视图和偶数层俯视图；
(2) 在图上托盘的下侧和右侧标出托盘的长、宽尺寸（以 mm 为单位）；
(3) 按照比例尺 1:20 绘制；
(4) 用文字说明堆码后的层数；
(5) 用文字说明此类商品所需托盘的个数；
(6) 将托盘上的货物以灰色 25% 填涂；
(7) 托盘码放时，货物包装物边缘不允许超出托盘边缘 20mm。

3. 条码的制作和打印

(1) 根据使用托盘的数量制作并打印托盘码，一式两份；
(2) 制作并打印货位条码；
(3) 制作商品条码。

4. 商品储位安排

将以上组托的商品根据物动量分析的结果，进行合理的储位安排，并将存储结果绘制在货架存储信息图上。

5. 进货流程模拟实训

(1) 假设配送中心需要向供应商订购入库任务单中的商品，请以采购员的角色制作采购申请单，如项目表 15、项目表 16 所示。

(2) 分小组扮演"进货与储存作业"中的供应商和配送中心，供应商按照订单生产产品，并将产品供应给配送中心。供应商模拟生产产品时可以将制作的商品条码粘贴在纸箱上，就代表完成了生产作业。完成生产作业后，生产商再将生产的产品送到配送中心。

(3) 配送中心做好商品的接受准备工作，为订购商品安排储位，并将储位编码记录在验收单上，如项目表 17 所示。商品送到后接收订购的商品，并验收，验收人员填写验收单，供应商送货人员和验收人员共同在验收单上签字。

(4) 配送中心完成商品的验收后，组织商品的入库和上架储存工作。

小组成员工作任务安排及分工

组长：

项目表15　采购申请单

编号：　　　　　　　申请部门：　　　　　　　　　　　　　　　　　年　月　日

序号	品名	规格	数量	估计价格	预计到货日期	备注

申请人：　　　　　申请部门经理：　　　　　　批准人：

注：本单一式二联，第一联申请部门留存，第二联交仓库留存。

项目表16　采购申请单

编号：　　　　　　　申请部门：　　　　　　　　　　　　　　　　　年　月　日

序号	品名	规格	数量	估计价格	预计到货日期	备注

申请人：　　　　　申请部门经理：　　　　　　批准人：

注：本单一式二联，第一联申请部门留存，第二联交仓库留存。

项目表 17　验收入库单

编号：

供应商			采购单号		验收员/验收日期		
供应商编码			采购员		复核员/复核日期		
发货日期			到货日期				
序号	储位号码	商品名称	商品规格	包装单位	应收数量	实收数量	备注

仓管员：　　　　　　　　　　　　　供应商代表：

任务实施总结

三、拣选与补货

根据订单处理中的有效订单，分别采用按订单拣选和批量拣选两种方法进行拣货作业。在进行拣货作业前先制作按订单拣选的拣货单（如项目表18~项目表21）和批量拣货单（如项目表22所示）。

小组成员工作任务安排及分工

组长：

项目表18　按订单拣选单

拣货单编号：_____　　订单编号：_____　　配货月台：_____　　出货日期：_____

用户名称				地址				电话			
拣货日期		年　月　日　至　年　月　日						拣货人			
核查时间		年　月　日　至　年　月　日						核查人			
序号	储位号码	商品名称	规格型号	商品编码	包装单位			数量/箱	备注
					箱	整托盘	单件		
备注									
托运人（签章） 日期：___年___月___日					承运人（签章） 日期：___年___月___日				

项目表 19　按订单拣选单

拣货单编号：_____　　订单编号：　　　　　配货月台：　　　　出货日期：

用户名称		地址				电话		
拣货日期	年　月　日　至　年　月　日					拣货人		
核查时间	年　月　日　至　年　月　日					核查人		
序号	储位号码	商品名称	规格型号	商品编码	包装单位			数量/箱	备注
					箱	整托盘	单件		
备注									

托运人（签章）　　　　　　　　　承运人（签章）
日期：___年___月___日　　　　　日期：___年___月___日

项目表 20　按订单拣选单

拣货单编号：_____　　订单编号：　　　　　配货月台：　　　　出货日期：

用户名称		地址				电话		
拣货日期	年　月　日　至　年　月　日					拣货人		
核查时间	年　月　日　至　年　月　日					核查人		
序号	储位号码	商品名称	规格型号	商品编码	包装单位			数量/箱	备注
					箱	整托盘	单件		
备注									

托运人（签章）　　　　　　　　　承运人（签章）
日期：___年___月___日　　　　　日期：___年___月___日

项目表21 按订单拣选单

拣货单编号：_____ 订单编号： 配货月台： 出货日期：

用户名称					地址			电话		
拣货日期		年 月 日 至 年 月 日						拣货人		
核查时间		年 月 日 至 年 月 日						核查人		
序号	储位号码	商品名称	规格型号	商品编码	包装单位			数量/箱	备注
					箱	整托盘	单件		
备注									

托运人（签章）　　　　　　　　　　　承运人（签章）
日期：___年___月___日　　　　　　　日期：___年___月___日

项目表22 批量拣选单

拣选单编号：　　　　拣选日期：　　　　拣选小组：　　　　核查人：

拣选储位	货品名称	货品规格	拣选数量/箱	体积/m^3	拣选工具	月台配货		拣选人
合计								

任务实施总结

四、送货作业

根据以上订单的信息,制作客户的同车送货单,如项目表23～项目表26所示。

项目表23 送货单

客户名称:　　　　　　　　送货车:　　　　　　　　送货单号:
客户地址:　　　　　　　　订单号:　　　　　　　　送货日期:

序号	货品名称	规格	单位	数量	单价	总金额	备注
1							
2							
3							
4							
5							
6							
合计金额(大写)						—	

制单员:　　　　　　　　送货人:　　　　　　　　签收人:

项目表 24　送货单

客户名称：　　　　　　　　送货车：　　　　　　　　送货单号：
客户地址：　　　　　　　　订单号：　　　　　　　　送货日期：

序号	货品名称	规格	单位	数量	单价	总金额	备注
1							
2							
3							
4							
5							
6							
合计金额（大写）						—	

制单员：　　　　　　　　　送货人：　　　　　　　　　签收人：

项目表 25　送货单

客户名称：　　　　　　　　送货车：　　　　　　　　送货单号：
客户地址：　　　　　　　　订单号：　　　　　　　　送货日期：

序号	货品名称	规格	单位	数量	单价	总金额	备注
1							
2							
3							
4							
5							
6							
合计金额（大写）						—	

制单员：　　　　　　　　　送货人：　　　　　　　　　签收人：

项目表 26　送货单

客户名称：　　　　　　　　送货车：　　　　　　　　送货单号：
客户地址：　　　　　　　　订单号：　　　　　　　　送货日期：

序号	货品名称	规格	单位	数量	单价	总金额	备注
1							
2							
3							
4							
5							
6							
合计金额（大写）						—	

制单员：　　　　　　　　　送货人：　　　　　　　　　签收人：

五、退货作业

根据进货与储存作业中的验收单信息，制作商品退货单，如项目表27所示。

项目表27　退货单

送货单号：　　　　　　　　　订单号：　　　　　　　　　日期：

序号	货品名称	规格	数量	单位	单价	总金额	退货原因
合计总金额（人民币大写）：				—	—		

填表人：　　　　　　　验收人：　　　　　　　退货主管：　　　　　　　送货：

六、配送成本分析

1. 配送成本构成

配送成本的构成具体包括以下11项：

（1）托盘成本：20元/个，归还托盘后返还成本20元/个；

（2）货位成本：50元/个，空出货位后返还成本50元/个；

（3）条码成本：提前制作1元/标签，实际操作现场制作3元/标签；

（4）地牛成本：0.3元/秒；

（5）堆高车成本：0.6元/秒；

（6）叉车成本：自己操作0.9元/秒；外包操作：1元/秒；

（7）人工成本：0.9元/（秒·人）；

（8）ABC分类错误：以商品价格的30%计算成本；

（9）入库货位错误：以商品价格的40%计算成本；

（10）出库分拣错误：以商品价格的40%计算成本；

（11）送货错误：以商品价格100%计算成本。

2. 配送成本核算要求

配送成本核算有以下四个要求：

（1）各小组分析讨论作业成本的构成和如何核算其中的成本；

（2）根据讨论的结果核算各项成本，并求配送作业成本的总和，写出配送成本核算的过程和结果；

（3）各小组讨论如何降低配送成本，并提出降低配送成本的手段；

（4）根据以上核算和讨论的结果形成一份有关配送作业成本的任务书面报告。

同步测试和案例分析答案

项目 1

【同步测试答案】

1. 拣选 分割 2. B 3. B 4. ABD 5. ABC 6. 略 7. 略

【案例分析答案】

(1) 少部分鲜活商品,每天由供货商直接送到各便利店。

(2) 公司自己建立一个冷冻仓库负责各门店冷冻商品的供应。

(3) 公司还有一个配货中心负责其他常温商品的供应,门店根据各自的经营状况在要货当日上午 10 时以前,将要货信息输入电脑,经通信线路传输到各配货中心和冷冻仓库,配货中心等收到各门店的要货信息,经汇总后组织好相应商品及时送到各门店。该公司认识到如何合理地调度送货车辆,在保证各门店要货能及时得到满足的前提下,使送货车辆经过的路途最短,是一个十分有意义的工作。对于边远地区的配送、效益差的配送点尽可能采取集中订货,以提高配送效率。

项目 2

【同步测试答案】

1. 分类存放、随机存放、分类随机存放
2. 重叠式、纵横交错、正反交错、旋转交错
3. 包装、数量
4. D
5. D
6. (1) 根据商品周转率确定储位;
   (2) 根据商品相关性确定储位;
   (3) 根据商品的特性确定储位;
   (4) 根据商品体积、重量特性确定储位;
   (5) 根据商品先进先出的原则确定储位。
7. 略

【案例分析答案】

国美降低成本的主要措施包括:

（1）通过集中采购增加采购数量，降低采购价格和采购费用；

（2）通过集中销售降低销售费用；

（3）通过二级配送网络，降低配送成本。

降低成本的措施还包括：

（1）通过合理安排库存和妥善保管商品，降低库存成本；

（2）通过优化配送线路降低配送成本；

（3）通过电子方式实现电子采购，缩短订单处理时间来降低交易成本；

（4）与供应商建立战略合作关系，实行供应链管理，采用JIT、VMI、零库存，降低商流成本和物流成本。

项目3

【同步测试答案】

1. 订单传输、订单录入、订单履行
2. 电子订货方式
3. ABCD
4. 准确性、金融状况
5. 略
6. 略
7. 略
8. 对于方案的选择：成本指标负影响，每个方案的指标值取倒数，变成正影响，再乘以最小成本指标值5；其他是正影响每个值比该指标的最大指标值。

$V_1 = (5/10) \times 0.1 + (220/220) \times 0.3 + (25/25) \times 0.4 + (98/99) \times 0.2 = 0.95$

$V_2 = (5/8) \times 0.1 + (180/220) \times 0.3 + (17/25) \times 0.4 + (97/99) \times 0.2 = 0.76$

$V_3 = (5/5) \times 0.1 + (140/220) \times 0.3 + (15/25) \times 0.4 + (99/99) \times 0.2 = 0.73$

所以方案一自营方案是最优方案，三种方案优劣顺序是自营、互用、第三方。

【案例分析答案】

（1）A公司配送中心目前存在的问题有：目前的订单分配模式不适合，已不适应客户订单情况；配送中心只有一部货梯，会成为作业瓶颈；各楼层拣货时间可能不同，会造成同一张订单也需要在一层等待才能完成。

（2）A公司采用的是存货单—订单分配模式，后续是单一顺序拣选方法。特点是作业简单，容易组织，行走距离长，容易造成重复行走。

（3）可以采取的措施有：第一，把存货单—订单分配模式改为批次分配模式。评价：存货分配模式的改变导致拣货方法也要改变，此种改变需要仓库订单系统进行改造，而且仓库需要开辟专门的区域用于拣取货物的二次分类。第二，提高仓库货物垂直移动能力，如增加一部货梯。评价：需要仓库投资。第三，加强人员培训，使订单处理人员会合理分配订单，设计不同的拣货单、分货单，使拣货人员更熟悉拣货作业，提高拣货效率。评价：

培训内容简单，效果应显著。

项目 4

【同步测试答案】

1. 托盘、箱
2. 摘果式　播种式
3. C
4. 分区、订单分割、订单分批、分类
5. 拣货作业的基本流程：形成拣货资料、选择拣货方法、选择拣货路径、搬运或行走、拣取、送至月台。
6. 摘果式拣货是针对每一份订单，分拣人员按照订单所列商品及数量，将商品从储存区域或分拣区域拣取出来，然后集中在一起的拣货方法。
7. 整箱补货、整托盘补货、料架上层至料架下层的补货。

【案例分析答案】

1. 条码技术作为物流信息化的一种重要手段已经在零售、制造业乃至服务业的仓库管理中发挥了重要作用。在未来，随着条码技术的日益完善必将在提高物流效率及库存管理的及时性和准确性方向发挥更大的优势。条码技术的应用可以避免资金严重积压、有效控制库存、合理的利用仓库空间、为制定生产计划和销售目标快速提供准确的数据信息、提高客户服务质量、严格有效地控制了窜货现象、以最快速、最正确、最低成本的方式为客户提供最好的服务。条码技术像一条纽带，把产品生命期中各阶段发生的信息连接在一起，可跟踪产品从生产到销售的全过程，使企业在激烈的市场竞争中处于有利地位：

（1）生产更有预见性，安排更合理，生产成本降低；

（2）缩短了供应链的周期，提高了客户服务水平；

（3）库存降低，资金合理分配，对畅销产品保持长期有货供应；

（4）能够对货流动进行时间跟踪，准确的查找货运的流动情况，大大避免了窜货的发生；

（5）规范管理流程，提高工作效率。

由此可见，仓库管理实现现代化管理手段，条码技术是保证仓库作业优化，充分利用仓库空间，快速便捷为客户提供优质服务，创汇增值的优先手段。

2. 除了条码技术，物流领域还常用到的信息技术有：无线射频识别技术、全球卫星定位系统、地理信息系统、物流信息网络技术、物流 EDI 技术、物流自动化技术等。

项目 5

【同步测试答案】

1. 折叠式、固定式
2. 装入式、套入式
3. 金属捆扎件和非金属捆扎件
4. ABCDE
5. ABCD
6. ABCD
7. （1）被捆扎物品的类型和性质；
   （2）捆扎带的选择；
   （3）搬运的方向，运输环境和工具的考虑；
   （4）成本和经济效益，在满足包装要求前提下，尽量降低成本；
   （5）在大批量捆扎前，要先通过各种实验确认其设计是否符合要求，否则会造成经济损失。

【案例分析答案】

物流成本是伴随着物流活动而发生的各种费用，物流成本的高低直接关系到企业利润水平的高低。具体地说，它是产品在实物运动过程中，如包装、装卸、搬运、运输、储存、流通加工、配送、信息处理等各种物流活动过程中所支出的人力、财力和物力总和。

而 NIKE 对其包装盒进行重新设计和改良并且每年为 NIKE 公司节约 8 000 吨纤维材料，这就是降低包装成本的体现。从 NIKE 公司创新改良包装为公司节约 8 000 吨纤维材料来看，其实节约材料就是间接为公司创造了效益和盈利，其实一个简单的决策可以使公司获得很大的利益，关键在于是否遵循物流成本的原则。为公司创造利益的方法有很多，但是节约材料和爱护环境是现今世界的主题。只有利益与环境相结合公司才能得到更好的发展。

项目 6

【同步测试答案】

1. S-3-2-4-t 或 S-6-t 或 S-3-5-t，最短距离为 9
2. 提示：使用 WINQSB 软件解决。
3. 提示：

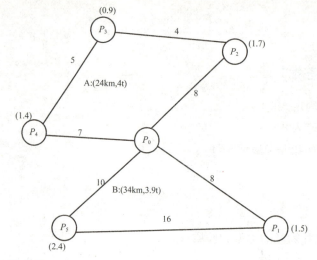

【案例分析答案】

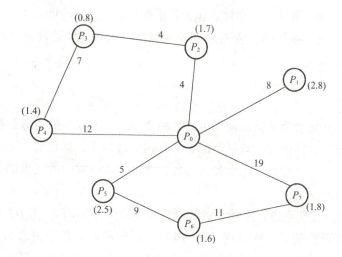

项目7

【同步测试答案】

1. 略   2. 略

【案例分析答案】

假设能分别装载货物 x，y 件，则可以列方程式如下：

$$\begin{cases} 3x + 4y = 20 \\ 4x + 3y = 20 \times 90\% \end{cases}$$

可以解得

$$\begin{cases} x = 2 \\ y = 3 \end{cases}$$

项目 8

【同步测试答案】

1. 可靠性、沟通性、便利性
2. 划分基本配送区域、确定配送批次、暂定配送先后顺序、车辆安排、确定每车负责的用户、选择配送线路、确定最终配送顺序、完成车辆积载、运送与交付、费用结算。
3. 消除交错送达，利用配送中心提高配送效率；开展直配、直达；采用标准的包装器具；建立完善的信息系统；均衡配送系统的日配送量。

【案例分析答案】

（1）根据送达餐厅的实际情况合理安排运输排程，制定主运输计划和日运输计划。针对城市管制越来越严的情况，实行夜间歇业时间送达，提高送达效率。

（2）合理安排运输排程，实行歇业时间送达，提高卡车的利用效率，减少不必要的配送等。

项目 9

【同步测试答案】

1. 质量问题退货、搬运过程损坏退货、商品送错退回
2. 费用原则、条件原则、凭证原则
3. ABCD
4. 接受退货、重新入库、重验货物品质、退款估算、质量管理部门的追踪处理
5. 提示：处理好经销商的理赔费用；处理好对待经销商的理赔原则；处理好经销商的退换货商品；定期结算经销商理赔费用。

【案例分析答案】

（1）责任原则、费用原则、条件原则、凭证原则、计价原则
（2）本公司出售并具有经签字准许退货证明的商品才能接受退货

项目 10

【同步测试答案】

1. 配送运输、分拣
2. 差异化策略、合并策略

3. ABCD

4. ABCD

5. D

6. （1）配送成本与服务水平密切相关；

（2）配送成本的隐蔽性；

（3）配送成本的二律背反；

（4）配送成本削减的乘法效应；

（5）专业设备的无通用性。

7. （1）加强配送的计划性；

（2）确定合理的配送路线；

（3）进行合理的车辆配载；

（4）建立计算机管理系统；

（5）实行责任中心管理。

8. （1）客观公正的评价原则；

（2）全面系统的评价原则；

（3）经常化、制度化的评价原则；

（4）反馈与修改的评价原则；

（5）目标与激励的评价原则。

【案例分析答案】

A 部门：$30 \times (0.3 \times 0.8/0.9 + 0.3 \times 0.5/0.7 + 0.4 \times 1) + 50 \times (0.25 \times 0.05/0.05 + 0.2 \times 0.02/0.05 + 0.2 \times 0.05/0.1 + 0.2 \times 0.04/0.08 + 0.15 \times 0.95/0.96) + 20 \times (0.3 \times 0.95/0.96 + 0.3 \times 0.85/0.9 + 0.4 \times 0.85/0.9) = 79.51$

B 部门：$30 \times (0.3 \times 0.9/0.9 + 0.3 \times 0.7/0.7 + 0.4 \times 1) + 50 \times (0.25 \times 0.05/0.1 + 0.2 \times 0.02/0.02 + 0.2 \times 0.05/0.05 + 0.2 \times 0.04/0.04 + 0.15 \times 0.95/0.95) + 20 \times (0.3 \times 0.96/0.96 + 0.3 \times 0.9/0.9 + 0.4 \times 0.9/0.9) = 93.75$

项目 11

【同步测试答案】

1. 收寄

2. 三方

3. 付现结、寄付记账、第三方支付

4. 址派送

5. BCDE

6. （1）根据快件性质排序。优先对有特殊要求的快件优先排序，如时限要求高的快件、客户明确要求在规定时间内派送的快件、二次派送的快件；保价快件一般具有高价值、易碎、对客户有较高重要性等特点，若随身携带的时间越长，遗失或破损的概率越大，对于客户、快递企业以及业务员而言都存在较大的风险，因此为了降低风险，对于此部分快件可优先派送。

（2）根据快件时效性排序。先送时效性要求较高的快件，后送时效性要求较低的快件。

（3）根据派送距离排序。由近及远进行派送，不仅可以节省劳动强度，也可节省派送总时间。

（4）根据快件大小排序。先大件后小件，减轻派送劳动强度。

7.（1）快件的登单；

（2）快件的装袋；

（3）包牌（包签）的填写；

（4）封袋；

（5）上传数据、资料存档。

【案例分析答案】

法院不会完全支持车音公司的诉讼请求。车音公司与中通公司之间已是第二次发生邮寄服务合同关系，车音公司应对中通公司办理业务所制作的快递详情单有所熟悉和了解。详情单是确定双方权利义务的重要依据，特别在车音公司对自己寄送的具体物品及其价值明知的情况下，更应对快递详情单的格式条款和注意事项持谨慎和积极的态度，但在快递详情单中注明寄送物品为"配件"，与实物不符。当然，车音公司与中通公司之间邮寄服务合同依法成立，现寄送物品丢失，中通公司对此应承担相应的赔偿责任。由于寄送的物品并未保价，因此法院不会完全支持车音公司的诉讼请求。

项目 12

【同步测试答案】

1. 时间、温度、产品耐藏性
2. 冷却（Chilling）、清洁（Clean）、小心（Care）
3. 冷冻加工、分选加工、精制加工、分装加工
4. （1）防止新鲜果蔬在配送途中受冻。

（2）防止配送中温度的波动。

（3）保证好配送工具内的温度和湿度。

（4）在配送过程中，要坚持"安全、快速、经济、准确"的配送四原则。

5. ABCDE

【案例分析答案】

（1）仓储运输上，严格控制温度，保证运输过程中的产品质量；

（2）在整个冷链过程中的供应链衔接上，保证衔接的紧密性，防止衔接过程中的温度变化对产品质量的影响；

（3）采用温控仪等先进设备，严格控制运输配送过程中的温度；

（4）在物流供应商的选择上，从供应商的管理能力和硬件条件上严格把关，保证供应商的服务质量；

（5）分散选择供应商，从而分散仓储、运输、管理等方面的风险。

参 考 文 献

[1] 薛威. 仓储作业管理 [M]. 北京：高等教育出版社，2018.
[2] 季敏. 仓储与配送管理实务 [M]. 北京：清华大学出版社，2018.
[3] 王本强. 配送作业实务 [M]. 北京：人民邮电出版社，2017.
[4] 汝宜红. 配送管理 [M]. 北京：机械工业出版社，2016.
[5] 姜萍. 配送作业实务 [M]. 北京：中国财富出版社，2018.
[6] 邓传红. 配送实务 [M]. 北京：中国人民大学出版社，2015.
[7] 谷岩. 配送管理实务 [M]. 北京：中国财富出版社，2016.
[8] 何庆斌. 仓储与配送管理 [M]. 上海：复旦大学出版社，2015.
[9] 马俊生. 配送管理 [M]. 北京：机械工业出版社，2016.
[10] 黄磊. 配送作业实务 [M]. 北京：机械工业出版社，2017.
[11] 李卫东. 配送管理实务 [M]. 北京：中国人民大学出版社，2017.
[12] 沈文天. 配送作业管理 [M]. 北京：高等教育出版社，2018.
[13] 汪晔. 配送中心运营与管理 [M]. 西安：西安电子科技大学出版社，2017.
[14] 王爽. 物流仓储与配送实务 [M]. 北京：中国劳动社会保障出版社，2012.
[15] 王晓阔. 配送管理实务 [M]. 北京：人民交通出版社，2015.
[16] 李诗珍. 配送中心拣货作业理论与方法研究 [M]. 北京：科学出版社，2017.
[17] 李玉民. 配送中心运营管理 [M]. 北京：电子工业出版社，2018.
[18] 傅莉萍. 配送管理 [M]. 北京：北京大学出版社，2014.
[19] 高晓莎. 配送中心运营管理 [M]. 北京：北京师范大学出版社，2018.
[20] 江少文. 配送中心运营管理 [M]. 北京：高等教育出版社，2016.
[21] 李建辉. 配送流程实训 [M]. 北京：人民邮电出版社，2014.
[22] 王妙娟. 配送中心作业实务 [M]. 北京：机械工业出版社，2017.